Potsdam

Detlef Kotsch

Potsdam

Die preußische Garnisonstadt

westermann

Auf dem Umschlag:
Franz Krüger: Parade im Potsdamer Lustgarten, 1817 (Ausschnitt).
Auf dem Vorsatz (vorn und hinten):
Karte von Brandenburg um 1758. Stich von Matthäus Albrecht Lotter
(Cartouche von A. Scheller), erschienen bei Tobias Conrad Lotter
zu Augsburg.

Hinweis:
Die Schreibweise einiger, in diesem Buch erwähnter Eigennamen, Ortsnamen
und Begriffe unterlag im Lauf der Zeit geringfügigen Schwankungen. Bisweilen
wurden auch unterschiedliche Versionen gleichzeitig verwendet. Zum Beispiel:
Bornstedt (Bornstädt), Jüterbog (Jüterbogk), Eskadron (Escadron), Kapitän
(Capitain, Capitaine), Leutnant (Lieutenant) usw. In einigen Fällen, etwa dem
letztgenannten, lassen sich Veränderungen zeitlich fixieren, in anderen sind die
Grenzen fließend. Autor und Verlag haben sich um eine gewisse Vereinheitlichung zugunsten moderner Schreibweisen bemüht.

Die Deutsche Bibliothek – CIP-Einheitsaufnahme

Kotsch, Detlef:
Potsdam : die preussische Garnisonstadt / Detlef Kotsch. –
Braunschweig : Westermann, 1992
ISBN 3-07-50 9504-4

© Georg Westermann Verlag GmbH, Braunschweig, 1992
Druck und Bindung: westermann druck GmbH, Braunschweig
ISBN 3-07-50 9504-4

Inhalt

Prolog

„Potsdam, aus dem schließlich alles stammt oder doch das meiste", schrieb Theodor Fontane vor einhundert Jahren, als Potsdam noch so war, wie man es sich vorstellt: eine wunderschöne, in sich geschlossene und überschaubare Stadt. Den Mittelpunkt bildete das alte Schloß, mehrfach umgebaut und erweitert, davor der Lustgarten, wo die berühmten Paraden stattfanden. Weltweit bekannt die Hof- und Garnisonkirche mit ihrem „Lobe den Herren" und „Üb' immer Treu und Redlichkeit". Mustergültige Straßenzüge mit palastähnlichen Häusern bestimmten das Stadtbild im Zentrum, das durch den Stadtkanal ein eigenes Flair entfaltete. Der besondere Charme der Stadt rührte her von der einzigartigen Verbindung mit der Umgebung, der über Jahrhunderte von Menschenhand gestalteten Kulturlandschaft mit ihren Wäldern, Alleen, Seen und künstlichen Wasserwegen, deren Mittelpunkt eben dieses Potsdam war. Wer die barocke Altstadt durch eines der prächtigen Tore verließ, gelangte sogleich in einen der meist parkähnlichen Vororte mit ihren romantischen Villen. Besonderer Anziehungspunkt waren die königlichen Gartenanlagen: Sanssouci vor allem, Mitte des 18. Jahrhunderts im Nordwesten entstanden und seither immer wieder erweitert. Im Nordosten der Neue Garten mit dem Marmorpalais am Ufer des Heiligen Sees, von wo der Blick bis zur Pfaueninsel mit ihrem wunderschönen Landschaftsschloß reicht. Auf der anderen Seite der Havel, im Südosten, thront das Schloß Babelsberg auf einer Anhöhe im gleichnamigen Park. Potsdam und seine Wälder – das war das Jagdrevier des Hofes, schon seit dem 16. Jahrhundert. In einem regelrechten Ring umschlossen reizvolle Anwesen die Stadt: Jagdschloß Glienicke

7

und Jagdschloß Stern, die Schlösser Bornim und Caputh, Paretz und Lindstedt. Dazu die Anlagen im Wildpark und bei Nedlitz, das Gut Bornstedt und die Heilandskirche Sacrow.

Doch nicht allein die Lage und die Architektur waren es, die das Besondere von Potsdam ausmachten. Es war vielmehr das Prägende für Brandenburg-Preußen, das von dieser Stadt ausging und worauf Fontane Bezug nahm. Potsdam war nach Berlin die zweite Hauptstadt des Königreiches. Gewiß, Königsberg und Breslau, Stettin und Magdeburg waren viel größere Städte und hatten alle ihr eigenes, meist jedoch regionales Gewicht. Potsdam aber war nicht nur die Mark – Potsdam verkörperte das Königreich insgesamt. Von hier gingen Impulse für die Geschicke des Landes aus, wie sie von keiner anderen Stadt hätten kommen können. Potsdam war ja eigens dafür geschaffen, von den preußischen Königen zum Residenzort und zur Garnison der Gardeformationen der Armee ausgebaut. Potsdam war fortan Identifikationspunkt des Königtums und des Militärs als einer seiner tragenden Säulen. Die Bedeutung der Stadt lag begründet in der realen Funktion, die sie somit ausübte, und in ihrem Symbolwert. Damit hatte Potsdam etwas Einmaliges.

Einmalig war auch das Erscheinungsbild der Stadt – hier die Kunstwelt von Sanssouci, dort der Drill auf dem Exerzierplatz. Der heutige Betrachter mag geneigt sein, darin etwas Unvereinbares zu erblicken. Doch im Verständnis vergangener Jahrhunderte paßten diese vermeintlichen Gegensätze durchaus zueinander. In Potsdam gingen sie gar eine bemerkenswerte Symbiose ein. Die Stadt entwickelte sich nicht trotz der Garnison, sondern mit dem Militär und durch das Militär. Das hatte Auswirkungen auf die Sozialstruktur und und die Stadtlandschaft, auf Entwicklungstempo und -dimension. Zum unruhigen und stürmisch vorwärtsdrängenden Berlin bildete Potsdam einen ruhigen und berechenbaren Gegenpol.

Im Potsdamer Stadtbild der Gegenwart erinnert noch viel an die alte Garnison. Schon von der Langen Brücke aus, die an historischer Stelle die Havel überquert, ist ein gewaltiger gelber Gebäudekomplex zu erkennen: das ehemalige Große Militärwaisenhaus, das darauf verweist, daß Potsdam nicht nur Stand-

Perspectivische aufführung des Churfürstlichen Schlosses zu Potsdam mit dem Lustgarten, der Stadt und neuen erweiterung, auch Fasangarten und Alleen, wie solche von Seiten des Thiergartens sich præsentiret.
A. Das Churfürstliche Schloß. b. Der Lustgarten. c. Der Weinkeller. d. Die Stadt Potsdam. e. Die neue erweiterung. f. Wohnungen vor die Churfürstlichen Manufacturen und Handwercker. g. Der Reit Stall. h. Die Baum Schule. i. Allee nach dem Fasangarten. k. Fasangarten selbst. l. Der Havel Strohm.

Der Havel Sthrom

Vogelschauplan von Potsdam: Obwohl schon um 1675 geschaffen, vermittelt der Stich von Johann Gottfried Bartsch (nach Johann Gregor Memhardt) einen guten Eindruck von der Stadtsituation bei Einzug der Garnisonbesatzung 1713.

ort für zahlreiche Truppenteile war, sondern auch wichtige Einrichtungen der preußischen Armee beherbergte. Die meisten Bürgerhäuser im Zentrum hatten einst gesonderte Stuben für Soldaten, was noch heute zu erkennen ist. Anderes hat die Zeit nicht überdauert. So die Garnisonkirche, im letzten Krieg stark beschädigt und 1968 abgerissen. Und mit dem Stadtschloß verschwand auch der Lustgarten, wo die berühmten Paraden abgehalten wurden.

Bevor im 18. Jahrhundert die preußische Armee zusammen mit dem Hof nach Potsdam kam, war der schon im Jahr 993 urkundlich erwähnte Ort über Jahrhunderte hinweg nicht über den Rahmen eines unbedeutenden märkischen Städtchens hinausgetreten. Von der Burg, die 1375 im Landbuch Kaiser Karls IV. verzeichnet war und aus der später ein Schloß entstand, vermochte der Ort nicht zu profitieren. Folgenschwer waren die Eingriffe des Dreißigjährigen Krieges (1618–1648), als Potsdam einer totalen Ausplünderung oder gar Zerstörung wohl

9

nur deshalb entging, weil es, gegen die Pläne des Kurfürsten Joachim II. (er regierte von 1535 bis 1571), nie zur Festung ausgebaut worden war. Als jedoch Friedrich Wilhelm I. (1713–1740) Potsdam zu seiner Residenz erwählte und eine größere Zahl von Soldaten hierher in Garnison verlegte, setzte augenblicklich ein so stürmisches Baugeschehen ein, daß Potsdam schon um 1740 „nunmehr keine kleine Stadt mehr ist, sondern unter den Hauptstädten mitzurechnen" sei, wie Friedrich Nicolai schrieb. Als Hauptgründe für die schnelle Expansion der Stadt sind der riesige Bedarf an Soldatenquartieren und die Sonderbehandlung durch den König anzuführen. Stadt und Garnison verwuchsen schnell miteinander. Potsdam mit seinen exklusiven Garde-Regimentern, zugleich auch zweite Residenz der preußischen Herrscher und zeitweilig gar deren bevorzugter Aufenthaltsort, entwickelte sich zu einer Stadt sui generis, einer Stadt besonderer Art. Dieses Phänomen wird oft mit der hohen Konzentration von ausgesuchten Soldaten in diesem sonst nicht sehr großen Ort begründet, was aber ebenso wenig ausreicht wie der Hinweis auf den sogenannten Geist von Potsdam. Genauer traf es zweifellos der Stadtgeschichtsschreiber Julius Haeckel mit seiner ganz sachlich gemeinten Formulierung von „Potsdam als Pflanzschule der Preußischen Armee". Doch insgesamt war es wohl eine ganz sonderbare, aus objektiven Gegebenheiten und subjektivem Mittun sowie einigen Zufälligkeiten ergangene Mischung von welt-, landes- und regionalgeschichtlichen Prozessen, sozial- und kulturhistorischen Einflüssen sowie militärgeschichtlichen und dynastischen Aspekten, die die eigenwillige Entwicklung der Stadt über mehr als zwei Jahrhunderte geprägt hatte und die auch nach dem Zusammenbruch der Monarchie weiter wirkte. Das Militär spielte dabei stets eine Schlüsselrolle, profitierte von Potsdam und wirkte auf diese Stadt zurück.

Potsdams Aufbruch zum Garnisonort entsprach gleichzeitig einer allgemeinen Entwicklung, war Resultat der Herausbildung stehender Heere, die auch zu Friedenszeiten unterzubringen waren. Das zunächst noch nicht sehr große brandenburgische Heer zog seit der Mitte des 17. Jahrhunderts wegen schnell aufgezehrter Verpflegung und katastrophaler Wohnbedingungen von einem Ort zum anderen. Die Infanterie lag meist in Städten, doch selten ein ganzes Regiment an einem Ort, die Kavallerie ausnahmslos auf dem platten Land und völlig verstreut. Kleinere Garnisonen – im Sinne einer ständigen Besatzung an einem festen Ort – fand man lediglich auf den Festungen Spandau, Küstrin und Peitz. Eine Sonderrolle nahm Berlin ein, das seit 1658 Garnison für ein ganzes Infanterieregiment und zeitweise auch für andere Truppen war. Während in Frankreich unter Ludwig XIV. (1643–1715) schon in der zweiten Hälfte des 17. Jahrhunderts die Garnisonbildung voll im Gange war, setzte diese Entwicklung in Brandenburg-Preußen erst unter Friedrich Wilhelm I. ein. In dieser Hinsicht bildet Potsdam keine Ausnahme. Militärische Formationen gab es auch schon vor dem Entstehen der Garnison in der Stadt. Es handelte sich dabei vorwiegend um Wachtruppen für das Schloß, wenn der Kurfürst dort weilte. Nie stärker als 150 Mann, zogen sie in der Regel wieder ab, sobald der Landesherr seinen Aufenthalt beendete. So war es unter Georg Wilhelm (1619–1640), unter Friedrich Wilhelm, dem Großen Kurfürsten (1640–1688), und unter Friedrich III. (1688–1713; seit 1701 als Friedrich I. König in Preußen). In einigen Fällen blieben die Soldaten aber auch länger am Ort, teilweise sogar mit ihren Frauen. Die Kirchenbücher verzeichnen mehrere Taufen von Soldatenkindern. Vor dem Dreißigjährigen Krieg hatte Potsdam zur Bewachung der Stadt eine Bürger-Schützengilde, die 1465 gegründet worden war. Während des großen Krieges 1618–1648 löste sie sich auf, offensichtlich aufgrund finanzieller Schwierigkeiten der Stadt. Als die Gilde 1703 mit Hilfe des Königs neu entstand, erlangte sie keine militärische Bedeutung mehr.

Von einer Garnison läßt sich für die Zeit vor 1713 also nicht sprechen. Deren Gründung in Potsdam blieb Friedrich Wilhelm I. vorbehalten. Er allerdings tat dies mit solch einem Eifer, daß sich die Stadt in kürzester Zeit völlig veränderte.

Die Entstehung der Garnison Potsdam (1713–1740)

„Rote Grenadiere" nehmen Quartier

Am 27. Februar 1713 begab sich der 24jährige preußische König Friedrich Wilhelm I. von Berlin aus in die Stille seines Jagdschlosses Wusterhausen, wo er mit der Neuordnung des gesamten Staatswesens begann. Sein Vater, Friedrich I., war nur wenige Tage zuvor verstorben. Was er hinterließ, bedurfte in den Augen des tatendurstigen Sohnes tiefgreifender Veränderungen. Am nachhaltigsten wirkte sich das Reformwerk im militärischen Bereich aus. Angesichts der europäischen Verhältnisse zu Beginn des 18. Jahrhunderts und der territorialen Zerrissenheit des Königreiches hielt Friedrich Wilhelm I., ob seiner Vorliebe für das Militär bald „Soldatenkönig" genannt, die Schaffung einer „formidablen Armee" für eine allererste Notwendigkeit. Schon als Kronprinz empfand er die Nachlässigkeit seines Vaters gegenüber der Armee als unentschuldbar, nahm sich doch Brandenburg-Preußen zwischen den großen Auseinandersetzungen im Westen und Osten ziemlich hilflos aus. Der Spanische Erbfolgekrieg und der Nordische Krieg, in denen die europäischen Mächte um ihre künftigen Positionen rangen, ließen Friedrich Wilhelm zu der Überzeugung gelangen, daß sein Land mit seiner zentral- und mittelosteuropäischen Lage ohne ein starkes Heer als praktikables Mittel der Politik nicht überdauern könne.

Schon im ersten Regierungsjahr erhöhte Friedrich Wilhelm die Infanterie um 8073 und die Kavallerie um 1067 Mann. Das zuvor knapp 40 000 Soldaten zählende Heer war so auf einen Schlag um fast ein Viertel verstärkt worden. Ein Vorgang fiel dabei besonders auf. Es war die Eingliederung seiner ehemaligen Privattruppe in die reguläre Armee und ihre Erhebung zum Bataillon Leibgrenadiere, was nach damaligem Verständnis eine besondere Auszeichnung darstellte, angesichts der zahlreichen Gardeformationen der Armee seines Vaters aber auch verwunderte. Doch Friedrich Wilhelm wollte ja nicht nur die Armee zahlenmäßig verstärken, sondern auch im Innern erneuern. Seiner Privattruppe fiel dabei eine besondere Rolle zu.

Entstanden war sie 1710, als Friedrich Wilhelm in Wusterhausen mit eigenen Finanzen eine Truppe aus baumlangen Burschen der Umgebung formierte, ähnlich wie seinerzeit Peter der Große von Rußland. Ausgerüstet waren die Männer anfangs nur mit Knüppeln zum Exerzieren, das der Kronprinz persönlich befehligte. Auch sonst kümmerte er sich um sämtliche Belange, was sein allgemeines Verständnis für das Heer merklich schulte. Sein Hauptaugenmerk galt der militärischen Effizienz seiner Wusterhausener Formation, die er den militärisch fragwürdigen Garden seines Vaters betont entgegensetzte. Aus dem Sommerfeldzug des Spanischen Erbfolgekrieges im Jahr 1709, den er als Zeuge an der Seite des brandenburgischen Kontingents erlebte, hatte der junge Kronprinz die Erkenntnis vom Nutzen hochgewachsener Soldaten mitgebracht. Denn das vorn zu ladende glattläufige Steinschloßgewehr, die Hauptbewaffnung der Infanterie jener Zeit, ließ sich mit langen Armen besser handhaben. Auch versprach die Armhebelwirkung Vorteile beim Nahkampf mit dem Bajonett, und Handgranaten wurden in der Regel von großen kräftigen Männern am weitesten geworfen. In der Abgeschiedenheit von Wusterhausen entwickelte der schon immer etwas exzentrisch veranlagte Friedrich Wilhelm eine Marotte, die er später ins Unermeßliche treiben sollte. Von Anfang an aber besaß er ein besonderes Verhältnis zu dieser Truppe, die beständig anwuchs und bald auf Köpenick, Zossen und Mittenwalde verteilt wurde. Dieses Verhältnis wurde auch nicht dadurch beeinträchtigt, daß Friedrich Wilhelm von seinem Vater im Jahre 1711 zum Chef eines regulären Regiments der Armee ernannt wurde. Gegründet 1673 unter dem Namen „Kurprinz Friedrich" (in der später üblichen Zählweise: Regiment Nr. 6), nunmehr „Kronprinz" (Nr. 6), war es zum künftigen Königsregiment vorherbestimmt. Friedrich Wilhelm aber hatte den Vorrang in der Armee ganz seiner Privattruppe reserviert.

13

Wie kein zweiter veränderte der „Soldatenkönig" (gemalt von Dismar Degen, um 1735) das Schicksal von Potsdam. Im Hintergrund erkennt man die Stadt (vgl. Abb. S. 47).

1713, nunmehr Landesherr, konnte er seine verstreut unterge-brachten Leibgrenadiere, wegen der roten Aufschläge am blauen Uniformrock sowie der roten Westen, Hosen und Strümpfe „Rote Grenadiers" genannt, in einer Garnison vereinen. Seine Wahl fiel auf Potsdam. Als das Bataillon, inzwischen rund 560 Mann stark und gegliedert in vier Kompanien à 139 Stellen, am 13. Juli 1713 in das Havelstädtchen einrückte, begann die bedeu-tungsvolle Geschichte Potsdams als Garnisonsort.

Nicht ganz einfach ist der Entschluß des Königs nachzuvollziehen, seine Leibgrenadiere gerade hier in Garnison zu legen. Fest stand zunächst nur, daß sie nicht nach Berlin sollten, nachdem der dortige Magistrat ursprüngliche Planungen Friedrich Wilhelms schon in ihrer Anfangsphase zu verhindern wußte. Doch Berlin hatte sowieso nicht die Sympathie des Monarchen, weshalb er dort auch nicht residieren wollte. Die Wahl des Residenzortes wurde somit ausschlaggebend für die Festlegung der Garnison des Leibbataillons. Zur Auswahl standen in Berlins Umgebung Köpenick, Oranienburg und Potsdam mit ihren allesamt nicht alten Schlössern. Daß die Wahl schließlich auf Potsdam fiel, war dabei nicht ganz ohne Logik. Das hiesige Schloß befand sich in sehr gutem Zustand und lag inmitten eines idealen Jagdgebietes. Für den jungen König, einen passionierten Jäger, besaß gerade dieser Umstand einen ganz großen Stellenwert. Und die Herrschaft Potsdam war Besitz des Landesfürsten, was diesem dort gestattete, nach seinem ureigenen Willen zu walten. Schließlich war der Monarch, wenn er in Potsdam residierte, auch nicht allzu weit entfernt von seinem Königsregiment (Nr. 6), das 1713 mit je fünf Kompanien in Brandenburg und Ruppin lag; 1714 und 1716 lag eine Kompanie auch in Spandau, danach fand sie in Köpenick Quartier. Während Brandenburg Hauptgarnison des Regiments blieb, zogen 1717 die letzten Kompanien von Ruppin nach Nauen. In seine unmittelbare Nähe aber holte der König das Bataillon der Roten Grenadiere, dessen Kommandeur er auch weiterhin blieb. Auch an der Finanzierung durch seinen Generaldomänenetat hielt er fest, während sonst alle Truppenteile der Armee ihre Gelder aus der Generalkriegskasse des Staates bezogen.

Anders als der Umzug Friedrich Wilhelms in das Potsdamer Schloß, der ohne nennenswerte Schwierigkeiten verlief und sogar noch den Vorteil mit sich brachte, die ungeliebte Hofhaltung seines Vaters in Berlin schlagartig zu beenden, stieß die Unterbringung des Leibbataillons in der Stadt auf erhebliche Probleme. Hier war man auf diesen Ansturm überhaupt nicht vorbereitet. Hinreichende Voraussetzungen für eine Einquartierung waren nicht gegeben. Da es gesonderte Massenunterkünfte für Soldaten, nach ihren am Ende des 17. Jahrhunderts in Frankreich aufgekommenen Vorbildern „Kasernements" genannt, weder in Potsdam noch in anderen Garnisonen Brandenburg-Preußens zu diesem Zeitpunkt gab, waren die Soldaten ausschließlich auf Bürgerquartiere angewiesen. Für jeweils kleinere Gruppen hatten die Hausbewohner eine separate Stube zur Verfügung zu stellen, was in Potsdam aber auf erhebliche Schwierigkeiten stieß. Der vorhandene Wohnraum war knapp und schlecht. Man zählte 220 Häuser, meist aus Lehm, in denen 1500 Menschen wohnten. Die meisten Bürger ernährten sich vom Handwerk, das zu einem erheblichen Teil auf das Schloß mit seinem gelegentlichen Hofbetrieb ausgerichtet war. Große Häuser konnten sich die Bürger von diesen Einkünften nicht leisten. Die Wirtschaft der Stadt litt noch immer an den Langzeitwirkungen des Dreißigjährigen Krieges, und zahlreiche Scheunen verliehen Potsdam einen recht ländlichen Anblick. Für die Wachmannschaften, die sich vor 1713 öfter hier aufhielten, waren die Einquartierungsbedingungen gerade ausreichend, für das Leibbataillon des Königs, wenn es bleiben sollte, dagegen nicht.

Es mußte also gebaut werden. Wenn nicht gleich, so doch bald. Bekannt ist die Anordnung Friedrich Wilhelms I. zum Bau „kommoder Quartiere" für seine Leibgrenadiere. Hinter dieser recht anspruchsvoll klingenden Formulierung verbarg sich zunächst aber lediglich die Absicht, elementarste Wohnverhältnisse für die Soldaten zu schaffen, die schlagartig mehr als ein Viertel der Bevölkerung ausmachten. Diese Anordnung zeugt jedoch auch von der schon sehr früh vorhandenen Entschlossenheit des Monarchen, die weitere Entwicklung Potsdams als Garnisonsort selbst und unmittelbar zu beeinflussen. Friedrich Wilhelm I. ähnelte in vielen Charaktereigenschaften dem russischen Zaren Peter I. Für beide konnten die größten Schwierigkeiten einer Aufgabe zur größten persönlichen Herausforderung werden; und sie handelten bewußt gern und sichtbar gegen anerkannte Auffassungen ihrer Zeit. Der gelegentlich gebrauchte Vergleich zwischen der Gründung von St. Petersburg aus dem Nichts und der völligen Umgestaltung Potsdams kann als durchaus zutreffend angesehen werden.

Natürlich änderten sich die Verhältnisse in Potsdam nicht sofort. Zunächst lebten die Grenadiere noch ziemlich beengt und primitiv, was als Indiz dafür zu werten ist, daß der Entschluß des Königs zur Unterbringung seines Leibbataillons in Potsdam doch nicht so endgültig war. Die ersten Maßnahmen beschränkten sich vor allem darauf, Voraussetzungen zu schaffen, mit deren Hilfe die Desertion erschwert und verhindert werden konnte. Obgleich schon die sumpfige Umgebung der Stadt allgemeinen Schutz vor Fluchtversuchen bot, ließ Friedrich Wilhelm im Jahre 1714 noch rund 60 Laternen in Potsdam aufstellen, um die Aufsicht über die Truppen bei Nacht zu verbessern. Die Laternen säumten zuvor die Chaussee von Berlin und Charlottenburg, die dem Soldatenkönig aber nicht so wichtig erschien. Zu energischem Handeln gezwungen wurde der König 1715, als in Potsdam durch die schlechten hygienischen Verhältnisse eine Fleckfieber-Epidemie ausbrach, die auch seine Grenadiere bedrohte. Nun begann eine durchgreifende Rekonstruktion der Stadt, die bis 1719/20 andauerte. Alte, ärmliche Häuser verschwanden, die Scheunen wurden vor die Stadt verlegt. Die erneuerte Altstadt bestand größtenteils aus fünfachsigen zwei-, manchmal auch dreigeschossigen Fachwerkbauten. 1718 war der Kanal verschalt und begradigt worden. Er erhielt Wassertore am Haveleingang und -ausgang, die mit hölzernen Zugbrücken versehen waren, und trennte nun zusammen mit einem Palisadenzaun am Flußufer die Stadt vom Umland. Gegen Ende des Jahres 1722 zählte Potsdam schon über 400 Häuser; Kietz, Burgstraße, Friedrichstadt und die ehemalige Kurfürstliche Freiheit waren eingemeindet worden. Damit stand fest, daß Potsdam die ständige Garnison der Leibgrenadiere sein würde.

Inzwischen hatte der König im Heer eine Strukturveränderung vorgenommen, die sich folgenträchtig auf die Stadt auswirkte. Im Pommernfeldzug 1715, in dessen Verlauf Stettin endgültig an Preußen kam, zeichnete sich das Königsregiment (Nr. 6) in solchem Maße aus, daß es von Friedrich Wilhelm „auf großen Fuß" gesetzt und 1717 mit den Potsdamer Leibgrenadieren zu einem Truppenkörper vereinigt wurde. Im damaligen Verständnis, als die Regimenter höchstens zwei volle Bataillone

*Die Langen Kerls, die die un-
verwechselbare Militärbesatzung von Potsdam bildeten,
waren dem König so wertvoll,
daß er viele von ihnen lebens-
groß porträtieren ließ und die
Bilder im Stadtschloß aus-
stellte. (Jonas Heinrichsohn
aus Norwegen, gemalt von
Johann Christof Merck.)*

18

zählten, war das eine besondere Auszeichnung, die zunächst nur noch im Jahre 1719 dem Regiment des Fürsten Leopold von Anhalt-Dessau (Nr. 3) wegen der besonderen Verdienste des „Alten Dessauers" zuteil wurde. Das vormals selbständige Bataillon der Roten Grenadiers – diese Bezeichnung entfiel mit der Vereinigung beider Formationen – bildete nun das I. Leibbataillon im Regiment des Königs (Nr. 6), die bisherigen zwei Bataillone des alten Regiments wurde das II. und das III. Bataillon. Da man das Leibbataillon inzwischen auf fünf Kompanien verstärkt hatte, war auch die Gliederung der Bataillone des Regiments vereinheitlicht, pro Kompanie 155 Mann. Die Gesamtstärke des Regiments, das nun insgesamt aus dem Generaldomänenetat des Monarchen statt aus der strengen Kriegskasse des Staates finanziert wurde, betrug 2425 Mann. Friedrich Wilhelm war Regimentschef, Kommandeur des Leibbataillons sowie Chef seiner Leibkompanie und führte sich natürlich auch weiter als Oberst in der Rangliste. 775 Lange Kerls, wie die großgewachsenen Grenadiere genannt wurden, lebten in Potsdam; die Rekonstruktion der Stadt schuf den notwendigen Platz für sie. Hinzu kamen die Angehörigen des Korps der Unrangierten, das heißt der schon zum Regiment geholten, aber noch nicht auf die einzelnen Kompanien aufgeteilten Riesengrenadiere. Die Einrichtung dieses Korps war notwendig geworden wegen des nicht kontinuierlich verlaufenden Nachschubs für die Mannschaften – auf den noch eingegangen wird – und wegen der hohen Zahl der Abgänge, vor allem durch Desertion. Bestand es anfangs nur aus wenigen Langen Kerls, so zählte es Ende 1722 schon 141 und im Jahr 1724 175 Personen. Schließlich gab es auch schon eine kleinere Zahl von Ausrangierten, wie die Invaliden bei der Garde genannt wurden. Damit strebte die Soldatenzahl in Potsdam bald schon auf die Eintausend zu.

Weitere Baumaßnahmen wurden notwendig. Wegen des gewaltigen Bedarfs ließen sie sich jedoch nicht mehr auf die bisherigen Stadtgrenzen beschränken. So kam es zwischen 1722 und 1725 unter Leitung des Baumeisters Pierre de Gayette zur ersten Stadterweiterung. Es entstand die erste Neustadt, die sich nach Norden bis zu einer Linie erstreckte, die der späteren Pflug-

Andreas Jochen von Kleist (geb. 1678 in Pommern, gest. 1738 in Heiligenbeil bei Königsberg) gehörte zur ersten Offiziersgeneration in Potsdam, wo er von 1713 bis 1735 diente, die längste Zeit die 2. Kompanie führte und ab 1730 Kommandeur des Leibbataillons war. Anschließend erhielt er das Finkensteinsche Regiment und verließ die Stadt. (Portrait von Johann Harper; es gehörte zur Offiziersgalerie im Potsdamer Stadtschloß.)

bzw. Charlottenstraße entsprach. Die neuen Gebäude hatten zum großen Teil ein einheitliches Aussehen; es waren zweigeschossige fünf-, manchmal siebenachsige Traufenhäuser mit einer ausgebauten Giebel- bzw. Mansardenstube. Die architektonisch anspruchsvollsten Häuser fand man am Kanalufer, wo sich wohlhabende Handels- und Manufakturleute, hohe Beamte und auch einige Offiziere niederließen. Zunächst waren nur drei

Offiziere in der Lage, eigene Häuser zu errichten. Neben den Majoren von Weyher und von dem Knesebeck konnte sich diesen Luxus vor allem der Obristlieutenant Andreas Jochen von Kleist leisten, der seit 1713 beim Leibbataillon Dienst tat und sich der besonderen Gunst des Königs erfreute. Später, als Oberst, baute Kleist ein so prächtiges und von Vermögen zeugendes Haus, daß die betreffende Straße bald Mammonstraße genannt wurde. Vier Lieutenants und ein Fähnrich fanden zunächst noch im Schloß Quartier. Alle anderen Offiziere wohnten zur Miete, wofür ihnen der König Zuschüsse zahlte. Ein Capitain bzw. Kompaniechef, dem zwei Zimmer zustanden, erhielt monatlich vier Taler, ein Premierlieutenant für ein Zimmer drei Taler und Secondelieutenants sowie Fähnriche für ebenfalls ein Zimmer zwei Taler.

Die Beschaffenheit des Geländes setzte dem Bemühen, eine größere Stadt anzulegen, ungeheure Schwierigkeiten entgegen. Breite und tiefe Sumpfgebiete hatten die Ausdehnung Potsdams über Jahrhunderte hinweg auf natürliche Weise verhindert. Die Verwirklichung der Pläne des Königs erforderte Aufwendungen, die in anderen Orten der Umgebung Berlins nicht erforderlich gewesen wären. Friedrich Wilhelm, der sonst so nüchtern kalkulierende Volkswirt, setzte sich in diesem Fall aber über alle rationalen Bedenken hinweg – wie immer, wenn es in irgendeinem Zusammenhang um seine Garde ging. Mit Beharrlichkeit, viel Geld und zahlreichen Mitarbeitern entstand in kürzester Zeit eine Stadt, die in ihrer Art, Struktur und Funktion einmalig war.

Die Erweiterung der Stadt wäre allerdings nicht möglich gewesen, wenn nicht Bürger von außerhalb sich in Potsdam niedergelassen hätten. Der Zuzug bildete vielmehr eine notwendige Voraussetzung für die Verwirklichung der ehrgeizigen Pläne Friedrich Wilhelms. Der König gewährte nicht nur erhebliche Steuervergünstigungen, sondern errichtete auch auf eigene Kosten ganze Häuserzeilen in der Stadt, wobei Soldaten oft als billige Arbeitskräfte dienten. Teilweise wurden die Häuser, die die Neubürger geschenkt erhielten, gar mit Hausrat ausgestattet, so daß bald ein großer Zuzugsstrom nach Potsdam einsetzte. Die zwischen 1713 und 1719 kaum veränderte Einwohnerzahl verdreifachte sich bis zum Abschluß der ersten Stadterweiterung; 1730 wurden gar schon 5640 Bürger gezählt, die in 553 Häusern lebten. Ein sehr großer Teil der Neubürger, denen ohne Probleme eine Gewerbeerlaubnis erteilt wurde, kam aus dem Ausland, vor allem aus Frankreich, Holland und Italien. Als Gegenleistung hatten alle Neubürger die Verpflichtung zu übernehmen, uneingeschränkt für das Wohl des brandenburgisch-preußischen Staates zu wirken. In Potsdam hieß das konkret: Sie wurden im Interesse der Garnison Quartierwirte und arbeiteten für die Bedürfnisse des Militärs. Wer diesen Verpflichtungen nicht nachkam, konnte seines Hauses wieder verlustig gehen.

Gegen ein Quartier- bzw. Servicegeld mußten die Quartierwirte in ihren Häusern ein separates Zimmer für Soldaten zur Verfügung stellen. Schon im „Einquartierungs-Reglement" vom 1. Juni 1713 war festgelegt worden, daß die Wirte diese Zimmer zu heizen, zu reinigen sowie die Betten herzurichten hatten. Standen die Grenadiere auf Wache oder befanden sie sich beim Exerzieren, mußte auch gekocht werden, wobei die Beschaffung der Lebensmittel jedoch Sache der Soldaten war. Das sogenannte „Sauer und Süß" (Essig, Pfeffer, Salz) mußte wiederum der Quartierwirt von seinem Servicegeld bestreiten. Als äußerst wichtig betrachtete die Krone die Pflicht der Wirte, Desertionen verhindern zu helfen oder rechtzeitig aufzudecken. Wer dieser Pflicht nicht nachkam oder gar Fluchthilfe leistete, hatte mit härtesten Strafen zu rechnen, die Todesstrafe eingeschlossen.

Alle diese Regelungen brachten erhebliche materielle sowie moralische Belastungen für die betroffenen Bürger mit sich, wenngleich sie bei ihrem Zuzug nach Potsdam für die ersten zwei Jahre von Einquartierungen befreit waren. Wer sich generell von Einquartierungen frei halten konnte, was aber nur in wenigen Fällen gelang, mußte Beiträge in die Servicekasse entrichten. Der König wußte, daß er die Belastungen für die Bürger nicht unendlich hochtreiben konnte, wenn er sein Einquartierungssystem – für das es keine ausreichende Alternative gab – funktionsfähig halten und einen Kollaps verhindern wollte. Ähnlich wie in der Landwirtschaft, wo Adel und Bauernschaft im Interesse des

Armeedienstes wirtschaftlich und juristisch Unterstützung bzw. Schutz erfuhren, wurde auch das städtische Bürgertum für seine Leistungen im Interesse des Heeres behütet und gefördert. Nicht selten gewährte der König zum Teil erhebliche Sonderzuschüsse. Häufig gab er aus seinen Forsten Holz zum Heizen. Da es in Potsdam besonders an Betten mangelte, ordnete Friedrich Wilhelm deren rasche Anfertigung an. Die Beschaffungs- und Unterhaltskosten für diese Betten – „Potsdamer Bettgelder" genannt – mußte in Form einer Steuer bis zum Jahre 1721 der Teltower Kreis tragen. Als dieser dann zur Verpflegung der Kavallerie herangezogen wurde, ging diese Steuer in Höhe von 10 000 Talern jährlich an sämtliche kur- und neumärkischen Kreise über; ein Teil wurde auch aus dem Ertrag der Herrschaften Wusterhausen und Teupitz genommen. Übrigens waren die Betten zweischläfrig, also für je zwei Soldaten gedacht; einschläfrige Betten wurden im preußischen Heer erst hundert Jahre später eingeführt. Es war ein besonderer Gunstbeweis, daß die Grenadiere des Leibbataillons in Federbetten schlafen durften, wofür der König Federn, Bettlaken und -bezüge aus seinem Etat finanzierte. Die anderen Soldaten mußten sich mit Strohzeug begnügen, wie sonst im preußischen Heer üblich.

Der schnelle Ausbau Potsdams ermöglichte bereits im Jahre 1721 die Verlegung einer Kompanie aus Köpenick, wo sie seit 1716 stationiert war, an die Havel. 1722 kamen zwei Kompanien aus Nauen hinzu, denen in den beiden anschließenden Jahren je eine weitere Kompanie folgte. Gegen Ende der ersten Stadterweiterung lagen zwei komplette Bataillone sowie die Unrangierten in Potsdam. Nur noch das III. Bataillon befand sich in Brandenburg. Die Ausrangierten siedelten 1729 nach Pritzerbe nördlich von Brandenburg über.

Waren die Wohnverhältnisse der Soldaten in Potsdam anfangs äußerst beengt und ziemlich ungeordnet, lebten wegen des akuten Platzmangels in den ersten Jahren oft Verheiratete mit ihren Familien und Unverheiratete auf einer Stube, so stellten sich im Zuge des Stadtausbaus geregeltere Verhältnisse ein. In Bürgerquartieren lagen in der Regel dann nur noch die Ledigen, zu zweit, zu viert oder zu sechst. Im Verlaufe der ersten Stadterweiterung kristallisierte sich schließlich eine Regel-Belegungsstärke von vier Soldaten pro Stube heraus, nachdem im Jahre 1722 eine entsprechende königliche Vorschrift erlassen worden war. Diese Vorschrift legte auch die Stubengröße fest, die bei fast allen späteren Bauten des 18. Jahrhunderts berücksichtigt wurde: 208 Quadratfuß, was einer Fläche von 20,5 Quadratmetern entsprach. Diese Zimmer von rund 5 x 4 Meter im Grundriß mußten zwei Doppelschlafstellen und vier Spinnstühlen Platz bieten. Die Stuben hatten ebenerdig zur Straße hin zu liegen und waren über einen direkten Zugang vom Hausflur zu erreichen. Da die Hausflure, die von der Vorder- zur Hofseite durchgingen, in der Mittelachse der Häuser lagen und die Fassaden zu beiden Seiten spiegelbildlich kongruent sein mußten, hatte die königliche Vorschrift für die Soldatenstuben zugleich wesentliche Determinanten für die Architektur der Häuser insgesamt vorgegeben, was der gesamten Stadterweiterung einen prägenden Stempel aufdrückte. Um so bemerkenswerter ist die Leistung der Planer und Architekten bei der Gestaltung des gesamten Stadtbildes einzuschätzen, die trotz größter Einheitlichkeit bei den Häusern jede Monotonie in den Straßenzügen zu vermeiden wußten. Symmetrischer Wechsel der Fassadenachsen, Fensteranordnung und Haustüren waren die wichtigsten Gestaltungselemente bei betonter Sachlichkeit. Entgegen der später weit verbreiteten Ansicht waren die Soldaten aus ganz praktischen Erwägungen (Kontrolle, schnelles Verlassen des Hauses bei Alarm, Stubengröße, Anzahl der Fenster zwecks Beleuchtung des Raumes) nicht in den romantisch wirkenden Giebelstuben unter dem Dach untergebracht, sondern wohnten parterre.

Für die Familien entstanden sukzessive Gemeinschaftsunterkünfte, die sogenannten Kasernements. Doch sind diese nicht mit den Kasernen modernen Typs zu verwechseln. Es handelte sich vielmehr noch um kleine und schlichte, den Bürgerhäusern sehr ähnliche Gebäude, die über die ganze Stadt verteilt lagen. Potsdam war die erste Garnison in Preußen mit einem größeren Anteil von Kasernen. Die Potsdamer Gebäude unterschieden sich auch von denen in anderen Garnisonen, von denen Theodor Fontane später zu berichten wußte: „Graue Wand, hundert

Löcher drin und unten großes Hauptloch. Und natürlich ein Schilderhaus daneben. Letzteres das Wichtigste." Die Potsdamer Kasernen bestanden aus Fachwerk, und ihre Aborte lagen auf dem Hof. Je eine Stube war für eine Familie gedacht, Küchen wurden gemeinschaftlich genutzt. Wegen des allgemeinen Platzmangels verlegte man bald auch „unbeweibte" Soldaten in die Kasernen, allerdings nicht in die großen Stuben, sondern in kleinere Kammern. Auch Unteroffiziere fanden dort Unterkunft, jedoch nie Offiziere. Die Frauen kochten dann gegen Menagegeld auch für die Unverheirateten, besorgten deren Wäsche und heizten.

Eine vergleichsweise große Rolle spielte in der preußischen Armee die medizinische Versorgung der Soldaten, so unvollkommen die wissenschaftlichen und praktischen Voraussetzungen auch waren. In Potsdam jedenfalls entstand schon bald ein Lazarett: Man errichtete zwei Holzhäuser in der anfangs noch vor der Stadt gelegenen Lindenstraße. Außerdem wurde das unter dem Großen Kurfürsten erbaute, doch dann vernachlässigte Jagdschloß Glienicke jenseits der Havel, am Weg nach Berlin, als Isolierhaus hergerichtet. Auf Anweisung des sittenstrengen Königs waren dort unter anderm solche Krankheiten zu behandeln, die sich die Soldaten durch den „Umgang mit liederlichen Frauenzimmern" eingehandelt hatten. Es war aber vor allem die noch immer große Furcht vor Epidemien, die zur Wahl dieses Platzes weit vor der Stadt geführt hatte. Wenn ein Soldat starb, fand er auf dem Kirchhof vor dem Nauener Tor seine letzte Ruhe. Einen gesonderten Garnisonfriedhof gab es in Potsdam nicht.

Die Unterbringung von Soldaten in den Städten beeinflußte stets ganz nachhaltig deren soziale und wirtschaftliche Entwicklung. Neben den Belastungen, die von den Soldaten und deren Quartierbedarf für den einzelnen Bürger ausgingen, war das Militär gleichzeitig Impulsgeber für die wirtschaftliche Entwicklung – ein verständlicherweise ambivalenter Prozeß, der durch die staatliche Organisation in Preußen unter Friedrich Wilhelm I. aber zu einer großen Perfektion getrieben wurde. Der Aufbau und Erhalt des immer größer werdenden Heeres schufen

Absatz- und Verdienstmöglichkeiten von großem Ausmaß, was von tragender Bedeutung für die gesamte preußische Wirtschaftsentwicklung war. In Potsdam bildeten sich in dieser Hinsicht besonders schnell günstige Bedingungen für das Gewerbe heraus. Hier war der Militäranteil besonders hoch, lag im Verhältnis zur zivilen Bevölkerung etwa viermal höher als in anderen preußischen Garnisonen. Die Grenadiere mit ihren Sonderlöhnungen und speziellen Aufenthaltsbedingungen in Potsdam, worauf noch einzugehen ist, stellten ein besonders großes Kaufkraftpotential dar, wovon das Gewerbe mehr als in anderen Garnisonstädten profitierte. An keinem anderen Militärstandort des Königreiches gewährte die Krone so hohe Vergünstigungen für die Bürger wie in Potsdam. Nirgendwo war die Krone aber auch in so hohem Maße unmittelbar von den Bürgern beziehungsweise deren Verbindung mit der Armee abhängig – wenn man von Berlin absieht, wo aber auch entschieden mehr Menschen wohnten und das Verhältnis zwischen Zivilbevölkerung und Militär nicht so extrem ausfiel wie in Potsdam. Für die Grenadiere des Königsregiments, die die Leibwache des Monarchen und die Lehrtruppe des preußischen Heeres waren, baute man schneller und besser und schuf bessere Dienst- und Lebensverhältnisse als für andere Formationen. Hier zeigten sich die Vorteile des von Friedrich Wilhelm I. neu geordneten Staatswesens, das es ermöglichte, per Kabinettsorder ausgesuchte Vorhaben ganz gezielt in Angriff zu nehmen, zu lenken und zu gestalten.

Formen kommunaler Selbstverwaltung konnten sich unter diesen Bedingungen in Potsdam natürlich kaum entwickeln. Während zum Beispiel in Berlin das Bürgertum auf gewisse Traditionen blickte und auf traditionelle Rechte verweisen konnte, die der Monarch nicht völlig zu ignorieren vermochte, lagen die Verhältnisse in Potsdam anders. Hier expandierte das Bürgertum unter der unmittelbaren Aufsicht der Krone, von ihr gelenkt, beschenkt und gefördert. Die Hierarchie und die Abhängigkeiten unterlagen seit dem Regierungsantritt von Friedrich Wilhelm I. nie irgendwelchen Zweifeln. Kommunale Selbstverwaltung und bürgerliche Selbstbestimmung hatten also schon vom Ansatz her keine Chance; sie wurden von den Bürgern, die devot gegenüber dem König verharrten, auch nie eingefordert. Mit Wirkung vom 15. August 1736 sanktionierte Friedrich Wilhelm offiziell eine Regelung, die de facto schon seit 1713 die Entwicklung der Stadt bestimmte: Potsdam wurde Immediat-Stadt, die in allen Angelegenheiten und mit allen Bürgern der Krone direkt und unmittelbar unterstand. Gleichzeitig ging es Friedrich Wilhelm mit diesem Akt darum, „Unsere Stadt Potsdam vor allen andern Amtsstädten zu distinguieren", sie also in eine deutlich bevorzugte Stellung zu setzen, wie er selbst formulierte. Diese Absicht begann der König schon sehr frühzeitig in die Tat umzusetzen. Spätestens seit der ersten Stadterweiterung wurde deutlich, daß Potsdam in den königlichen Planungen eine besondere Funktion zugedacht war. Dies drückte sich nicht nur in der beginnenden Verlegung der übrigen Bataillone des Königsregiments nach Potsdam aus. 1722, zeitgleich mit dem Beginn der Stadterweiterung, stiftete der Monarch in Potsdam das Große Militärwaisenhaus, eine Einrichtung, die für das von Friedrich Wilhelm I. begründete Heereswesen eine große Bedeutung besaß. Fürsorge betrachtete der Soldatenkönig als integralen Bestandteil der Armee. Das gesamte militärische Fürsorgewesen erhielt unter Friedrich Wilhelm wesentliche Impulse. Aus dem Anspruch, die Soldaten lebenslang unter der Fahne zu halten, leitete er die Pflicht der Krone zur Fürsorge ihnen gegenüber ab. Im beginnenden 18. Jahrhundert war das ein kolossaler Fortschritt. So wurde trotz größter Quartierknappheit in Potsdam schon zu diesem frühen Zeitpunkt mit der Stiftung ein gewaltiges Bauvorhaben in Angriff genommen, ohne daß, etwa durch besonders verlustreiche Kriege, ein akuter Bedarf an der Versorgung verwaister Soldatenkinder bestanden hätte. Die Gründung des Militärwaisenhauses wurde beeinflußt von ähnlichen Einrichtungen in Frankreich, die als Vorbild dienten. Konkrete Anregungen erhielt der König allerdings vom Pietisten August Hermann Francke, dessen Hallenser Stiftung er 1713 und 1720 besuchte. Friedrich Wilhelm bat Francke, eine entsprechende Einrichtung für das preußische Heer in Potsdam aufzubauen. Doch als der Gelehrte ablehnte, nahm der König das Werk selbst in die Hand. Der Ort des Geschehens war Potsdam.

Auf einem Gelände jenseits des Kanals, das sich zunächst noch außerhalb der Stadt befand, entstand eine recht einfache dreiflügelige Anlage mit dreigeschossigen Bauten in der späteren Sporn-, Waisen- und Breiten Straße. Schon am 1. November 1724 konnte der Betrieb mit 179 in Uniform gekleideten Knaben aufgenommen werden. Laut General-Reglement, das Friedrich Wilhelm persönlich und „auf ewige Zeiten" entwarf, sollten die Zöglinge zu Christen und guten Untertanen erzogen werden. Erziehung, Ausbildung, Bekleidung und Beköstigung waren garantiert, wofür der König dem Waisenhaus umfangreiche Einkünfte übertrug, so aus der Verwaltung des Berliner Lagerhauses, der großen privilegierten Tuchfabrik der Armee, und der Potsdamer Malz-, Korn- und Mühlenwaage auf dem Neuen Markt. Dem pietistischen Erziehungsziel folgend, durch Arbeit ein nützliches Mitglied der menschlichen Gesellschaft zu werden, bereiteten die Knaben Wolle für das Lagerhaus auf und betrieben später auch Seidenraupenzucht. Die Mädchen, welche seit 1725 im Mädchen-Waisenhaus – vorerst separat am östlichen Ende der Stadt – Aufnahme fanden, nähten, strickten, spannen und klöppelten. Die Arbeit nahm bald überhand, zehrte an der Gesundheit und beeinträchtigte die Schulausbildung. Dennoch gab es zunächst, das heißt im gesamten 18. Jahrhundert, keine grundlegende Änderung dieses Zustandes.

Der Stellenwert des zentralen Potsdamer Militärwaisenhauses war hoch; es galt als wichtige Einrichtung des Staates, und dementsprechend lag die Oberaufsicht bei den obersten Instanzen der preußischen Militärbürokratie. Erster Chef in der langen Geschichte des Hauses war der Geheime Ober-Kriegs- und Finanz-Rat Samuel Freiherr von Marschall, der das Amt 26 Jahre lang ausübte.

Aufgenommen in das Waisenhaus wurden Kinder sowohl von verstorbenen als auch von verarmten Soldaten. Die Zöglinge durften nicht älter als 14 Jahre sein und mußten nach der Konfirmation die Anstalt verlassen – die Knaben, um in eine Lehre zu gehen, die Mädchen, um als Dienstboten zu arbeiten oder eine andere Stellung zu finden. In nur wenigen Jahren expandierte die Anstalt außerordentlich, so daß im Jahre 1740 1400 Knaben und etwa 150 Mädchen dort lebten und arbeiteten. Schon 1727 war vor der Teltower Brücke, an der späteren Saarmunder Straße, ein Lazarett für die Zöglinge entstanden. Und 1739 wurde am Waisenhaus mit dem Bau eines vierten Flügels in der Lindenstraße begonnen; er diente der Unterbringung von Mädchen und war 1742 bezugsfertig.

Zeitgleich mit der Stiftung des Militärwaisenhauses im Jahr 1722 gründete auf königliche Order die Firma Splittgerber & Daum in der Stadt eine Gewehrfabrik. Potsdam wurde damit auch ein wichtiger Standort der in Preußen sich langsam entwickelnden Rüstungsindustrie. In Spandau geschmiedete Gewehrläufe, Ladestöcke und Bajonette wurden hier komplettiert und montiert. Die Meister und zahlreiche Arbeiter waren dazu aus Lüttich angeworben worden. Die Produktion wuchs kontinuierlich, bestand doch das Ziel darin, Preußen von Waffenkäufen im Ausland unabhängig zu machen. Die Arbeitsstätten befanden sich größtenteils in der Gewehrstraße, unweit des Alten Wassertores. Andere Fabrikgebäude ließ Friedrich Wilhelm auch am Berliner Tor in der Neustadt und vor der Teltower Brücke errichten. So war es bald möglich, mit einer Wochenproduktion ein ganzes Bataillon auszurüsten.

Die Potsdamer Gewehrfabrik, die einzige ihrer Art im Königreich, war die größte Manufaktur der Stadt. Sie wirkte als Impulsgeber für das gesamte Potsdamer Manufakturwesen, das sich recht mannigfaltig entwickelte und der Stadt, zumindest in dieser Beziehung, im gesamten 18. Jahrhundert eine recht gesunde Struktur verlieh. Neben Tuch-, Samt- und Seidenfabriken (alle gegründet zwischen 1724 und 1731) gab es zahlreiche Handwerksbetriebe, die meist eine günstige Auftragslage verzeichneten. Die Krone nahm mit ihren Mitteln Einfluß auf diese Entwicklung. Dem zum Beispiel sehr erfolgreichen Posamentierergewerbe verschaffte der König im Jahre 1736 durch die Gewährung des Monopols auf die Herstellung von Militär-Zopfband für die gesamte Armee zusätzlichen Auftrieb. Dieses Monopol blieb bis 1806 bestehen und war für die Stadt äußerst einträglich. Allein 1737 wurden 320 Ellen Zopfband in Potsdam hergestellt. Über eine starke wirtschaftliche Position verfügten auch

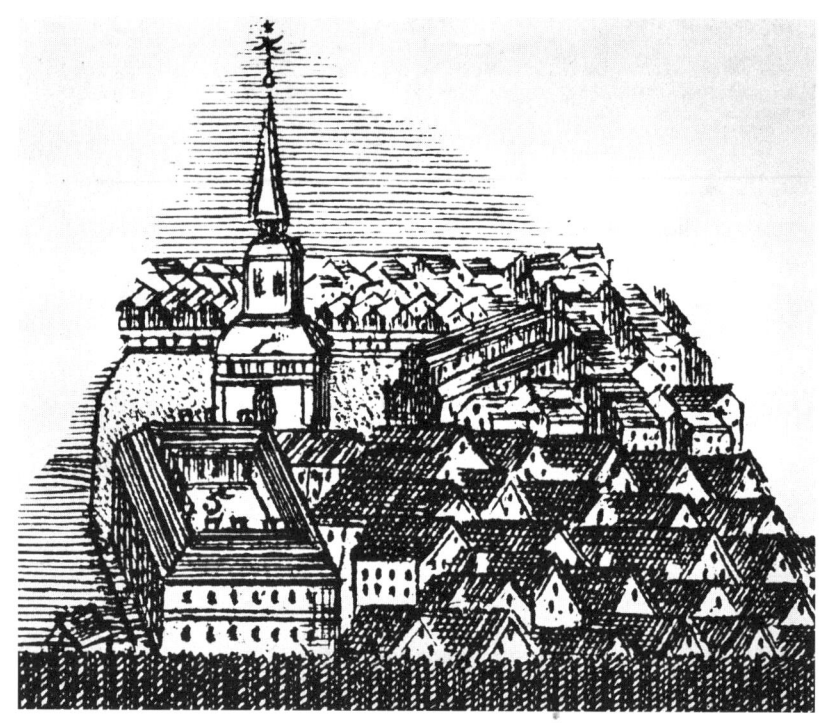

Die einzige erhaltene Darstellung der 1722 errichteten Garnisonkirche, die schon bald wieder abgetragen wurde, läßt die recht einfache Bauausführung gut erkennen.
RECHTS: Welch ein Gegensatz dazu die ab 1731 an der Stelle des alten Bauwerkes errichtete neue Hof- und Garnisonkirche – vor allem der fast 90 Meter hohe Turm. (Zeichnung von Alexander Gläßner nach einer Vorlage des Architekten Philipp Gerlach, 1738)

die Brauereien, deren bedeutendste, das Königsbrauhaus, in der Teltower Vorstadt lag.

Für das Stadtbild ganz wichtig und prägend war die Hof- und Garnisonkirche, bald Symbol für das militärische Potsdam überhaupt. Zunächst handelte es sich noch um ein recht einfaches Gebäude, das 1722 in der Breiten Straße, kurz vor dem Kanal und dem gerade entstehenden Militärwaisenhaus direkt gegenüber, eingeweiht wurde. Es war ein einfacher Fachwerkbau von rechteckigem Grundriß, mit Walmdach und einem daraufgesetz-

N.⁰ 1.

Façade de la Tour et de
l' Eglise de la Garnison
à Potsdam.

Vordere Faciade des Thûrns
û. der Kirche der Garnison
Sû Potsdam.

Inv: par Gerlach Cons. Pr. et Pr. Architecte du Roi.   Alexander Gläßer fecit.   Cum Priv. Sac. Cæs. Maj.   Martin Engelbrecht excud. A. V.

ten eingeschossigen Turm, der ein Glockenspiel enthielt. Doch nach nur acht Jahren mußte diese Kirche abgetragen weren, weil sich, als Folge eines schlecht gesicherten Untergrundes, Risse im Mauerwerk zeigten. Mit dem Neubau, einem architektonischen Meisterwerk, übertraf sich der sonst den Künsten eher abgeneigte Soldatenkönig selbst. Philipp Gerlach, der wohl bedeutendste Schlüter-Nachfolger, hatte eine Querhausanlage mit dominantem Turm an der Südseite entworfen. Nach weniger als zwei Jahren Bauzeit konnte an nahezu gleicher Stelle im Sommer 1732 die neue Kirche eingeweiht werden. Mit ihren 3000 Plätzen vermochte sie zu diesem Zeitpunkt sämtliche Soldaten der Garnison aufzunehmen, was jedoch in diesem lutherisch-calvinistischen Gotteshaus nie der Fall war, da die Grenadiere aufgrund ihrer Herkunft verschiedenen Konfessionen angehörten. Im Innern sehr einfach gestaltet, hob sich um so auffälliger die aus verschiedenfarbigem Marmor bestehende Kanzel ab, unter der sich die königliche Gruft befand. 1735 wurde der kunstvolle Turm in seiner für die Mark Brandenburg gar nicht so typischen Form vollendet. 90 Meter hoch, war er in vier sich verjüngende Geschosse unter einem kupfernen Kuppeldach gegliedert, wobei das aus Holland stammende Glockenspiel seinen Platz in 65 Meter Höhe fand. Tiefsinnige Symbolik lag in der als Wetterfahne gestalteten Turmzier, einem der Sonne zustrebenden Adler mit dem Wahlspruch „NEC SOLI CEDIT" (Er weicht der Sonne nicht). Diese Anspielung auf die Rivalität mit Frankreich, dessen König Ludwig XIV. sich als Sonnenkönig bezeichnete, ließ der Soldatenkönig auch als Devise auf seine Fahnen setzen.

Die Hof- und Garnisonkirche war eine von insgesamt drei protestantischen Kirchen der Stadt; die Nikolaikirche am Alten Markt, zwischen 1721 und 1724 an Stelle der traditionellen Stadtkirche errichtet, und die Heiligegeistkirche (1726/28) am östlichen Ende der Burgstraße standen mit der Garnison in keiner direkten Verbindung. In dem nach modernen Begriffen multikulturellen Potsdam jener Zeit fanden sich allerdings auch zahlreiche andere Gotteshäuser, die der tolerante Religionspolitiker Friedrich Wilhelm, selbst Calvinist, für seine aus ganz Europa herbeigeholten Soldaten und Manufakturleute errichten ließ. Schon der Gelehrte Christian Thomasius hatte die Duldung verschiedener religiöser Bekenntnisse anstelle religiöser Intoleranz empfohlen und betont, daß ein Staat, dessen ökonomisches Wachstum und militärische Stärke dermaßen auf die Einwanderung angewiesen sie wie Preußen, sich religiöse Ungeduld und Vertreibung Andersgläubiger nicht leisten könne. So entstand auf dem Gelände der Potsdamer Gewehrfabrik mit ihren zahlreichen Arbeitern aus Lüttich ein katholisches Gotteshaus; es war das erste, das nach der Reformation in der Stadt gebaut wurde. Eine griechisch-orthodoxe Kapelle befand sich auf der Plantage hinter der Garnisonkirche, und selbst für die Moslems wurde ein kleines Gebetshaus errichtet.

Zentraler Punkt in dem vom Militär dominierten Potsdam war das Stadtschloß. Von hier wurden nicht nur das Land regiert und das Heer geführt. Es diente auch als zentrale Befehlsstelle der Garnison, als Hauptwache und als wichtigster Kommunikationsort der Offiziere. Um mit gutem Beispiel voranzugehen, bot der König einigen Grenadieren in einem Seitenflügel Quartier. Auch ein Husarendetachement war dort samt Pferden untergebracht. 1730 hatte Friedrich Wilhelm die Aufstellung der ersten, rund 70 Mann starken Husarentruppe im preußischen Heer befohlen und ihr in Berlin die Gegend um das Hallesche Tor zugewiesen. Neben Wach- und Meldediensten hatte die Truppe unter dem Oberstleutnant von Beneckendorff – eine Leutnantsstelle hatte der bis dahin von wenig Fortune begleitete Hans Joachim von Zieten erhalten – auch großgewachsene Rekruten für das Königsregiment aufzuspüren. Je acht Husaren bildeten ein ständiges Kommando in Potsdam, wo sie vor allem Leibwache des Königs waren und Deserteure einzufangen hatten.

Statt eines Hoflebens traditioneller Art herrschte im Schloß militärisches Treiben. Den spezifischen Neigungen des Königs entsprach über weite Strecken auch die Innengestaltung, vor allem der königlichen Wohnräume im westlichen Flügel. Es war unübersehbar, daß hier der oberste Kriegsherr des Landes und Chef der Potsdamer Riesengarde lebte. Ein ganzes Zimmer, die sogenannte Generalskammer, war mit den Porträts sämtlicher Regimentschefs des Heeres geschmückt. Starb einer der Porträtierten, wanderte dessen Bildnis in das Nachbarzimmer und wurde durch das Porträt des Nachfolgers ersetzt. Im Schlafgemach befand sich eine Bildersammlung der Offiziere des Potsdamer Leibbataillons. Und die Gänge des Schlosses wurden durch eine ständig wachsende Zahl von Soldatenbildnissen geschmückt. Jeder Grenadier, der in der Leibkompanie gestanden hatte, war einzeln in Lebensgröße dargestellt. Auch die Fahnen der Potsdamer Truppen wurden in der königlichen Wohnung aufbewahrt, in einem kleinen Zimmer neben dem Schlafraum, von wo es durch eine Tür zu erreichen war. Durch eine andere Tür gelangte man von der Fahnenkammer in das Kabinett, wie ein kleiner Anbau am westlichen Schloßflügel zum Lustgarten hin genannt wurde, in dem Friedrich Wilhelm mehr als 16 Jahre hindurch sein Tabakskollegium abhielt. Als sich dort 1730 ein Grenadier erhängte, mochte der Monarch diesen Anbau nicht länger benutzen und ließ ihn abreißen. Um den Zugang zum Lustgarten an dieser Stelle zu erhalten, entstand dort eine Treppe, über die man die Fahnen nun direkt ins Freie brachte, die Friedrich Wilhelm aber auch als Verbindung zwischen seiner Wohnung und dem Lustgarten benutzte.

Im Stadtschloß pflegte der König den ständigen Kontakt zu seinen Offizieren, die er regelmäßig zur Tafel lud oder abends in die Tabagie. Diese exklusive Aufmerksamkeit entsprach dem neuen gesellschaftlichen Stellenwert des Offiziersstandes in Preußen, der im Interesse einer Aussöhnung des Adels in seinem vordem gespannten Verhältnis zur Armee deutlich aufgewertet worden war. Noch unter dem Großen Kurfürsten und seinem Nachfolger war das stehende Heer, beziehungsweise die mit seiner Existenz zusammenhängenden Fragen, vorrangig Sache des Landesherren, aus der dem Adel – seiner früheren Lehnspflicht als Vasall entledigt – zunächst keine unmittelbare Verpflichtung erwuchs. Der Offiziersdienst galt allenthalben als eine von mehreren beruflichen Möglichkeiten, die sich aber keinesfalls nur auf das eigene Land beschränken mußte. Als Friedrich Wilhelm I. alle Untertanen in geregelte Beziehungen zur Armee setzte – am deutlichsten in der Kantonverfassung – betraf diese Neuordnung auch den Adel. Die einheimischen Edelleute bildeten fortan das

Offizierskorps der Armee. Denn nach der festen Überzeugung des Königs waren allein die Angehörigen der Landaristokratie aus ihrer herrschaftlichen Tradition heraus befähigt, die Befehlsgewalt in einem Heer auszuüben, dessen Mannschaften sich vorrangig aus widerwillig Rekrutierten der ländlichen Bevölkerung zusammensetzten. Er verband damit den Nutzen, die politisch gefährlichste Bevölkerungsschicht – die besitzenden Landjunker, die den königlichen Zentralisierungsbestrebungen lange Zeit deutlich ablehnend begegneten – zum Dienst für die Monarchie zu erziehen. Dazu gehörte, daß sich die Offiziere als Stand grundlegend von allen Nichtoffizieren abhoben, wogegen die Unterschiede zwischen Gemeinen und Unteroffizieren lediglich gradueller Natur waren. Das Wort Offizierskorps erhielt so seinen eigentlichen Sinn. Inneres Regulativ dieses Standes wurden Eigenschaften und Tugenden, für die ganz allgemein der Begriff Ehre stand. Äußeres Zeichen dieses in sich geschlossenen Offizierskorps war die einheitliche Uniform, die sich vom Fähnrich an aufwärts für alle Ränge durch nichts unterschied. Wenn nun gar der König ständig den Offiziersrock trug, dann natürlich deshalb, weil er sich als Angehöriger seines Potsdamer Regiments fühlte. Gleichzeitig aber ehrte Friedrich Wilhelm auf diese Weise den gesamten Offiziersstand und erhöhte ihn auch äußerlich zum ersten Stand der Gesellschaft überhaupt.

Die Offiziere des Königsregiments – im Jahre 1724 pro Bataillon 20 Männer – nahmen innerhalb dieses Systems dennoch eine Sonderstellung ein. Sie rangierten in den Ranglisten vor den anderen Offizieren der Armee, wobei sich das Leibbataillon noch einmal gesondert abhob. Diese Bevorzugung setzte eine außerordentliche Pflichterfüllung voraus; Vernachlässigungen konnten für den einzelnen Offizier harte Strafen nach sich ziehen. Der inneren Disziplinierung des Offizierskorps dienten streng reglementierte Formen des Umgangs miteinander, so auch die gemeinsame Tafel zum Zwecke des Kommunizierens. Den Teilnehmern unentgeltlich gewährt, wurden so vor allem die Subalternoffiziere mit ihren auch bei der Garde nicht üppigen Gehältern materiell unterstützt. Die Potsdamer Offizierstafel bestand während des gesamten 18. Jahrhunderts.

Garnison für ein ganzes Regiment

Friedrich Wilhelm regierte schon 20 Jahre, aber noch immer hatte er nicht das gesamte Königsregiment in seiner Lieblingsresidenz Potsdam vereint. Es fehlte noch das III. Bataillon. Anfangs auf mehrere Orte verteilt, stand es seit den zwanziger Jahren in Brandenburg an der Havel. Doch in Potsdam war es eng. Das Leibbataillon zählte seit seiner Etatverstärkung vom 26. April 1724 insgesamt 913 Mann: Neben den 20 Offizieren waren es 55 Unteroffiziere, 5 Pfeiffer, 25 Tambours, 5 Zimmerleute, 65 Flügelgrenadiere, 730 Gemeine (offiziell „Große Grenadiers" genannt) sowie 1 Regimentstambour und 7 Hautbois. Das II. Bataillon umfaßte 823 Mann, und das Korps der Unrangierten war auf 314 Mann angewachsen. Im Regimentsstab dienten 39 Personen, einschließlich Regimentsauditeur und Profos, Feldscher, Schreiber und Quartierleute. Die Verlegung der Ausrangierten nach Pritzerbe hatte nur wenig Entlastung gebracht. Anfang der dreißiger Jahre, also knapp zwei Jahrzehnte nach der Wahl Potsdams zum Garnisonort, lebten 2089 Angehörige des Königsregiments in dieser Stadt.

1733 begann ein erneuter Städteausbau, der als zweite Stadterweiterung in die Geschichte einging. Der König ließ Potsdam noch weiter nach Norden wachsen, nun bis zu einer Linie, die durch das Jäger- und Nauener Tor markiert wurde. Ein Jahr später setzte unter Leitung des Holländers Jan Boumann die Errichtung des sogenannten Holländischen Viertels ein. 134 Häuser aus rotem Backstein, gegliedert in vier ungleiche Karrees, ließ der König für holländische Einwanderer bauen, von denen er sich eine weitere Belebung des Handwerks versprach. Als diese nicht in der erhofften Zahl kamen, standen die Häuser – die letzten wurden 1742 fertig – auch für andere Nutzungsarten zur Verfügung, so auch als Soldatenunterkünfte. „Pilotprojekt" für dieses ungewöhnliche Vorhaben war das „große holländische Haus" im nördlichen Teil der Lindenstraße, also außerhalb des in sich geschlossenen Viertels gelegen. Dieses zweigeschossige Haus, das eine ungewöhnliche Raumhöhe von über fünf Metern aufwies und zwischen 1733 und 1737 erbaut wurde, war als Wohnung für den Kommandeur des Regiments Nr. 6 und andere Offiziere bestimmt und galt – unter dem Namen „Kommandantenhaus" – als das vornehmste der Stadt.

Die neuen Unterbringungsmöglichkeiten spornten den König schon recht bald zur erneuten Erweiterung seiner Garde an. Am 1. Mai 1735 verfügte Friedrich Wilhelm die Errichtung je einer gesonderten Flügelgrenadier-Kompanie pro Bataillon, das nunmehr jeweils sechs Kompanien umfaßte. Da inzwischen auch die Unrangierten mit 751 Mann die Stärke eines normalen Heeres-Bataillons erreichten, wuchs die Potsdamer Garnison noch vor Verlegung des III. Bataillons auf knapp 2600 Mann an.

Bis 1738 hatte man so viele Quartiere geschaffen, daß nun endlich auch das III. Bataillon von Brandenburg nach Potsdam geholt werden konnte. Das gesamte Regiment war damit an einem Ort vereint – ein ganz persönliches Lebenswerk des Soldatenkönigs. Nur die Ausrangierten fehlten. Sie rückten aber 1739 näher an Potsdam heran, indem sie von Pritzerbe nach Werder verlegt wurden. Das Korps der Unrangierten zählte inzwischen 957 Stellen. 3657 Angehörige des Königsregiments fanden in Potsdam Platz, davon 102 Offiziere.

Die Soldaten stellten nicht nur einen extrem hohen Anteil an der Gesamtbevölkerung Potsdams. Die Existenz des Regiments der Langen Kerls hatte auch einen nachhaltigen Einfluß auf das Stadtbild und die Stadtlandschaft. Die ganze Anlage Potsdams richtete sich vor allen Dingen nach den Bedürfnissen des Militärs. So benötigten die Truppenverbände zum Exerzieren und Einüben der aufwendigen taktischen Manöver – die Gefechtsformationen zogen in Linien auf – viel Platz. Während zum Beispiel in Berlin diese Flächen mit dem Karree (dem späteren Pariser Platz am Brandenburger Tor), dem Octogon (Leipziger Platz)

SEITE 38/39: Obwohl dieser Stadtplan den Verlauf und die Bebauung der Straßenzüge von 1683 (die dunkel umrandeten Gebäude, vorwiegend auf der West-Ost-Achse vom Alten Wassertor bis zur Heiligegeistkirche) und von 1797 gegenübergestellt, verdeutlicht er doch gerade das stürmische Wachstum zwischen 1715 und 1742, als Potsdams städtische Grundstruktur entstand, die sich bis in das 20. Jahrhundert erhielt.

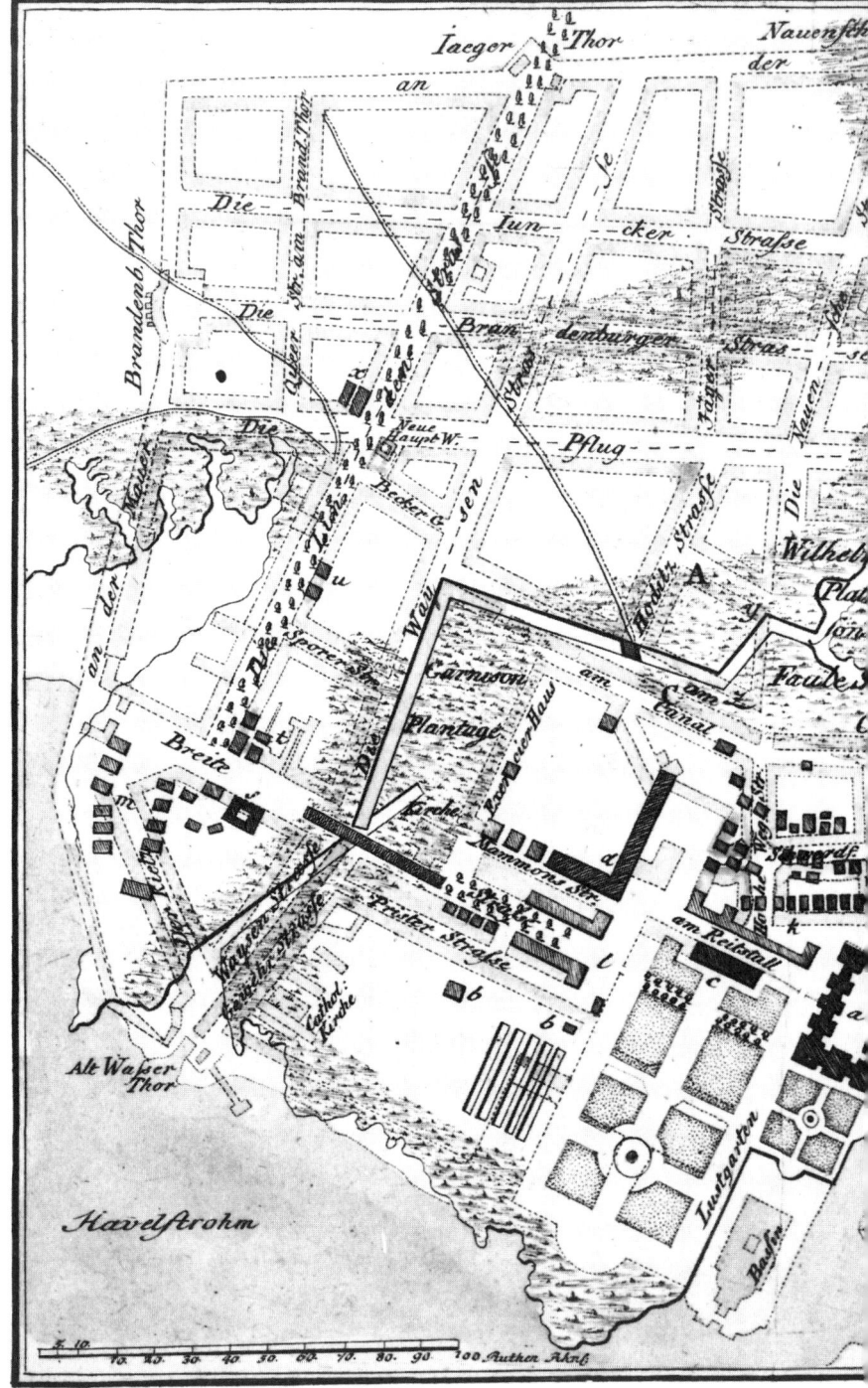

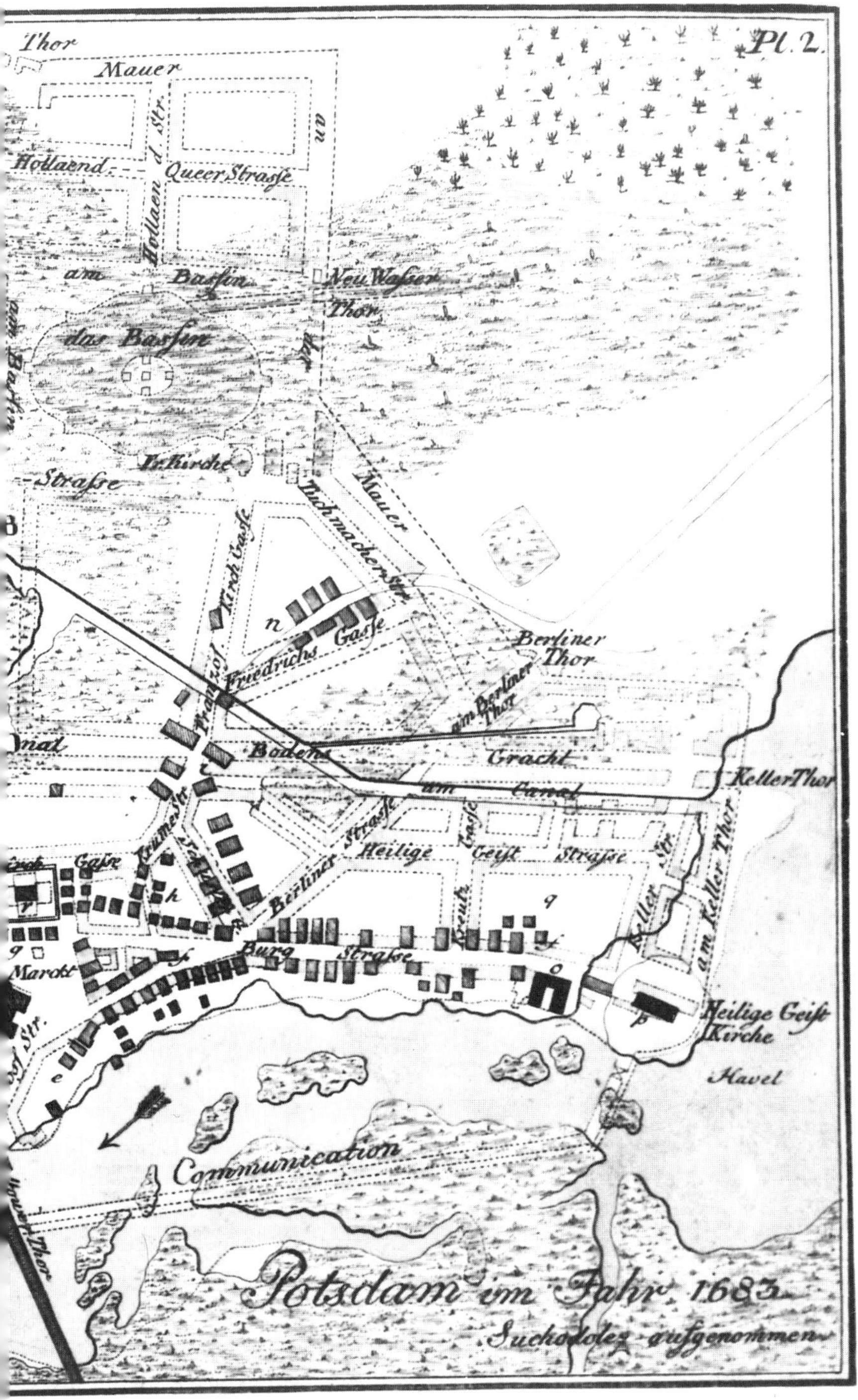

Pl. 2.

Thor

Mauer

am

Hollaend.

Queer Strasse

Jellaen. d. Str.

am Basin

Basin

am Basin

das Basin

Neu Waser Thor

Fr.Kirche

Strasse

B

Mauer

Tuchmacher Str.

Kirch Gasse

n

Friedrichs Gasse

Berliner Thor

am Berliner Thor

Französ.

Boden

Gracht

am canal

Keller Thor

nal

Berliner Strasse

Heilige Geist Strasse

am Keller Thor

Keller Str.

Teich Gasse

Breit. Str.

q

Gasse

h

Burg Strasse

o

Markt

9

p

Heilige Geist Kirche

Hof. Str.

e

Havel

Communication

Potsdam im Jahr 1683.

Suchodolez aufgenommen

und dem Rondell (Belle-Alliance-Platz) am damaligen Stadtrand entstanden, plazierte der König in Potsdam dieses Areal mitten in das Zentrum. Da es zu seinen Gewohnheiten gehörte, seine Grenadiere selbst zu exerzieren oder sie zumindest während der Ausbildung von seinem Arbeitszimmer aus im Blick zu haben, ließ er schon in den ersten Jahren den größten Teil des Lustgartens, der zur Regierungszeit seines Vaters von Jean de Bodt sehr repräsentativ angelegt worden war, planieren. Die Potsdamer Grenadiere exerzierten also auf einem sehr zentralen Gelände der Stadt, südlich vom Schloß.

Viele Besonderheiten in der Entwicklung Potsdams unter Friedrich Wilhelm waren eine Folge der herausgehobenen Stellung des Königsregiments im preußischen Heer, worauf auch das äußere Erscheinungsbild der Langen Kerls hinwies. Zu ihren blauen Uniformröcken mit roten Kragen, Aufschlägen und Rabatten – ergänzt durch rote Westen und Hosen beim Leibbataillon, gelbe Unterkleider beim II. und III. Bataillon – trugen sie die charakteristischen, ihre extreme Körpergröße noch unterstreichenden Grenadiermützen, die beim Leibbataillon im Mützenschild den Schriftzug SEMPER TALIS aufwiesen. Typisch für das Regiment waren auch die Mohren, Nachfahren einstiger brandenburgischer Untertanen aus dem afrikanischen Kolonialbesitz des Großen Kurfürsten; sie dienten als Querpfeifer bei der Garde, eine Tradition, die sich bis 1806 fortsetzte. Diese und andere Attribute waren äußere Zeichen dafür, daß es sich beim Regiment Nr. 6 um die Leibwache des Königs und das Lehrregiment des preußischen Heeres handelte, in dem Friedrich Wilhelm seine ganze Aufmerksamkeit auf die Infanterie richtete, dagegen die Kavallerie mit schweren Folgen für seine Nachfolger vernachlässigte. Im Heer wurde keine Neuerung eingeführt, ehe sie nicht erfolgreich in Potsdam erprobt worden war. Das betraf nicht nur den taktischen Bereich. Gerade auch in bezug auf die Ausbildungsmethoden, die Erziehung und geistige Unterwerfung wurde die Potsdamer Truppe zum Muster der gesamten Armee. Strenge Disziplin, straffe Zucht, unbedingter Gehorsam, größte „Propretee", Mut und Tapferkeit, Unerschrockenheit und Ehrhaftigkeit – das waren die Eigenschaften, die der Monarch seinen Soldaten durch Drill, Manneszucht und strengste Bestrafung verinnerlichen wollte. Das unverkennbare Markenzeichen für diese Art der Ausbildung war der Stock, den Friedrich Wilhelm schnell und manchmal gleich reihenweise gebrauchte. Auch so mancher Offizier bekam den Stock zu spüren, wenn er nicht umfassend und unverzüglich den Befehlen des Königs nachkam. Wegen ihrer Sonderstellung im preußischen Heer, aber auch wegen ihrer zahlreichen Auffälligkeiten, erregte diese Truppe – als „Potsdamer Wachtparade" von vielen verspottet, doch nicht weniger bewundert – bald Aufmerksamkeit in ganz Europa. Reisende kamen an die Havel, um die Verkörperung des preußischen Heerwesens zu sehen.

Legendär wurden im Laufe der Jahre die Potsdamer Riesengrenadiere mit ihren sechs Fuß Mindestgröße. Viele von denen, die über zwei Meter maßen, waren gar mit ihrem Namen weithin bekannt und erfreuten sich der Gunst des Königs: der Ire James Kirkland etwa mit seinen 2,15 Metern (sechs Fuß, elf Zoll), der fast ebenso große Schmiedegeselle Jonas Henrikson (Heinrichson) aus Norwegen oder gar ein weit über 2,20 Meter messender Preuße aus dem Osten namens Hohmann. Die meisten Grenadiere stammten aus dem Ausland, hatten zuvor auf dem Balkan oder in Skandinavien, Rußland oder Schottland, Frankreich oder Italien gelebt. Im ersten Glied der Leibkompanie standen zum Beispiel Martin Sadowski (sechs Fuß, fünf Zoll) aus Warschau und Schwerit Rediwanoff (sechs Fuß, sechs Zoll) aus Moskau.

Vielfältig waren die Wege, auf denen die Rekruten nach Potsdam gelangten. Da gab es zunächst die Werbung, die damals in ganz Europa üblichste Methode, mit der Männer sowohl zu Armeen als auch zu Flotten geholt wurden. Sie schloß Überredung, Bestechung, Betrug und schließlich gewaltsame Pressung ein. Während in Preußen unter Friedrich Wilhelm die Rekrutierung allgemein geregeltere Formen anzunehmen begann, blieb speziell für das Potsdamer Regiment die Menschenjagd mit ihren schrecklichsten Auswüchsen erhalten. Und erfolgreiche Werbekommandos erhielten üppige Belohnungen vom König. Neben der direkten Werbung für die Riesengarde kam es zu Überstellungen großgewachsener Rekruten aus anderen Regimentern nach Potsdam, ein Verfahren, das der König ebenfalls reichlich entlohnte. So erhielt das Regiment Nr. 18 im Jahre 1735 für sechs Mann 5149 Taler, im Jahre 1739 für einen einzigen Rekruten gar 1752 Taler. Schließlich kaufte Friedrich Wilhelm einige Grenadiere direkt im Ausland, James Kirkland zum Beispiel für 9000 Taler! Der russische Hof, ein beliebter Lieferant hochgewachsener Männer, erhielt nicht nur das berühmte Bernsteinzimmer. Als Peter der Große 1717 in Potsdam zu Gast war, schenkte ihm der Soldatenkönig die vergoldete Potsdamer Prunkgaleere, die sein Vater in Holland hatte bauen lassen. Der Zar revanchierte sich dafür mit einer beträchtlichen Zahl großer Männer für die Potsdamer Garde, von denen die ersten 55 im Jahre 1718 eintrafen. Bald gab es einige Hundert Russen bei der Garde, für deren seelsorgerische Betreuung Friedrich Wilhelm in den Jahren 1733/34 nicht nur die als Fachwerkbau ausgeführte griechische Kirche – allerdings ohne Turm und Glockengeläut – errichten ließ. 1734 kam, aufgrund eines Angebots der Zarin Elisabeth I., der Pope Basilius Schtscherbatzki nach Potsdam, dem Friedrich Wilhelm die ungestörte und vollständige Seelsorge nach griechischem Ritus sowie ein gutes Einkommen zugesagt hatte. Damit endete ein jahrelanges Provisorium, währenddessen der Legations-Pope nur in größeren Abständen von Berlin herüber gekommen war und seine Landsleute im Potsdamer Rathaus versammelte. Hochgewachsene Rekruten wurden also mit größtem Aufwand aus ganz Europa herbeigeholt. Wer Friedrich Wilhelm Lange Kerls vermittelte oder zum Geschenk machte, konnte die Gunst des Monarchen erringen.

Aufgrund des spezifischen Rekrutenbedarfs stand das Königsregiment außerhalb des offiziell 1733 eingeführten, in Ansätzen aber schon vorher praktizierten Kantonreglements, wonach den einzelnen Regimentern streng voneinander abgegrenzte Rekrutierungsgebiete im Lande, die sogenannten Kantone, zugewiesen waren. In Enrollierungslisten wurden die dienstfähigen Männer eines jeden Kantons langfristig erfaßt, was die Rekrutierung für das Heer einfacher und übersichtlicher machte. Gleichzeitig legte die Krone unter wirtschaftlichen und sozialen Gesichtspunkten fest, in welchen Gebieten „enrolliert" wurde, vor allem jedoch, wo nicht: zum Beispiel in einigen Städten, so auch in Potsdam, wo jeder Bewohner, ob als Arbeiter, Quartierwirt oder Unternehmer, gebraucht wurde. Die offizielle Kantonfreiheit erlangte Potsdam jedoch erst 1741.

Die Eigenarten der Rekrutierung hatten eine ganz spezifische Sozialstruktur bei den Langen Kerls zur Folge. Anders als in den übrigen Regimentern des Heeres, das sich in seinen Mannschaften fast ausschließlich aus preußischen Bauern beziehungsweise aus Bauern, Handwerkern und anderen Arbeitsleuten der deutschen und nichtdeutschen Nachbarländer zusammensetzte, kamen in Potsdam Vertreter verschiedenster sozialer Sphären und Berufsgruppen zusammen. Wenngleich auch hier Bauern und Handwerksleute dominierten, taten andererseits zahlreiche Vertreter gehobener Schichten Mannschaftsdienst. Dazu gehörten Studenten und Gelehrte, Geistliche und selbst Adlige, geeint durch das physische Merkmal der Großwüchsigkeit. In dieser eher zufälligen sozialen Zusammensetzung unterschied sich die Potsdamer Garde zum Teil ganz erheblich von sonstigen Garden in Preußen und im Ausland. Sie bildete in dieser Hinsicht einen Übergang vom stehenden Heer in seiner Frühphase des 17. Jahrhunderts, als sich die Garden in vielen Fällen ausschließlich aus adligen Kreisen rekrutierten und damit selbst als Musketierformationen oft beritten waren, und den späteren Gardeformationen des 18. Jahrhunderts, die sich sozial nur geringfügig oder gar nicht von den Linientruppen des stehenden Heeres abhoben.

Das Potsdamer Soldatenleben unterschied sich in nicht wenigen Punkten von dem in anderen Garnisonen. Dies ergab sich vor allem aus dem königlichen Willen, seinen wirklich einzigartigen Riesengrenadieren außerordentliche Dienst- und Lebensbedingungen zu gewähren. Friedrich Wilhelm genoß es, freundschaftlich-väterlich mit den Soldaten zu verkehren. Dieses sentimental-verklärte Ideal des Königs vom Landesvater und „seinen blauen Kindern" schloß allerdings an keiner Stelle Disziplin und strengsten Gehorsam aus, sondern implizierte diese Eigenschaften geradezu; um so unerbittlicher konnte er sein, wenn es um die Einhaltung dieser Regeln ging. Der Monarch kannte nicht nur viele seiner Soldaten beim Namen, sondern war auch mit deren Lebensgeschichten und Familienverhältnissen vertraut. Er erlaubte den Soldaten das Heiraten; pro Kompanie betraf das jedoch höchstens ein Drittel der Männer, um den militärischen Dienstablauf nicht über Gebühr zu stören; ansonsten war im preußischen Heer zum Heiraten eine Erlaubnis der vorgesetzten Offiziere einzuholen, was diese sich teuer bezahlen ließen. Nicht selten war der König bei Kindtaufen seiner Grenadiere zugegen. Ein besonderes Privileg bildete das Recht der Grenadiere, dem Monarchen persönlich Bitten vorzutragen oder schriftliche Anträge zu überreichen. Wenn es um eigene Belange des Grenadiers ging, etwa um Hilfe bei der Ansiedlung von Verwandten in Potsdam, war Friedrich Wilhelm meist sehr großzügig. Als die Grenadiere ihr Privileg aber immer mehr gegen ein Entgelt dazu nutzten, Anträge fremder Personen vor den König zu bringen, schränkte dieser das Vorrecht drastisch ein.

Persönlich stets sehr betroffen war Friedrich Wilhelm, wenn einer der Soldaten schwer erkrankte oder gar starb. Die gesundheitliche Konstitution der Langen Kerls, deren Wachstum ja oft in genetischen Störungen oder anderen Anomalien begründet war, gab dazu häufig Anlaß. Jonas Henrikson starb 1727 zum Beispiel an Auszehrung (Tbc). In solchen Fällen dürften sich persönliche Betroffenheit und das Bewußtsein des finanziellen Verlustes überlagert haben.

Die Soldaten des Königsregiments wurden mit zahlreichen materiellen Sonderleistungen bedacht. Die Soldzahlungen fielen mit vier Talern Basistraktament – gezahlt in Raten von 16 Groschen, alle fünf Tage, damit der Monatssold nicht auf einen Schlag ausgegeben werden konnte – doppelt so hoch aus wie in anderen Regimentern. Hinzu kamen Sonderzahlungen für besonders große Grenadiere, teilweise über zehn Taler pro Monat. In einigen Fällen begünstigte der König auch den privaten Hauserwerb der Grenadiere. 1721 waren in Potsdam 13 solcher Häuser registriert; als Friedrich Wilhelm starb, waren es 84. Einzelne Soldaten gingen einem eigenen Gewerbe nach, unterhielten private Bier- und Weinstuben, wie zum Beispiel der Rheinländer Heinrich Wilhelm Wagenführer vom Leibbataillon.

: Die König Bürgerl: Manufactur 2 Die Cavalier Brücke 3 Die Garnison Kirche und Thurm 4 Splittgerber und Daums Wohnung und Gartens Der alte Stall Platz 6 Der : Neue Marcst 7 Die Trauensche Brücke 8 Das Nauensche Thor 9 Der Canal 10 Die St. Nikolai Kirche und Thurm 11 Das Königl. Schloß 12 Pulver Magazin 13 Der Rath-Haus 14 Der alte Marcst 15 Die Heilige See 16 Die Teltowsche Brücke 17 Das Berliner Thor 18 Brücke 19 Das Mägdchen Waschen Haus 20 Heil Geist Kirch

Diese Stadtansicht von 1735 zeigt interessante Details, wenngleich teilweise in unexakten Proportionen; das Militärwaisenhaus bleibt links außerhalb des Bildes. Deutlich erkennbar die Pulverhäuser im Palisadenzaun und im Hintergrund die noch freie, aber schon durch die Stadtmauer eingefaßte Fläche für die zweite Stadterweiterung mit neuen Soldatenstuben (links vom Nauener Tor) und für das Holländische Viertel (rechts).

Er erhielt am 24. Januar 1738 das Haus Breite Straße 28 geschenkt, wo er eine Weinhandlung betrieb. In Potsdam war der Ausschank von Branntwein verboten. Obwohl er in damaliger Zeit zum allgemeinen Ernährungsplan gehörte, sah der König in ihm die Ursache von Krankheit und Tod. Ausgenommen vom Branntweinverbot war lediglich die Gewehrfabrik, aber das galt nur für die dort beschäftigten Arbeiter; der öffentliche Ausschank war auch an diesem Ort untersagt. Das in der Garnison nun reichlich genossene Bier hatte aber gerade bei den Russen und Polen, Litauern und Walachen teilweise fatale Folgen, waren sie doch aufgrund der in ihrer Heimat üblichen Ernährung dieses Getränk überhaupt nicht gewohnt. In der letzten Regie-

45

rungsdekade Friedrich Wilhelms I. lockerte sich die Anordnung, ohne jedoch offiziell aufgehoben zu werden.

Die Angehörigen des Königsregiments blieben im Gegensatz zu den meisten Soldaten des preußischen Heeres das ganze Jahr über in ihrer Garnison. Während ansonsten die Kompaniewirtschaft dominierte, welche die Soldaten während ihrer dienst- und ausbildungsfreien Zeit – bis zu zehn Monate im Jahr – zur Arbeit auf dem Gut des Kompaniechefs zwang, kam in Potsdam wegen des hohen Ausländeranteils das sogenannte Freiwächtersystem zur Anwendung: Die Langen Kerls wurden „in die Stadt" entlassen. Das heißt, sie durften auch während der dienstfreien Monate die Stadt nicht verlassen, womit der hohen Desertionsgefahr entgegengewirkt werden sollte. Wären die Grenadiere erst einmal in ihre Heimatländer zurückgelangt, wo die Institutionen des preußischen Staates machtlos waren, das heißt, wo es für sie keine Möglichkeit zur Überwachung und zum Eingreifen gab, hätte kaum Aussicht auf deren Rückkehr bestanden. Die Soldaten hatten sich also auf Dauer in Potsdam einzurichten, wo sie ganz eng mit der Bürgerschaft verschmolzen.

Wenn auch die Potsdamer Grenadiere materiell besser gestellt waren als die Masse der preußischen Soldaten, brachte es aber bei weitem nicht jeder Lange Kerl zu Wohlstand und eigenem Besitz. Die meisten von ihnen bildeten während der dienstfreien Zeit ein Arbeitskräftereservoir für das Potsdamer Gewerbe. Während allgemein in den Städten des Königreiches eher ein Arbeitskräftemangel verzeichnet wurde – ein Folge der Bindung des preußischen Bauern auf dem Lande, der nicht in die Stadt abwandern konnte –, herrschte in Potsdam eine Sondersituation. Die Freiwächter als soziale Gruppe traten nicht nur als Konsumenten – in der traditionellen Rolle der Soldaten – auf, sondern beeinflußten die Wirtschaftsentwicklung auch ganz unmittelbar durch ihre Tätigkeit im produzierenden Bereich und in der Dienstleistungsbranche, was das schnelle wirtschaftliche Wachstum der Stadt zusätzlich förderte, wahrscheinlich aber sogar erst ermöglichte. Der einzelne Grenadier partizipierte an diesem Wachstum allerdings nur bedingt. Da der Sold während der dienstfreien Zeit von den Kapitänen meist einbehalten wur-

Dismar Degen (vgl. auch die Abbildung S. 14) dokumentiert die städtebauliche Situation in Potsdam weit besser, als das auf der vorhergehenden Abbildung geschah (s. Seite 45). Die Ansichten entstanden im gleichen Jahr. Die noch gar nicht so dichte Bebauung und die überwiegend schlichte Bauweise zwischen Garnison- und Heiligegeistkirche sind hier gut zu erkennen, ebenso der Verlauf des Stadtkanals.

de, mußte der Freiwächter allein vom Arbeitslohn leben. Doch im übervölkerten Potsdam fand nicht jeder Grenadier Arbeit, schon gar nicht eine gut bezahlte. Nicht wenige hatten wirtschaftliche Notsituationen zu bewältigen, vor allem Verheiratete mit großen Familien. Viele Soldatenfrauen gingen dem Hökergewerbe nach. Besonders schwierig war die Situation für Soldatenwitwen. Aus überschüssigem Brauereikorn gewährte ihnen der König als kostenlose Unterstützung den bald traditionellen Potsdamer Gnaden- oder Deputatroggen. Angesichts dieser kritischen Verhältnisse erschien es vielen Grenadieren gar als günstig, daß die dienstfreie Zeit aufgrund des intensiven Wachdienstes in Potsdam meist recht knapp ausfiel.

Auch als Freiwächter blieb der Grenadier Angehöriger seines Regiments und war der militärischen Disziplin unterworfen. Zum äußeren Zeichen hatte er stets Teile seiner Uniform zu tragen, die sein Eigentum war, bezahlt aus regelmäßigen Soldabzügen. Auf königliche Order erwarben alle Soldaten des Heeres jedes Jahr einen neuen Uniformrock, wodurch die preußische Textilindustrie, Kernstück der merkantilistischen Politik Fried-

47

Genrebilder aus dem Militärmilieu in Brandenburg-Preußen sind in der ersten Hälfte des 18. Jahrhunderts selten. Außer der angetretenen Torwache sieht man eine der Potsdamer Laternen, zwei Lärmkanonen und ein Schilderhaus. Im Hintergrund das – allerdings viel zu groß dargestellte – Jägertor, das den Blick nach Norden in die noch fast unbebaute Jägerallee freigibt (D. Degen, um 1735).

rich Wilhelms, gestärkt wurde. In voller Montur kamen die Soldaten sonntags zum Kirchgang; dort wurden sie visitiert, und man kontrollierte, ob sie vollzählig erschienen waren.

Der militärischen Disziplin unterlagen auch die Soldatenfrauen – egal, ob es sich dabei um eine Ehe mit Trauschein oder um ein sogenanntes Konkubinat handelte. Das Konkubinat galt wegen der königlichen Heiratsbeschränkung oder im Falle einer verweigerten Erlaubnis durch den Vorgesetzten als eine halblegale Möglichkeit des eheähnlichen Zusammenlebens; die Kinder galten allerdings als unehelich.

Über die Disziplinarverhältnisse im preußischen Heer ist viel geschrieben worden. Augenfällig war das System von Strafen, die allgemein bekannt sind. Die Strafen waren hart bis grausam, entsprachen dem Söldnercharakter der Armee und wirkten auf den aufgeklärten Betrachter abstoßend und empörend zugleich. Das dabei oft gezeichnete Bild eines militärischen Apparates, in dessen Zuständigkeitsbereich scheinbar nur geprügelt und Soldaten reihenweise hingerichtet wurden, ist dennoch maßlos überzogen. Im Gegensatz zu anderen europäischen Armeen, vor allem zu den Flotten und selbst zur Situation auf den junkerlichen Gütern, wurde durch die preußische Regimentsgerichtsbarkeit ein erhebliches Maß an Willkür der einzelnen Vorgesetzten ausgeschaltet. Die Stockdisziplin, die dem Rekruten zwei oder drei Schläge schon bei geringen Anlässen einbrachte, ist nicht zu verwechseln mit dem brutalen, wahllosen Prügelsystem in vielen anderen Ländern. Spießrutenlauf und Todesstrafe gehörten nicht zum Alltag und kamen nur bei strengsten Vergehen zur Anwendung, zum Beispiel bei Desertion. Dann jedoch meist ohne Gnade. Die Potsdamer Richtstätte befand sich lange Jahre auf dem Neuen Markt, wurde danach zum Berliner Tor verlegt und kam schließlich vor die Stadt, jenseits des Holländischen Viertels.

Die Desertion als Grundproblem der Fürstenheere des 18. Jahrhunderts mit ihren gepreßten Rekruten machte um Potsdam keinen Bogen, trotz der Vergünstigungen für die Langen Kerls. Das Soldatenleben war generell hart. Und für die meisten nach Potsdam geschleppten Ausländer bestand auf Jahrzehnte keine Aussicht auf Rückkehr in die Heimat. Sie waren Gefangene in der Stadt, aus der es kaum ein Entkommen gab. Schon 1718, noch vor der Verlegung der ersten Kompanie des alten Königsregiments nach Potsdam, hatte man mit der Errichtung eines Palisadenzaunes an der südlichen Wasserseite begonnen, während der Kanal und die Sümpfe nach den anderen Seiten Hindernisse bildeten. Im Zuge der Stadterweiterungen in den Jahren 1722 und 1733 entstanden dann aus Backsteinen mit Ziegelabdeckung bestehende Ummauerungen von zwölf Fuß Höhe (= 3,77 Meter), deren Zweck durch die Bezeichnung

„Accise- und Desertions-Communication" umfassend charakterisiert war. Starke Wachen kontrollierten die Tore und wichtige Punkte in der Stadt. Durch Visitieren der Soldatenquartiere sollten Fluchtversuche rechtzeitig aufgedeckt werden. Und dennoch entwichen immer wieder Grenadiere. Die nahe sächsische Grenze, die sich gleich hinter Ferch erstreckte, wirkte wie ein Magnet. Viele wurden schon vorher wieder eingefangen, waren Opfer des umfassenden Systems zur Verfolgung Entlaufener. Sobald man eine Flucht entdeckte, gaben Alarmkanonen und Sturmglocken das Signal zur Jagd. Wege wurden abgesperrt, Brücken und Fährstellen besetzt. Die Bauern der Umgebung waren verpflichtet, an der Suche teilzunehmen; auf Fluchtbegünstigung standen hohe Strafen, wogegen dem eine Geldbelohnung von zwölf Talern und mehr winkte, der zum Ergreifen eines Deserteurs beitrug. Hatte ein Fliehender Kanin, Klaistow oder Busendorf und somit sächsisches Territorium erreicht, war er immer noch nicht sicher vor nachsetzenden Husaren. Eingefangenen drohten härteste Strafen, im Wiederholungsfall lebenslange Festungshaft in Spandau oder die Hinrichtung. Oft flüchteten ganze Gruppen. 1730 kam es zu einer regelrechten Deserteursverschwörung, an der fast 100 Grenadiere aus Ost- und Südosteuropa beteiligt waren. Durch Brandstiftung wollten sie Panik schaffen, um eine sichere Flucht unter Waffen zu ermöglichen. Als die Verschwörung aufflog und den Beteiligten wegen der Schwere der Tat der sichere Tod drohte, entschloß sich Friedrich Wilhelm nur zu einigen exemplarischen Hinrichtungen. Denn jeder Grenadier kostete viel Geld, so daß eine Massenhinrichtung den Finanzetat des Königs schwer belastet hätte.

In der letzten Regierungsdekade des Soldatenkönigs kam es zu einer merklichen Verhärtung im Verhältnis zu seinen Grenadieren. Ein unmittelbarer Zusammenhang mit der schwindenden Gesundheit Friedrich Wilhelms ist dabei anzunehmen. Starke Schmerzen schlugen in größte Launenhaftigkeit, ja Niedertracht um. Doch auch die Perspektivlosigkeit gerade für die Soldaten in Potsdam bildete eine Ursache für wachsenden Ungehorsam. Selbst Anschläge auf den König begannen sich zu häufen, weshalb dieser Husaren als Wache an der seitlichen

Schloßtreppe postierte, von der über die Fahnenkammer der Weg direkt in das königliche Schlafzimmer führte; unter dem Podest der Treppe hatte man ein Wachlokal eingerichtet. An der Gewohnheit, die Grenadiere persönlich zu exerzieren, hielt der König noch lange fest. Und den Ausbau Potsdams betrieb er zum Schluß eher noch verbissener, wenngleich er den Abschluß einiger Baumaßnahmen – das Holländische Viertel etwa oder den vierten Flügel des Militärwaisenhauses – gar nicht mehr erlebte. Als Friedrich Wilhelm 1740 starb, hinterließ er ein Heer von über 80 000 Mann. Er hatte es während seiner Regierungszeit mehr als verdoppelt. Mit dieser Armee nahm Brandenburg-Preußen den vierten Rang ein in Europa, hinter Frankreich (das 160 000 Soldaten unter Waffen hielt), Rußland (130 000 Soldaten) und Österreich (100 000 Soldaten), obwohl es, gemessen am Territorium, an Bevölkerung und Wirtschaftspotential, viel weiter hinten rangierte.

Potsdam hatte in den 27 Regierungsjahren des Soldatenkönigs einen gewaltigen Entwicklungssprung vollzogen. Fast nichts mehr war geblieben von der alten märkischen Ortschaft, die in der offiziellen Städte-Rangliste einst hinter Treuenbrietzen, Rathenow, Nauen und Beelitz rangierte. Am Ende der Regierungszeit Friedrich Wilhelms I. hatte Potsdam in seiner Entwicklung bereits alle Städte der Mark hinter sich gelassen, einschließlich Brandenburg und Frankfurt (Oder). Potsdam folgte nun gleich hinter Berlin, allerdings mit deutlichem Abstand. Die Einwohnerzahl hatte sich seit 1713 mehr als versiebenfacht und betrug nun 11 700 Bürger, die insgesamt 1154 Häuser bewohnten. Hinzu kam eine größere, heute nicht mehr exakt rekonstruierbare Zahl von Kasernen, die aber wohl deutlich über hundert gelegen hat. Wenn man zur Bürgerschaft die Soldaten des Königsregiments, die Zöglinge des Militärwaisenhauses und die Soldatenfamilien hinzurechnet, war die Gesamtheit der in Potsdam lebenden Personen nicht mehr weit von 20 000 entfernt. Für die Soldatenfamilien sind keine eindeutigen Angaben überliefert, doch dürften 2500 bis 3000 Frauen und Kinder als untere Grenze angenommen werden. Jeder dritte Bewohner gehörte also dem Militärstand an.

Grundlegend geändert hatte sich in kürzester Zeit der Charakter Potsdams. Es war nun eine stürmisch expandierende Stadt mit einer starken Wirtschaft und moderner Bebauung. Allerdings war diese Entwicklung nicht das Ergebnis eines natürlichen Wachstumsprozesses, sondern des unmittelbaren Eingreifens der Krone, was damals aber ein normaler Vorgang war. Friedrich Wilhelm I. hatte auch nie einen Zweifel daran gelassen, daß die Förderung des städtischen Wachstums nur auf ein Ziel gerichtet war: die Unterbringung seines Regiments der Langen Kerls in einer Garnison. Die Umsetzung dieses persönlichen Planes des Monarchen hatte für die Stadt eindeutige Prioritäten gesetzt. Potsdam lebte für die Armee, von der Armee, mit der Armee und war natürlich in einem hohem Maße vom Militär abhängig.

Exklusiver Standort des altpreußischen Heeres (1740–1806)

Planmäßiger Ausbau unter Friedrich II.

Der Wechsel an der Staatsspitze von Friedrich Wilhelm I. zu Friedrich II. löste zunächst einige Ungewißheit aus. Würde der junge König, der sich in Charakter und Anschauungen von seinem Vater erheblich unterschied, der sich während seiner Rheinsberger Kronprinzenzeit den schönen Künsten zugewandt und den „Antimachiavell" verfaßt hatte, den alten Kurs fortführen oder neue Prioritäten setzen? Die Hoffnungen auf einen Wandel waren allgemein sehr hoch. Kaum jemand von den Zeitgenossen hatte so recht wahrgenommen, daß sich der Kronprinz neben seiner geistvollen Hofhaltung zunehmend auch um die Belange des Infanterieregiments Nr. 15 gekümmert hatte, das in Ruppin und Nauen lag und dessen Chef Friedrich seit 1732 war. Die Heeresverstärkung, die er am 23. Juni 1740, einen Tag nach dem Begräbnis des Soldatenkönigs anordnete, löste daher größte Verwunderung aus. Es entstanden 16 neue Infanteriebataillone, eine Eskadron Garde du Corps und fünf Eskadronen Husaren. Insgesamt betrug die Verstärkung bis zum Jahresende 17 500 Mann (Sollstand). Zum Heer mit 88 479 Soldaten kamen weitere 423 Mann der Festungsartillerie, Pontoniers und Mineurs, 1432 Mann in einzelnen Garnisonskompanien und 4 832 Mann in neuen Garnisonsregimentern hinzu.

Die Staatspolitik Friedrichs II. sollte mehr Gemeinsamkeiten mit dem Kurs des Soldatenkönigs aufweisen, als die dramatische Beziehungsgeschichte zwischen Vater und Sohn hatte vermuten lassen. Mehr noch: Hatte Friedrich Wilhelm I. das Heer vor allem als Instrument zur Sicherung seines Besitzstandes und zur Untermauerung der Stellung des Königreiches benutzt, setzte es Friedrich II. schon bald zur Erweiterung des Staatsterritoriums und zur Stärkung der Position Preußens in Europa ein. Der ständige Ausbau der Armee rückte damit auch in den Mittelpunkt der Politik Friedrichs II.

Für Potsdam aber sahen die Aussichten nach dem Thronwechsel zunächst sehr ungünstig aus. Die Sicherung der gerade erst erreichten Position der Stadt im Königreich hing vor allem davon ab, welches Verhältnis der junge Monarch zu ihr entwikkeln würde und welche Rolle er der Garnison zudachte. Wie ein Paukenschlag wirkte in dieser Situation die Auflösung der Riesengarde seines Vaters, die zu den ersten Regierungsmaßnahmen Friedrichs zählte. Zu teuer war dem König dieser Truppenkörper. Der Jahresverpflegungsetat von 1739/40 wies 291 248 Taler gegenüber 72 800 Talern der anderen, allerdings nur zwei Bataillone starken Infanterieregimenter auf. Dazu kamen die exorbitanten Werbekosten. Und der militärische Wert des Königsregimentes wurde nun ganz einfach in Frage gestellt. Gewisse Zweifel müssen auch dem Soldatenkönig schon gekommen sein, der voller Scham fast alle Abrechnungsbelege für seine Garde vernichtete. Die starke emotionelle Bindung an seine Langen Kerls hatte aber jede rationale Entscheidung verhindert. Diese Bindung hatte Friedrich nicht, dafür aber sein eigenes Regiment, das seine Tradition bis auf das Jahr 1688 zurückführte, als es in Wesel als Regiment zu Fuß des Generalfeldmarschalls Freiherr von Wylich zu Lottum aus französischen Emigranten entstand.

Friedrich entschloß sich zur Schaffung einer neuen Infanteriegarde. Bei der Formierung stützte er sich vor allem auf sein Regiment, von dem die Garde auch ihre Stammnummer erhielt, zog aber auch Teile des väterlichen Königsregiments heran. Die fünf Musketierkompanien des I. Bataillons (Nr. 15) wurden unter Aufnahme von Unrangierten des alten Königsregiments zum Ersten Bataillon Leibgarde (Nr. 15). Ein II. Bataillon Garde entstand aus der Grenadierkompanie des II. Bataillons vom alten Regiment Kronprinz (Nr. 15) sowie aus Teilen des II. und III. Bataillons vom alten Königsregiment (Nr. 6). Ein III. Bataillon Garde wurde aus Abgaben anderer Regimenter der preußischen Armee gebildet. Schließlich ordnete Friedrich an, das Leibbataillon des alten Königsregiments zum Bataillon Grenadier-Garde

(Nr. 6) umzugestalten, dem er die Funktion einer Traditionstruppe zuwies; zum äußeren Zeichen behielt dieses Bataillon die alten Grenadiermützen. Daneben erhielt die neue Garde ein Korps Unrangierter (für das II. und III. Bataillon sowie die Grenadier-Garde) und eine Kompanie Invaliden, die wie zuvor in Werder stationiert wurde. Das Erste Bataillon Leibgarde besaß separat ein Korps der Ausrangierten, das die Invaliden dieser Truppe und der Garde du Corps aufnahm. Als gemeinsamer Stiftungstag für alle Formationen galt der 23. Juni 1740. Die Gesamtstärke der Infanteriegarde betrug nunmehr 3 540 Mann, womit sie sich nur unwesentlich von der alten Garde unterschied. Jene Grenadiere vom II. und III. Bataillon des alten Königsregiments (Nr. 6), die keine Aufnahme im neuen II. Bataillon Garde (Nr. 15) fanden (das waren vor allem die nicht mehr Felddienstfähigen, auch Männer mit schlechter Führung und Ausländer), wurden als Garnisonsbataillon nach Magdeburg verlegt. Das II. Bataillon des alten Regiments Kronprinz (Nr. 15) bildete den Stamm für ein neues Infanterieregiment: das vorerst in Ruppin verbleibende Regiment Prinz Ferdinand von Preußen (Nr. 34).

Obwohl die neue Garde in Potsdam formiert wurde, war keinesfalls schon über das weitere Schicksal der Stadt und ihrer Garnison entschieden. Noch ließ sich nicht erkennen, ob Friedrich die außerordentliche Vorliebe seines Vaters für Potsdam teilen, ob er der Stadt und der Garnison auch weiterhin eine Vorzugsbehandlung gewähren würde. Gleich nach der Thronbesteigung hatte der junge Monarch seinen Wohnsitz im Schloß Charlottenburg genommen, das er zwischen 1741 und 1743 von seinem Baumeister Georg Wenzeslaus von Knobelsdorff um einen neuen Flügel erweitern ließ. Die im Zuge der ersten Heeresverstärkung errichtete Schwadron Garde du Corps, die neue Gardetruppe der preußischen Kavallerie, fand ihre Garnison in Charlottenburg. In Berlin ließ Friedrich aufwendig bauen, beginnend mit dem Opernhaus (1741/42). Selbst in Ruppin kaufte er Grundstücke für einen möglichen Schloßbau. Nur in Potsdam hielt er sich auffallend lange zurück, vollendete allerdings die unter seinem Vater begonnenen Vorhaben – das Holländische Viertel und den letzten Flügel des Militärwaisenhauses.

Am Ende des Jahres 1740, nur wenige Monate nach dem Regierungsantritt, entschloß sich Friedrich zum Krieg. Er nahm den Tod des österreichischen Kaisers Karl VI. am 20. Oktober 1740, der keinen männlichen Erben hinterließ, zum Anlaß, Zweifel an der Rechtmäßigkeit der Thronfolge durch Karls Tochter, die von ihm geringgeschätzte Maria Theresia, anzumelden (womit er in Europa nicht allein stand), und verband seinen Protest mit Ansprüchen auf Schlesien. Den Erwerb dieser wirtschaftlich bedeutenden Provinz betrachtete er als wichtigen Schritt, um Preußen in den Kreis der europäischen Großmächte zu führen. Eilig zog er seine Regimenter zusammen und fiel noch im Dezember 1740 in Schlesien ein. Damit begann der erste von drei großen Kriegen des Preußenkönigs, der Erste Schlesische Krieg, der bis 1742 dauerte. Nicht das gesamte Heer nahm daran teil. Mit ins Feld zogen die gerade formierten Gardeformationen, doch erst im Februar/März 1741. Das Erste Bataillon Leibgarde (Nr. 15) sowie das II. und III. Bataillon Garde kämpften in den Schlachten bei Mollwitz (10. April 1741) und Chotusitz (17. Mai 1742), die beide siegreich für Preußen endeten. Das Bataillon Grenadier-Garde gehörte zum Korps des Fürsten Leopold von Anhalt-Dessau, das auf anderen Kriegsschauplätzen eingesetzt war und an diesen beiden bedeutenden Schlachten nicht teilnahm. Dieser Krieg war der erste, zu dem preußische Truppenkörper aus Potsdam ausrückten. Lediglich die Un- und Ausrangierten sowie die Invaliden, die zeitweilig aus Werder nach Potsdam zogen, verblieben während dieser Zeit in der Stadt und versahen Wachdienste.

Doch es stand keinesfalls fest, daß die Gardebataillone nach dem Krieg wieder nach Potsdam zurückkehren würden. Es gehörte zur militärischen Normalität, daß Truppenteile bei ihrer Rückkehr von Feldzügen neue Heimatgarnisonen zugewiesen erhielten. Außerdem waren inzwischen auch andere Verbände in Potsdam zur Neuformierung versammelt gewesen, waren aber nach kurzer Zeit wieder abgerückt. So bereits 1740 das Infanterieregiment Prinz Heinrich von Preußen (Nr. 35); es gehörte zu jenen Verbänden, die im Zuge der ersten Heeresverstärkung gebildet wurden. Den Stamm des Regiments bildete die Leibkompanie des ehemaligen Potsdamer Königsregiments (Nr. 6), weitere Mannschaften kamen aus dem sogenannten Königskanton dazu. Im Folgejahr zog das gesamte Regiment, das außerdem Teile in Brandenburg an der Havel hatte, nach Magdeburg. Den freigewordenen Platz in Potsdam nutzten die Regimenter von Münchow (Nr. 36) und de Camas (Nr. 37) für ihre Formierung, verließen aber ebenfalls die Stadt. Außerdem lagen Teile des Infanterieregiments Nr. 14 während des Krieges in der Stadt. Im Sommer 1742 kehrten die vier Gardebataillone – das II. und das III. Bataillon waren seit dem Krieg zum Regiment Garde (Nr. 15) zusammengefaßt – in ihre Garnison zurück. Zum gleichen Zeitpunkt wurde nun endgültig ein zweites Infanterieregiment in Potsdam stationiert. Es handelte sich um das im Jahr 1740 hier formierte Regiment Prinz Heinrich von Preußen (Nr. 35). 1743 kam weiterhin ein zwölf Mann starkes Detachement Reitender Feldjäger von dem im Jahr 1740 aus berittenen Jägern des Königlichen Jagddienstes errichteten Reitenden Feldjäger-Korps nach Potsdam. Es wurde zunächst in einem Gasthof nahe dem Schloß untergebracht. Weitere Detachements dieses Korps standen in Charlottenburg, Köpenick und Berlin. 1744 schließlich wurden 20 der kleinsten Kadetten des überfüllten Berliner Kadettenkorps als Sonderabteilung im Militärwaisenhaus Potsdam untergebracht. In den Folgejahren stieg deren Zahl weiter an, bis 1748 zum Beispiel auf 54.

Im Sommer 1744 verließen die Truppen des Königs erneut die Stadt, um wieder in den Krieg – den Zweiten Schlesischen Krieg – zu ziehen. Die vier Potsdamer Gardebataillone marschierten in Friedrichs Hauptarmee und nahmen an den erneut für Preußen siegreichen Schlachten bei Hohenfriedberg (4. Juni 1745) und Soor (30. September 1745) teil. Das Regiment Prinz Heinrich von Preußen stand zwar im Feld, ohne jedoch in einer Schlacht zum Einsatz zu kommen. Das Reitende Feldjägerkorps leistete wie schon im Ersten Schlesischen Krieg Melde- und Wachdienste. Im Frieden zu Dresden (25. Dezember 1745) bestätigte Österreich den Verbleib Schlesiens bei Preußen, wofür Friedrich die Wahl Franz Stephans, des Gatten von Maria Theresia, zum Kaiser anerkannte. Preußen war durch diese Bestätigung der

Einverleibung Schlesiens gestärkt. Die damit verbundene Verschiebung des Kräfteverhältnisses im Reich führte zu einem österreichisch-preußischen Dualismus; die Lage blieb gespannt, das Ende des Krieges barg bereits den Keim für künftige militärische Auseinandersetzungen in sich. Dementsprechend hatte die Aufrüstung in Preußen kein Ende, sondern fand trotz des Friedensschlusses bald ihre Fortsetzung.

Anfang 1746 kehrten die Potsdamer Bataillone erneut in ihre Garnison zurück, um nun eine ganze Friedensdekade hier zu bleiben.

Inzwischen hatte der König endgültig entschieden, Potsdam als herausgehobene Garnison zu erhalten und auch selbst in Potsdam zeitweilig zu wohnen. Die Entscheidung war 1744 gefallen. Sie schlug sich auch sofort in Baumaßnahmen nieder. Es entstand ein neues Orangenhaus am Lustgarten, der Fassadenputz am Stadtschloß wurde erneuert und der Lustgarten umgestaltet. Dazu ließ Friedrich den Exerzierplatz am Schloß verkleinern und eine Ufermauer an der Havelseite anlegen. Zwischen 1745 und 1747 entstand auf einer Anhöhe vor der Stadt das kleine Lustschloß Sanssouci. Eher aus einer Laune oder Eingebung heraus geschaffen, vom König selbst als Entwurf grob skizziert, wurde gerade diese höchst stilvolle Schöpfung zum Symbol für Potsdam und überdeckte allzu oft den Umstand, daß Potsdam stets auch Garnisonstadt war. Als Folge seiner Entscheidung für Sanssouci bestimmte Friedrich die Verlegung der Garde du Corps nach Potsdam; da zunächst die baulichen Voraussetzungen dafür geschaffen werden mußten, verging bis zum Umzug noch einige Zeit.

Ähnlich wie der Soldatenkönig benötigte auch Friedrich II. mehrere Jahre, um sich über das Schicksal von Potsdam klar zu werden. Dann jedoch setzte er seine Vorstellungen mit größter Energie in die Tat um. Entgegen den Ratschlägen seines Vaters erweiterte Friedrich die Stadt nur gerinfügig in der Gegend um das Berliner Tor, gestaltete jedoch das gesamte Stadtgebiet grundlegend neu. Das vordem recht nüchtern wirkende Potsdam verwandelte sich in eine prächtige Residenzstadt, die bald den Vergleich mit anderen europäischen Metropolen nicht zu scheu-

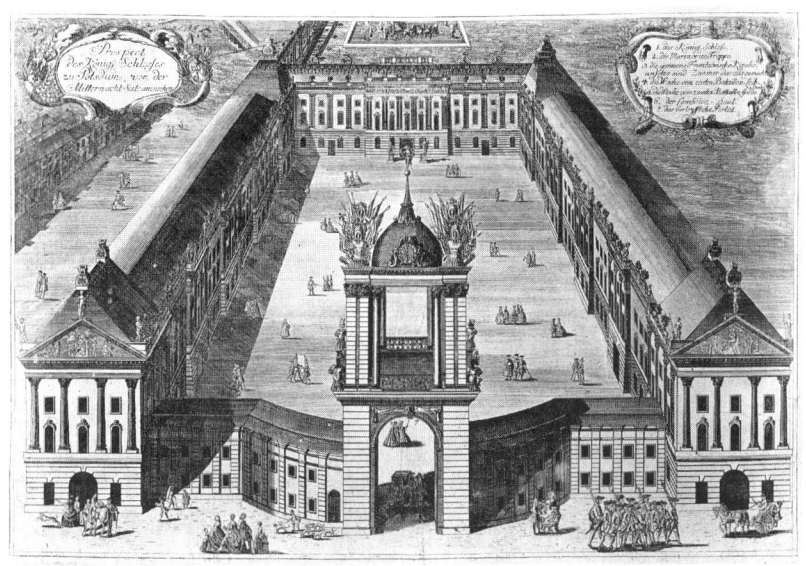

Das Stadtschloß, nach dem Umbau durch Knobelsdorff. Durch den Blick aus nördlicher Richtung sind jene Gebäudeteile gut erkennbar und hervorgehoben, die den Truppenteilen der Garnison als Wachlokale dienten; vgl. Beschreibung auf S. 80. (Johann David Schleuen d. Ä., um 1750.)

en brauchte. Es entstand eine der schönsten Barockstädte Norddeutschlands, was ihr die Bezeichnung „Versailles des Nordens" eintrug. Friedrich brachte das Kunststück fertig, eine akzeptable Synthese von repräsentativer Residenz und starker Garnison herbeizuführen. Während es der Soldatenkönig in seiner gesamten Regierungszeit geschafft hatte, ein Infanterieregiment nach Potsdam zu bringen, verdoppelte Friedrich nun diese Zahl. Und es kamen noch Teile eines Kavallerieregiments hinzu, zeitweilig auch ein begrenztes Artilleriekontingent sowie weitere militärische Einrichtungen. Die Entwicklung zur Soldatenstadt war im Jahr 1740 also nicht beendet, sondern ging nun schneller denn je voran.

1748, als das Sommerschloß Sanssouci vollendet war, begann der planmäßige Neubau massiver Bürgerhäuser mit Soldatenunterkünften, 1750 setzte die Errichtung neuer Kasernen ein.

Zuvor waren unter Friedrich II. nur Häuser ohne Soldatenquartiere entstanden, insgesamt 13, fast ausschließlich für Arbeiter der Gewehrmanufaktur. Zwischen 1748 und 1756, als eine siebenjährige Baupause eintrat, errichtete man 93 bürgerliche Wohnbauten, die fast ausnahmslos über Soldatenstuben verfügten. Das Stadtbild wurde deutlich attraktiver, da mit den Neubauten sowohl Baulücken geschlossen als auch einfachere Häuser aus der Zeit vor 1740 durch anspruchsvollere ersetzt wurden. Friedrich führte den Kurs seines Vaters fort, die Wirtschaftskraft Potsdams beständig zu stärken, um so der Garnison eine gesunde Basis zu geben. Unter Friedrich II., der die preußische Volkswirtschaft insgesamt förderte und schon kurz nach seinem Regierungsantritt mit dem Departement für Manufaktur- und Kommerziensachen im Generaldirektorium seiner Staatsverwaltung ein spezielles Lenkungsinstrument geschaffen hatte, entstanden in Potsdam zahlreiche neue Fabriken, so für Seiden- und Wollproduktion, die Nähnadelherstellung und Lederverarbeitung. Das Handwerk profitierte von der Auftragslage im Baugeschäft und der Nachfrage nach Luxusartikeln. Die Potsdamer Bürgerschaft wuchs unter diesen Bedingungen weiter, verzeichnete aber bereits einige Schwankungen. 1747 zählte sie zum Beispiel 13 500 Einwohner, 1749 waren es 12 170 und 1755 schon 15 500 Bewohner.

Die Garnison hatte inzwischen eine beträchtliche Stärke erreicht. Die neugeschaffene Infanteriegarde mit ihren vier Bataillonen und dem Korps der Unrangierten, an dem Friedrich für die Garde festhielt und das mit rund 700 Mann relativ konstant gehalten wurde, wies einen Gesamtumfang von 4 294 Mann auf. Das Regiment Prinz Heinrich verfügte über 1719 Stellen. Die Reitenden Feldjäger fielen kaum ins Gewicht bei einer Gesamttruppenstärke von über 6 000 Soldaten in der Stadt.

Wie schon das ehemalige Königsregiment rekrutierte sich auch die neue Garde nicht nach dem allgemeinen Kantonsystem. Vielmehr kam der Mannschaftsersatz in Form mindestens zweijährig Gedienter aus anderen Feldregimentern nach Potsdam, später auch aus den sechs schlesischen Gebirgskreisen des ausgesuchten Königkantons. Die abartige Werbung von Riesengrenadieren war damit vorbei. Doch ansehnlich blieben die Potsdamer Soldaten dennoch: Größter Grenadier war der Flügelmann der Leibkompanie, der sechs Fuß und drei Zoll maß, also 1,94 Meter. Die durchschnittliche Größe der ersten drei Glieder betrug 1,86 Meter, wobei es der kleinste Mann immer noch auf 1,71 Meter brachte. Im Gegensatz zu seinem Vater kümmerte sich der junge König nun nicht mehr so intensiv um die neueingestellten Rekruten. Nur für das erste Bataillon Leibgarde zeigte er Interesse, was aber auch nach einigen Jahren nachließ. So durfte anfänglich kein Mann in dieses Bataillon eingestellt werden, den der Monarch nicht ausdrücklich dazu bestimmt hatte. Von vornherein ausgeschlossen waren Soldaten aus Regimentern, mit denen Friedrich unzufrieden war. Und überhaupt nicht eingestellt werden durften Polen, weil der König angeblich keine auf „ky" endenden Namen ertragen konnte, und Franzosen, die in seinen Augen besonders renitent waren, von denen besonders häufig Dersertionskomplotte ausgingen und die er generell für unfähig hielt, die besonderen Belastungen des militärischen Dienstes zu ertragen. Nun sind Legendenbildung und Realität gerade bei königsnahen Truppen aus der historischen Perspektive oft nur schwer voneinander zu trennen. Doch daß die Einstellung bei der Garde an bestimmte Voraussetzungen geknüpft war, ist unbestreitbar.

Auch unter Friedrich II. bestand die Funktion der Garde darin, Lehr- und Mustertruppe für die Armee zu sein. Hier wurde neues erprobt. Fremde Offiziere, die in preußische Dienste treten wollten, wurden oftmals hier geschult, und Stabsoffiziere getadelter Regimenter erhielten in Potsdam Nachhilfeunterricht.

Erhalten blieb die Vorzugsstellung der Garde. Die Offiziere waren im Rang höher eingestuft, als in der preußischen Armee sonst üblich, besonders die vom I. Bataillon Leibgarde. Dessen Offiziere rangierten extra, so die Fähnriche (später auch die Feldwebel) als Premierlieutenants in der Armee, die ältesten Lieutenants als Majore. Die Offiziere vom II. und III. Bataillon sowie von der Grenadier-Garde lagen um jeweils eine Rangstufe vor denen der Armee, auch in der Besoldung. Chef des I. Bataillons Leibgarde und der Leibkompanie war der König; geführt wurde das Bataillon von einem Oberst, der dem König direkt unterstand, was als besondere Ehre galt. Auch die Kommandeure vom II. und III. Bataillon waren Oberste. Der Kommandeur des Bataillons Grenadier-Garde war zugleich auch dessen Chef, 1740 war es zunächst der gleichzeitig zum Generalmajor ernannte ehemalige Oberst vom alten Königsregiment, Gottfried Emanuel Einsiedel. Seit 1743 hieß das Bataillon dann auch Einsiedelsches Grenadierbataillon bzw. Einsiedelsches Bataillon Grenadier-Garde und wurde seitdem (bis 1801) nach seinem jeweiligen Chef benannt.

Die Besoldung der Garde-Grenadiere war höher als in der übrigen Armee: vier statt zwei Taler Traktament. Diesen Vorrechten, zu denen auch bessere Unterbringung und Verpflegung gehörten, standen allerdings erhebliche Belastungen gegenüber, die sich aus dem ständigen Leistungsdruck bei der Garde ergaben. Der Drill unter dem Auge des Königs war äußerst scharf. Die Soldaten lebten nach wie vor wie Gefangene in der Stadt, und auch für die Offiziere bot der Dienst am preußischen Hofe wenig Abwechslung.

Unterbringung und Soldatenalltag unterscheiden sich zunächst kaum von den Verhältnissen zur Zeit Friedrich Wilhelms I. Die Mehrzahl der Soldaten wohnte nach wir vor in Privatquartieren, die über die ganze Stadt verteilt waren. In der Regel lagen sechs Mann auf einer Stube; nur die vom I. Bataillon Leibgarde belegten zu viert eine Stube, was als Privileg galt. Der Wirt mußte für Beleuchtung und Aufwartung sorgen, vom 1. Oktober bis Ende April heizen, an Exerziertagen für die Einquartierten kochen, Geräte, Geschirr und Stroh beschaffen sowie das Bettzeug waschen lassen. Diese Einquartierung belastete die Wirte ständig, auch wenn in Potsdam zum Zwecke schneller und umfangreicher Beschaffung von Soldatenquartieren zahlreiche Bürgerhäuser auf Staatskosten errichtet und den Wirten auch weiterhin meist geschenkt wurden. Obwohl, wie in anderen preußischen Garnisonen, die Servicekasse fortbestand, blieb ihre praktische Bedeutung für Potsdam gering, wenngleich der Kreis der von Einquartierungen befreiten Bürger größer geworden war. Dazu zählten die königlichen Räte und alle Personen, die nicht der Gerichtsbarkeit des Potsdamer Magistrats unterstanden. In bestimmten Fällen wurden auch Handwerker „mit der Einquartierungsfreyheit begnadigt", wie Nicolai schrieb, besonders im Holländischen Viertel. Ansonsten war die Garnison auf eine große Quartierauslastung angewiesen. Einer Infanteriekompanie von 139 Mann Stärke standen 156 Quartierplätze zu, was 39 Stuben à vier Plätzen oder 26 Stuben à sechs Plätzen entsprach. Offiziere bewohnten natürlich ihre Unterkünfte allein, und ein Capitain hatte Anspruch auf zwei Zimmer. Selbst Dienstzimmer und Montierungskammern waren teilweise in Bürgerquartieren untergebracht. Gelenkt und geregelt wurde alles von der Einquartierungskommission, an deren Spitze der Bürgermeister von Potsdam stand. Doch der Bürgermeister war in seinen Entscheidungen nicht frei von Einflüssen, konnte sich nicht von kommunalen Interessen leiten lassen, sondern hatte in dieser Funktion einzig die Weisungen auszuführen, die er vom König direkt oder vom Militärdepartement des Generaldirektoriums in Berlin erhielt.

Obwohl die Löhnung der Potsdamer Grenadiere höher ausfiel als in den anderen Regimentern, war der Unterschied bei den Lebensbedingungen nicht mehr so groß wie unter dem Soldatenkönig. Sonderzulagen, die vor 1740 unter Umständen ein Mehrfaches vom Basistraktament ausmachten, gab es unter Friedrich II. nicht mehr. Auch ließ er die sogenannten Grenadierwirtschaften aussterben; das heißt, er förderte nicht mehr den privaten Hauserwerb durch Grenadiere, die seines Erachtens bei tüchtigen Bürgern Quartier nehmen sollten. So blieb das allgemeine Lebensniveau der Soldaten in Potsdam eher bescheiden, für die Angehörigen des Regiments Prinz Heinrich sowieso. Aufwendig war vor allem die in Städten sehr teure Verpflegung, auch wenn die Krone durch ihre Getreidepolitik Preisexplosionen zu verhindern suchte. Durch Kabinetts-Order vom 17. Dezember 1743 mußten die Soldaten für das „Sauer und Süß" aufkommen, das bis dahin Sache der Quartierwirte war. Auch für Licht und Heizung hatte der Wirt nur noch ein Minimum zu geben, wodurch der König die Potsdamer Bürger von einem Teil der drückenden

Lasten befreite, die Kosten jedoch auf den gemeinen Soldaten umlegte. Die Bereitstellung von Heizmaterial, wozu sich der Monarch manchmal entschloß, änderte an der gewachsenen Belastung der Soldaten nur wenig. Kosten für die Soldaten verursachten auch Puder (für die Haare), Putzzeug und Wäsche. Schließlich war ein jeder gut beraten, etwas Geld für das Alter beziehungsweise – bei Verheirateten – für die Familie zurückzulegen. Denn die staatliche Versorgungsberechtigung galt nur für die im Dienst invalide gewordenen Soldaten. Alles andere war Gnadensache, unterlag also der Willkür des Königs. Bei Ausländern trat eine Altersversorgung in der Regel sogar erst nach 20 Dienstjahren ein. 1743 entfiel zwar der Heiratskonsens, mit dem Friedrich Wilhelm I. den Anteil verheirateter Soldaten pro Truppenteil auf höchstens ein Drittel begrenzt hatte; doch erlaubnispflichtig blieb die Heirat eines Soldaten dennoch, was die Vorgesetzten sich gut bezahlen ließen. Im Todesfall versorgte der Staat nur die Söhne; Töchter und Witwen nur in Ausnahmefällen. Somit waren die Soldaten auf Nebenverdienste angewiesen. Doch damit sah es in Potsdam mit seinem großen Anteil an Militärpersonal und den extrem wenig Beurlaubten immer ungünstiger aus. Dennoch bildeten sich innerhalb der Bataillone oder Kompanien bestimmte Gewerbezweige und -richtungen heraus, beim Ersten Bataillon Leibgarde zum Beispiel die Spinnerei. So lebten selbst die Gardesoldaten des Königs zum Teil in höchst komplizierten Verhältnissen.

Anders dagegen sah die Situation bei den Offizieren aus, vor allem beim Ersten Bataillon Leibgarde. Fähnriche und Seconde-Lieutenants erhielten hier elf Taler im Monat, Premier-Lieutenants 13½ Taler. Gemessen an ihrer sozialen Stellung war das wiederum nicht viel und reichte kaum für Repräsentation und aufwendige gesellschaftliche Verpflichtungen, weshalb gerade die jüngeren Offiziere ohne Finanzhilfen vom elterlichen Gut kaum auskamen. So kostete allein die pompöse silberne Schleifengarnitur der prächtigen Uniform des Leibbataillons, die die Offiziere selbst zu bezahlen hatten, 105 Reichstaler; allerdings wurde bei dieser Uniform, an deren Entwurf Friedrich persönlich mitgewirkt hatte, vor allem bei dem sehr auf seinen Geschmack zurückgehenden reichen Silberbesatz, auch ein königlicher Zuschuß gegeben. Selbst das Erreichen einer Capitainsstelle, in anderen Truppen wegen der Kompaniewirtschaft fast immer sehr einträglich, weil die Soldaten auch für die persönlichen, wirtschaftlichen Interessen des Offiziers eingesetzt werden konnten, bot bei den Potsdamer Garden wegen ihrer besonderen Dienst- und Rekrutierungsregelungen keine ausreichende Gewähr für eine finanzielle Sanierung. Als zum Beispiel Ferdinand Herzog von Braunschweig-Wolfenbüttel, ein Günstling des Königs und späterer Generalfeldmarschall, Bataillonskommandeur der Leibgarde wurde, zahlte ihm Friedrich II. eine Pension von 6 000 Talern als Ausgleich für den Verlust jener Einnahmen, die Ferdinand zuvor als Chef des Infanterieregiments Nr. 39 gehabt hatte. Auch die freie Mittagstafel gewährte der Monarch seinen Potsdamer Offizieren, wie es schon sein Vater getan hatte. Nach einiger Zeit lud Friedrich aber nur noch die Offiziere der Leibgarde zur Tafel in das Schloß und setzte für die anderen Offiziere einen gesonderten Etat – unter der ökonomischen Direktion eines Stabsoffiziers vom Regiment Garde – aus, von dem ein Koch in der Stadt bezahlt wurde.

Bot der Offiziersdienst bei der Garde von der finanziellen Seite her kaum Vorteile – den geringen Mehreinnahmen oder Vergünstigungen standen erheblich höhere Aufwendungen als in anderen Garnisonen gegenüber –, so war er doch vor allem für die militärische Karriere meist von Nutzen. Denn der König betrachtete die Garde als Pflanzschule des Offizierskorps seiner Armee. Der praktische Dienst unter Aufsicht des Monarchen wurde ergänzt durch Unterricht für jüngere Offiziere in den militärischen und mathematischen Wissenschaften, wofür die Zeichenkammer im Erdgeschoß des Schlosses zur Verfügung stand. Auch sah der Stellenplan eine erhöhte Zahl von Offizieren vor: beim Leibbataillon gleich 44, beim Regiment Garde pro Bataillon je 27. Nur das Bataillon Grenadier-Garde unterschied sich mit seinen 25 Offiziersstellen nicht mehr von den übrigen des Heeres. Für die bevorzugte Stellung der Gardeoffiziere im Heer verlangte der König herausragende militärische Leistungen und uneingeschränkten Gehorsam. Als zum Beispiel General von

Blick in die Hohewegstraße (links) und auf die querstehende Häuserfront der Schloßstraße (vgl. Abb. S. 149). Das Haus am linken Bildrand gehörte Gottfried Emanuel von Einsiedel (1690–1745), der schon unter Friedrich Wilhelm I. in Potsdam eine Kompanie und in Nachfolge von Kleist das Leibbataillon geführt hatte, von Friedrich II. zum General ernannt wurde, doch bald in Ungnade fiel. Rechts das Stadtschloß. (Andreas Ludwig Krüger, um 1773.)

Einsiedel während des Zweiten Schlesischen Krieges einmal gegen die Order Friedrichs handelte und dabei der von ihm befehligte Truppenverband von den Österreichern aufgerieben wurde, fiel der vorher so geschätzte Einsiedel augenblicklich in Ungnade und verlor seine Stellung in der Armee. Obwohl ihn kurz darauf ein Militärtribunal für unschuldig erklärte, waren der gesellschaftliche Sturz so tief und die daraus resultierenden gesundheitlichen Folgen so schwer, daß er noch 1745 in seiner Potsdamer Wohnung starb, im Haus Ecke Hoheweg- und Schloßstraße, in dem sich später die berühmte Gaststätte „Zum Einsiedler" befand.

Der Dienst in den Gardebataillonen beanspruchte die Soldaten während des gesamten Jahres. Beurlaubungen, die in der übrigen Armee – so auch im Regiment Prinz Heinrich – bei Inländern bis zu zehn Monate im Jahr betrugen und wegen der in dieser Zeit wegfallenden Soldzahlungen sowie der Arbeit auf den Rittergütern der Kompaniechefs eine lukrative Einnahmequelle für höhere Offiziere darstellten, gab es bei der Garde im Prinzip nicht. Sie war das ganze Jahr über in Potsdam präsent und hatte neben der auch für sie recht kurzen Ausbildung und Exerzierzeit vor allem einen intensiven Wachdienst zu absolvieren: an der Stadtmauer, den Toren sowie bei den königlichen Schloßanlagen. Hinzu kamen die großen Herbstmanöver, zu denen der König Truppen bei Potsdam versammelte und an denen die Potsdamer Bataillone stets teilzunehmen hatten.

Diese Herbstmanöver, seit 1747 regelmäßig abgehalten, sind nicht mit den sogenannten Revuen zu verwechseln. Revuen galten vorrangig der Überprüfung des inneren Zustandes der einzelnen Regimenter. Sie fanden im Frühjahr und Sommer als Abschluß der alljährlichen Exerzierzeit statt und lehnten sich in ihrer Art an die Praktiken aus der Zeit vor 1740 an. Die Herbstmanöver galten dagegen vorrangig der Führerausbildung des höheren Offizierskorps unter kriegsähnlichen Bedingungen. Vor allem die Generale sollten auf diese Weise zu Friedenszeiten ihre Fähigkeiten zum Führen größerer Truppenverbände schulen, die eben nur zu diesen Manövern zusammengestellt wurden und sonst nicht exerzierten. Das erste Manöver dieser Art fand 1743 statt, also zwischen den beiden Schlesischen Kriegen. Von Anfang an wählte der König die Gegend um Potsdam. Am 30. September 1743 ließ Friedrich II. am Rande der Pirschheide, unweit des Weges nach Baumgartenbrück, einen kombinierten Sturmangriff von Infanterie und Kavallerie auf ein künstliches Hindernis führen. Mit diesen neuartigen Feldübungen überwand er das meist starre Ausbildungsschema aus der Zeit seines Vaters. Besondere Berühmtheit erlangte das Manöver von 1753, wohl wegen der ungewöhnlich großen Zahl der zwischen Potsdam und Spandau zusammengezogenen Regimenter (es wurden sogar die Beurlaubten zurückgeholt) und Generale. Die Anwesenheit Fremder war strengstens untersagt, wie auch der Ablaufplan geheimgehalten wurde. Das Manöver begann am 1. September und zog sich bis zum 13. hin. Folgender Ablauf ist überliefert:

1. September – Anrücken der Truppen zum Lager in drei Kolonnen, die erste unter dem König und Feldmarschall von Keith aus Potsdam, die zweite und dritte unter Feldmarschall Graf von Schwerin und Feldmarschall von Kalkstein aus Berlin.
2. September – Formierung aller Truppen in Schlachtordnung und flügelweises Vorrücken. Inspizieren der Truppen durch den König mit den Generalen, Verlesung und Erläuterung der Manöverdisposition.
3. September – Manöver.
4. September – Fouragierung unter Aufsicht und Anleitung eines Generals.
5. September – Angriff einer schwächeren Armee auf eine bedeutend stärkere.
6. September – Fouragierung (wie am 4. des Monats).
7. September – Angriff und Verteidigung eines festen Punktes.
8. September – Wiederholung des Manövers, weil der König unzufrieden war.
9. September – Angriff auf die Bedeckung einer Bagage.
10. September – Die gesamten Truppen marschierten gegen das Dorf Rohrbeck, wozu vier Brücken geschlagen wurden. Am gleichen Tage hielt der König Revue über vier Regimenter ab.
11. September – Revue über die Kavallerie.
12. September – Angriff auf aufgeworfene Redouten.
13. September – Um sechs Uhr ließ der König Generalmarsch schlagen. Die aus Berlin gekommen Regimenter passierten die Havel auf Potonbrücken. Allgemeine Rückkehr in die Garnisonen.

Am 16. Juni 1753 konnte Friedrich seinen Plan verwirklichen, die Garde du Corps von Charlottenburg nach Potsdam zu verlegen. Diese berittene Leibwache des Königs, einst entstanden aus Abgaben des Berliner Regiments Gensdarmes – der alten Kavalleriegarde – und anderer Truppenteile, hatte eine Eskadronstärke von sechs Offizieren, einem Wachtmeister, einem Quartiermeister, zehn Corporals, einem Pauker, drei Trompetern, einem Feldscher, zwei Fahnenschmieden, 140 Gardes du Corps, zwölf Überkompletten und einem Sattler mit insgesamt 166 Pferden. Für diese erste komplette Kavallerietruppe in der Geschichte der

Garnison war durch Knobelsdorff in vierjähriger Bauzeit eine gesonderte Kaserne in Höhe der Kellerbrücke errichtet worden. Es war die erste Kavalleriekaserne in Preußen und zusammen mit einer später in Charlottenburg (1796) gebauten die einzige während des 18. Jahrhunderts überhaupt. Es handelt sich dabei zugleich auch um die erste Kaserne in Potsdam, die für sämtliche Soldaten einer Truppe – egal, ob verheiratet oder nicht – entstand. Die Hauptkaserne fand ihren Platz am südlichen Ufer des Stadtkanals. Friedrich Nicolai beschrieb sie als „ein 2 Geschoß hohes steinernes Gebäude von simpler Architektur. Die vorspringenden Pavillone an beiden Enden sind drey Geschoß hoch und enthalten die Wohnungen der Officiere, im Hauptgebäude wohnen die Gemeinen [und Unteroffiziere]. Es hat drey Eingänge, der Haupteingang in der Mitte ist in einem Vorsprunge." Weiter südlich schlossen sich Stallungen an; sie erstreckten sich bis zur Heiliggeiststraße. Auf der nördlichen Kanalseite lagen des Kommandeurshaus, ein Lazarett, eine Schmiede- und Sattlerwerkstatt nebst Wohnungen sowie weitere Ställe. 1756 wurde auf dieser Kanalseite, zur Havel hin, noch ein Fouragemagazin gebaut, dem später Scheunen folgten. In diesem neuen Kasernenkomplex hielt sich die Eskadron zehn Monate im Jahr auf. Im Dezember und Januar mußte sie während der ersten Jahre nach Berlin rücken, denn Friedrich verbrachte dort den Winter. Die Garde du Corps hatte zusammen mit jeweils 100 Mann vom Ersten Bataillon Leibgarde Wach- und Galadienste zu versehen. Untergebracht war man in Berlin ausnahmslos in Bürgerquartieren, während die Pferde in Ställen in der Lindenstraße Platz fanden.

Zum Exerzieren in Potsdam nutzte die Garde du Corps den Platz vor dem Stadtschloß. Geritten wurde auch auf dem Gelände vor der Heiligegeistkirche und während der Wintermonate im Langen Stall an der Plantage. Größere Übungen hielt man auf dem Exerzierplatz zwischen Sanssouci und dem Bornstedter Feld ab, wo auch die Infanterie übte. Nach dem völligen Versagen der preußischen Kavallerie im Ersten Schlesischen Krieg war der Garde du Corps als Versuchs- und Lehrtruppe eine Schlüsselrolle bei der Erneuerung dieser Waffengattung zugedacht, was höchste Anforderungen an die Reiter mit sich brachte. Die Ausbildung war so hart, daß die Eskadron in den Friedensjahren 1746–1756 mehr Leute verlor als in den Feldzügen zuvor. Die Standarte der Schwadron wurde ebenso wie die Fahnen der Potsdamer Bataillone im Stadtschloß aufbewahrt.

Auszug in den Siebenjährigen Krieg

Im Sommer 1756 rüstete Friedrich zu seinem dritten großen Krieg. Es sollte der blutigste und kostspieligste des 18. Jahrhunderts werden. Dabei ging es weder um Eroberungen noch dynastische Streitereien, die klassischen Kriegsgründe jener Epoche. Auch wenn die endgültige Sicherung des eroberten Schlesiens eine Rolle spielte, so führte Friedrich diesen Krieg vor allem zur Konsolidierung der Stellung Preußens als europäische Großmacht. Mehrmals während dieser großen Auseinandersetzung stand allerdings die Existenz Preußens als Staat auf dem Spiel. Der Preußenkönig spielte va banque.

In der Potsdamer Garnison liefen während der Monate Juni und Juli 1756 die Kriegsvorbereitungen auf Hochtouren. Im 18. Jahrhundert hieß das konkret, daß zunächst die Beurlaubten, soweit das möglich war, zu ihren Truppenkörpern zurückgeholt wurden. Eine vollständige Komplettierung der Bataillone erreichte man allerdings nur unter Heranziehung der Unrangierten – trotz des hohen Präsenzgrades der Garde in Friedenszeiten. Dann kaufte man zusätzliche Packpferde an, die es aus Kostengründen im Frieden beim Heer nicht gab. Bis zum 26. Juli wurden Waffen und Montierungsstücke instand gesetzt. Der König exerzierte jeden Tag persönlich seine Truppen. Die besondere Aufmerksamkeit galt dem Grenadierbataillon; es wurde nur im Krieg als selbständiger Truppenkörper formiert und setzte sich aus den Grenadierkompanien der bestehenden Garde-Bataillone zusammen. Es trat am 6. August offiziell in Potsdam zusammen. Schließlich erhielten noch 40 neue Meister aus Suhl und Zella-Mehlis in der Potsdamer Gewehrfabrik Anstellung. Am 27. August schloß man die Vorbereitungen ab. Die Zelte wurden ausgegeben, für die Leibkompanie und die Grenadier-kompanien je 26, für die anderen je 24. Jeder Soldat erhielt Brot für neun Tage, zusammen drei Laib à sechs Pfund, sowie 60 Patronen. Jedes Bataillon hatte 71 Packknechte. Schwer und unpraktisch war das persönliche Gepäck der Soldaten, es belastete sie bis an die Grenze ihrer Einsatzfähigkeit. In einem zeitgenössischen Bericht heißt es dazu: „Jeder war gebündelt wie ein Esel, erst mit einem Gegengurt umschnallt, dann die Patronentasche über der Schulter mit einem fünf Zoll langen Riemen; die andere Achsel der Tornister mit Wäscher und so weiter bepackt; item der Habersack mit Brot und anderer Fourage gestopft. Hiernächst mußte jeder noch ein Stück Feldgerät tragen: Flasche, Kessel, Haken, oder so was, alles an Riemen; dann erst noch eine Flinte, auch an einem solchen. So waren wir alle kreuzweis über die Brust geschlossen, daß anfangs jeder glaubte, unter solcher Last ersticken zu müssen."

Und aus der Tagebuchaufzeichnung eines Angehörigen vom I. Bataillon Leibgarde erfahren wir unter dem Datum des 23. August vom Tornisterinhalt: „Heute besah der König von jedem Bataillon Garde einen gepackten Tornister, in solchem war
1 Messer, Löffel, Gabel
1 Schuhe und Kleiderbürste
1 Buderbeutel u. Kamm
1 Pr. Strümpfe u. Talglappen
1 Feldmütze
die Ermel tuchene
2 Unterhemde, 2 Collerets,
2 Pr. VorErmel
1 Aderlaßbinde
2 Pr. leine Hosen
kein Spiegel und auch kein Balbiermesser soll darinnen sein. Die Feldscher sollen vier Messer mitnehmen und sich durch Bursche helfen lassen balbieren. Die neue tuchene Hosen werden auf die Wagens mitgenommen. Die Bursche sollen Salz mitnehmen."

Am Nachmittag des 27. August durfte kein Soldat mehr sein Quartier verlassen; um 16 Uhr und um 18 Uhr wurde visitiert, ebenfalls beim Zapfenstreich um 21 Uhr. Den ganzen Tag schon waren die Tore geschlossen; nur die Artillerie, die aus Berlin eintraf, wurde noch hereingelassen. Am 28. August versammelten sich die Truppen in aller Frühe. Schon um vier Uhr standen alle Bagagewagen und Packpferde vor der Langen Brücke. Um 4.30 Uhr marschierte die Garde du Corps ab. Um fünf Uhr wurde Generalmarsch geschlagen, um 5.30 Uhr abgerückt. Die Bataillone marschierten in zehn Zügen, also jede Kompanie in zwei Zügen; der Capitain führte den 1., der Premier-Lieutenant den 2. Zug. Jedes Bataillon führte zwei drei- oder sechspfündige Kanonen mit sich, als Bedienung pro Geschütz acht Mann (vier Kanoniere und vier Zimmerleute oder drei Kanoniere und fünf Zimmerleute). Sämtliche Potsdamer Truppen gehörten zum Märkischen Corps d'armée, das unter dem Befehl des Königs stand. Noch am 28. August erreichte man Beelitz, wo in und außerhalb der Stadt gelagert wurde. Am 29. August rückten preußische Truppen – darunter auch das Potsdamer Militär – in Richtung Jüterbog auf sächsisches Gebiet vor. Damit begann der Siebenjährige Krieg.

Preußen, von England unterstützt, behauptete sich gegen eine breite Koalition. Militärische Erfolge, denen allerdings auch ernsthafte Debakel gegenüberstanden, spielten dabei eine wichtige Rolle. Zum erstaunlichen Stehvermögen der preußischen Armee – der eigentlichen Überraschung des Krieges – kamen auch eklatante Versäumnisse der Gegenseite und schließlich der glückliche Zufall des für Friedrich günstigen russischen Thronwechsels. Mit dem Friedensschluß am 15. Februar 1763, unterzeichnet im sächsischen Jagdschloß Hubertusburg, wurde nicht nur der endgültige Besitz Schlesiens bestätigt. Preußen war nun de facto zur „kleinsten europäischen Großmacht" avanciert.

Weit mehr als in anderen Kriegen des 18. Jahrhunderts, den sogenannten Kabinettskriegen, war zwischen 1756 und 1763 die Bevölkerung betroffen: viele Tote, Hunger, hohe Steuern und Kontributionen, Plünderungen. Auch Potsdam wurde zum Opfer. Ganz unmittelbar kam der Krieg in die Stadt, als im Oktober 1760 österreichische und einige russische Truppen Potsdam besetzten. Die schwache preußische Besatzung, fast nur Garde-Invaliden, leistete erst gar keinen Widerstand und ließ sich gefangennehmen. Einer Plünderung entging die Stadt, doch kam es zu Ausschreitungen gegen die Bürger. Die königlichen Schlösser blieben verschont. 60 000 Taler Kontributionen waren zu entrichten. Vorräte und Maschinen der Gewehrfabrik fielen der Vernichtung anheim. Der Gesamtwert an Beschädigungen und Verlusten wurde auf 90 000 Taler berechnet.

Die Potsdamer Truppen nahmen an allen Feldzügen und größeren Schlachten des Krieges teil. So kämpfte die Garde (Nr. 15) bei Kolin, Roßbach, Schweidnitz (nur Grenadiere), Leuthen, Hochkirch, Liegnitz und Torgau, das Bataillon Grenadier-Garde (Nr. 6) bei Lobositz (nur Grenadiere), Roßbach, Schweidnitz (nur Grenadiere), Leuthen, Hochkirch, Liegnitz und Torgau, das Regiment Prinz Heinrich von Preußen (Nr. 35) bei Kolin, Schweidnitz, Leuthen, Kunersdorf und Torgau sowie die Garde du Corps bei Lobositz, Prag, Kolin, Roßbach, Leuthen, Zorndorf, Hochkirch, Liegnitz und Torgau. Die Verluste waren zum Teil sehr hoch, sie betrafen sowohl Mannschaften als auch Offiziere. Besonders betroffen war das Erste Bataillon Leibgarde (Nr.15).

Friedrichs imposante Garnison

Am 25. Februar 1763, zehn Tage nach dem Friedensschluß, kehrten die Garde-Bataillone, aus Schlesien kommend, über Lübben und Mittenwalde nach Potsdam zurück. Nicht mehr nach Potsdam kam das Regiment des Prinzen Heinrich (Nr. 35), das in Spandau und Nauen Garnison bezog. An seine Stelle trat in Potsdam das Regiment Prinz von Preußen (Nr. 18) mit Prinz Friedrich Wilhelm von Preußen, Neffe des Königs und Thronnachfolger, als Chef. Als Formation ging dieser Truppenteil auf das 1698 in Berlin errichtete Bataillon Grenadier-Garde zurück und nannte sich unter dem Soldatenkönig zwischen 1714 und 1716 – zur Unterscheidung von den Potsdamer Roten Leibgrenadieren – Weiße Grenadier-Garde. Es handelte sich im Gegensatz zum Regiment Prinz Heinrich um einen alten Truppenteil der Armee, und dort gar noch um einen der exklusiveren. Seine Verlegung nach Potsdam kam einer weiteren Aufwertung der Garnison gleich. Das Regiment Prinz von Preußen hatte an allen vorangegangenen Kriegen teilgenommen und focht in den Schlachten bei Kesselsdorf, Prag, Schweidnitz, Leuthen, Zorndorf, Hochkirch und Torgau. Seine für den Kriegseinsatz wie üblich in einem selbständigen Bataillon zusammengefaßten Grenadierkompanien kämpften darüber hinaus bei Hohenfriedberg, Soor und Liegnitz. Von der Garde du Corps bezog nach dem Siebenjährigen Krieg die 1. Eskadron in Potsdam Garnison. Gleich zu Beginn des Krieges, am 18. Oktober 1756, war diese Truppe durch Aufnahme von im Lager bei Pirna gefangenen Sachsen – hauptsächlich von der Königlichen Sächsischen Garde du Corps – auf drei Eskadronen erweitert worden. Da die meisten Sachsen recht schnell wieder desertierten, Friedrich aber die neue Eskadronzahl und -stärke erhalten wollte, verfügte er mit Wirkung vom 26. März 1757 die Besetzung der freien Stellen aus Abgaben aller preußischen Kürassier- und Dragonerregimenter sowie der Garde-Infanterie. Da die Eskadronstärke nunmehr acht Offiziere, 16 Unteroffiziere, zwei Trompeter und 174 Gardes du Corps betrug, wurde die Kaserne am Kanal bald nach dem Krieg nach Norden erweitert. Die 2. Eskadron nahm in Berlin, die 3. in Charlottenburg Garnison.

Der lange Krieg hatte das preußische Heer stark mitgenommen. Zwar war es mit 219 000 Mann (einschließlich der Festungsbesatzungen) zahlenmäßig stärker als vor dem Krieg (Dezember 1755: 137 000 Mann); den inneren Zustand jedoch – die Disziplin, Ordnung und Moral – sowie Bewaffnung und Ausrüstung betrachtete der König mit Sorge. Später bekannte er einmal: „Die Regimenter waren zerrüttet und bestanden zum Teil aus Deserteuren und Gefangenen des Feindes. Die Ordnung war beinahe verschwunden und die Disziplin so sehr gelockert, daß unsere alte Infanterie nicht mehr taugte als eine junge Miliz."

Noch 1763 leitete er deshalb einen ganzen Komplex von Maßnahmen zur inneren Erneuerung seines Heeres ein – das „Retablissement". Im Mittelpunkt stand die Wiederherstellung eines hohen Ausbildungsstandes, der Disziplin und der Moral in den Regimentern. Nur wenige Monate nach dem Krieg, am 11. Mai 1763, sah sich der König zur Verschärfung der Disziplinarstrafen in der Armee veranlaßt. „Opponieret ein Gemeiner gegen einen Officier, so muß gleich Kriegsrecht gehalten und der Gemeine arquebusiret werden; gegen einen Unterofficier, so muß er zu 20 mal Spießruthen condemmiret werden... Wenn ein Kerl im Dienst besoffen ist, so soll er auf der Härteste bestraft werden, ist er aber nicht im Dienst, so muß man solchen Fehler als eine Schwachheit ansehen und nur mit Reprimanden bestrafen."

Strenge Bestimmungen galten auch bei Verfehlungen von Unteroffizieren und Offizieren. Bei nachgewiesenen Unzulänglichkeiten im Wachdienst drohten einem Offizier vier Wochen Arrest, im Wiederholungsfall zwei Monate Festungshaft und Verlust des halben Soldes. Und allgemein hieß es: „Weilen Sr. Majestät ein nobles und respectables Corps Officiers bei Dero Armee haben wollen, so müssen die sämtlichen Officiers zu einer sehr guten Conduite angehalten werden, keine Schulden machen, sich nicht dem Soff ergeben, nicht liederliche Häuser frequentieren und derlei Sachen mehr, die einem Officier ungeziemend sind."

Teilweise neu geordnet wurden das Ersatzwesen – sowohl die Kantonaushebung als auch die auswärtige Werbung – sowie die wirtschaftlichen Verhältnisse der Truppen, die Unterbringung in den Garnisonen und die Fouragebeschaffung. Zur Überwachung all dieser Maßnahmen ernannte der König in den einzelnen Territorien sogenannte Commissaires-Inspecteurs, für die sich bald die Bezeichnung General-Inspecteure herausbildete. Ursprünglich nur für das „Retablissement" eingerichtet, bestanden die Inspektionen dann jedoch bis 1806 fort. Die Potsdamer Infanterieregimenter gehörten – mit Ausnahme des I. Bataillons Leibgarde, das dem König direkt unterstellt blieb – zur Inspektion der Mark Brandenburg. An deren Spitze trat der beim König sehr gut angesehene 42jährige Generalmajor Wichard Joachim Heinrich von Möllendorff, der spätere Generalfeldmarschall. Er war ab 1766 zugleich auch Kommandant von Potsdam und bewohnte in dieser Zeit das Jagdschloß Glienicke, das er 1764 erwarb, doch sieben Jahre später wieder veräußerte, als er Potsdam verließ.

Da sich die Inspektionen als zu groß und unübersichtlich erwiesen hatten, teilte man 1771 die Inspektion der Mark Brandenburg in drei Einzelinspektionen: die Potsdamer, die Berlinische und die Märkische. Zur Potsdamer Inspektion unter Oberst Julius von Buttler gehörten das Regiment Garde (Nr. 15), das Bataillon Grenadier-Garde (Nr. 6), die Infanterieregimenter Prinz von Preußen (Nr. 18) und von Kleist (Nr. 36; Garnison Brandenburg) sowie das selbständige Stehende Grenadier-Bataillon Nr. 1, das in Beelitz und Treuenbrietzen lag. Die Garde du Corps zählte zur Kavallerie-Inspektion der Mark Brandenburg unter Oberst Friedrich Wilhelm von Lölhöffel. Die Tätigkeit und die Befugnisse der General-Inspekteure griffen tief in die Dienstverhältnisse innerhalb der einzelnen Truppenkörper ein. Jede Beförderung, jeder Urlaub, jede Heiratserlaubnis eines Offiziers durchlief ebenso deren Kontrolle wie sämtliche Kanton-, Werbungs- und Remonteangelegenheiten. Alle Anträge an den König gingen über den Inspekteur, ebenso die Rückantworten. Das bedeutete eine gewisse Einschränkung der Stellung des Regimentschefs im Heer. Einigen Regimentern wurde mit Blick auf ihre Verdienste jedoch das Recht zugestanden, sich weiterhin direkt an den König zu wenden, allerdings mit der Pflicht, gleichzeitig den General-Inspekteur von diesen Gesuchen zu unterrichten. Die Potsdamer Truppenteile besaßen dieses immediate Recht ohne Ausnahme.

1773 kam ein weiterer Truppenkörper nach Potsdam in Garnison. Er blieb für rund zwei Jahrzehnte und erweiterte das Spektrum der in Potsdam stationierten Truppengattungen. Es handelte sich um das Lehrkommando der reitenden Artillerie in Preußen. Schon während des Siebenjährigen Krieges hatte das preußische Heer über reitende Batterien verfügt; sie waren nach russischem und österreichischem Vorbild geschaffen worden und bewährten sich nach Ansicht des Königs hervorragend, trotz einiger spektakulärer Mißgeschicke. 1771 beschloß Friedrich II.

Lustgartenseite des Stadtschlosses, im Vordergrund der unter Friedrich II. wieder verkleinerte Exerzier- und Paradeplatz. An der rechten Seitenfassade die Fahnentreppe. In den Kolonnaden einige Figurengruppen kämpfender Krieger, rechts im Hintergrund die Teltower Brücke. (Johann Friedrich Meyer, um 1773.)

daher, schon im Frieden ein berittenes Artillerie-Detachement aufzubauen und als Lehrtruppe zu nutzen, womit im Februar 1773 in Potsdam begonnen wurde. Zum Kommandeur bestellte der König Capitain Phillip von Anhalt, der die reitende Artillerie schon im letzten Krieg geführt hatte. Das gesamte Kommando – auch Exerzierbatterie genannt – umfaßte drei Offiziere, zehn Unteroffiziere, 60 Kanoniere, 20 Fuhrknechte, einen Reitschmied sowie 110 Pferde mit zehn Geschützen – neben Drei- und Sechspfündern auch eine leichte Haubitze. Jedes Geschütz war mit vier Pferden bespannt, die Geschützmannschaft bestand aus je einem Unteroffizier und sechs Kanonieren, alle selbst beritten. Die Unteroffiziere und Kanoniere wurden vom 1. und 3. Feldartillerie-Regiment (Berlin) gestellt und traten in Potsdam jeweils nur für eine Saison zusammen, um danach wieder in ihre Regimenter zurückzukehren. Die Knechte wurden auf Dauer angeworben und zunächst beim Zietenschen Husarenregiment

(Nr. 2) in Berlin kavalleristisch ausgebildet, ehe sie nach Potsdam kamen. Für die Unterbringung des gesamten Kommandos entstand eine neue Kaserne. Sie lag zwischen den Unterkünften der Garde du Corps und dem Berliner Tor, nördlich vom Kanal. Der militärische Dienst der Soldaten war sehr anstrengend und umfangreich. Im Sommer wurde um vier Uhr geweckt, um fünf Uhr traten die Soldaten schon an. Um sechs Uhr begann die Formalausbildung, gegen 7.30 die Waffenausbildung – das sogenannte Manual – und gegen 8.30 Uhr die Kampfausbildung, Chargierung genannt. Offizieller Dienstschluß war etwa gegen 12 Uhr, doch die Beschäftigung ging weiter. Die Pflege und Wiederherstellung von Ausrüstung und Uniform erforderten einen beträchtlichen Aufwand. Bis auf den Rock bestand ja die gesamte Montur aus weißem Stoff. Gewehr, Patronentasche, Koppel, jeder Knopf – alles mußte spiegelblank geputzt sein. Zeigte sich hier die geringste Nachlässigkeit oder stand ein Haar der Frisur nicht recht, konnte die erste Begrüßung des Soldaten, wenn er auf dem Stellplatz erschien, mit dem Stock erfolgen. So blieb vor allem den jungen Rekruten nicht viel Zeit für die Gestaltung des persönlichen Lebens; bei Längergedienten sah es etwas günstiger aus. Um 21.30 Uhr war Zapfenstreich, im Winter etwas früher. Sogenannte Bierpatrouillen – ein Unteroffizier mit zwei Soldaten – hatten für dessen Einhaltung zu sorgen. Abend für Abend, Jahr für Jahr klapperten die Patrouillen verräucherte Kneipen ab. Zechende Soldaten, die nicht gehorchten, wurden in Arrest genommen. Das rege Wirtshaustreiben war keinesfalls ein Ausdruck besonderer Soldatenromantik, sondern ist vielmehr als Indiz für die Trost- und Perspektivlosigkeit des Soldatseins zu werten, das für viele Betroffene lebenslang währte, oft ohne Familie und Aussicht auf Änderung des Lebensinhalts. Das Brauereigewerbe profitierte in der Soldatenstadt Potsdam natürlich von den Freizeitgewohnheiten des Militärs. Das am meisten getrunkene Bier war das Königsbier aus der noch vom Soldatenkönig errichteten Brauerei in der Teltower Vorstadt, 4 000 Tonnen pro Jahr (eine Tonne = 114,5 Liter). Aber auch braunes und weißes Bier aus der Stadtbrauerei fand guten Absatz. Die Bornstedter Brauerei durfte 3 500 Tonnen in der Stadt verkaufen, wogegen das in Potsdam gebraute sogenannte Schwedische und Englische Bier entsprechend der Verkaufsordnung versandt werden mußte.

Verteilt über das ganze Jahr lief der Dienst folgendermaßen ab: Im Frühjahr trat für zwei bis drei Monate der gesamte Truppenkörper zur militärischen Ausbildung, dem Exerzieren, zusammen. Den Abschluß dieser Periode bildeten Revuen oder Übungen, die meist auf dem Bornstedter Feld oder vor dem Brandenburger Tor (bis zur Pirschheide hin) stattfanden. Schon nach den Frühjahrsrevuen wurde ein Teil der Soldaten beurlaubt. Im Herbst gab es dann noch die traditionellen großen Manöver. Seit die preußische Armee im Siebenjährigen Krieg einen internationalen Ruf erworben hatte, wurde Potsdam jeden Herbst zum Lehrkabinett und zur Begegnungsstätte des europäischen Militärs. Die Herbstmanöver gestalteten sich, rings um die geschmückte Stadt, zur imposanten Selbstdarstellung des Heeres. Zugleich waren sie Lehrvorführungen für die bewunderte preußische Gefechtsführung.

Hauptaufgabe des in Potsdam garnisonierten Militärs war der intensive und aufwendige Wachdienst, der über das gesamte Jahr hinweg einen hohen Präsenzgrad der Truppen verlangte. Es wurden inzwischen in der Residenz weniger Soldaten beurlaubt als in der Zeit vor dem Siebenjährigen Krieg. Der Hauptzweck des Wachdienstes bestand – wie auch schon zu Zeiten Friedrich Wilhelms I. – neben der Akziseeintreibung vor allem in der Verhinderung von Desertion. Die gesamte Stadtmauer – einschließlich der Palisadenwände am Havelufer zwischen Kellertor und altem Wassertor – wurde bewacht, teilweise in mehrfacher Postenkette. Soldaten durften nur mit Paß, also mit Erlaubnis ihrer Vorgesetzten, die Stadttore passieren. Manchmal dehnte der König diese Bestimmung auch auf Offiziere aus, die zum Spazieren ausreiten wollten. Die Tore wurden besonders streng kontrolliert. Hier hatten das Regiment Garde und das Bataillon Grenadier-Garde die Posten zu stellen. An jedem Tor beziehungsweise mitten auf der Teltower Brücke gab es Wachhäuser. Sie waren Dienst- und Aufenthaltsraum für die Wachmannschaft. Als Vorläufer des späteren Arrestlokals gab es in jedem dieser Wachhäuser einen sogenannten „Brummstall". Weitere Posten standen an den Zugbrücken, die innerhalb der Stadt über den Kanal geschlagen waren. In Ausnahmefällen wurden auch die Unrangierten zum Wachdienst herangezogen. Die Ausrangierten und Invaliden hatten Wachen außerhalb der Stadt auf der Glienicker und der Baumgartenbrücke sowie auf der Nedlitzer Fähre zu stellen. Zwölf Mann vom gemischten Invalidenkorps des I. Bataillons Leibgarde und der Garde du Corps taten Dienst beim 1769 vollendeten Neuen Palais. Sie „geben Acht, daß niemand etwas am Schlosse oder an den Statuetten beschädige", wie ein Beobachter bemerkte.

An erster Stelle jedoch stand der Wachdienst am Stadtschloß. Er galt sowohl der Sicherheit des Königs als auch der höfischen Repräsentation und wurde ausschließlich von den Gardeeinheiten versehen. Sie hatten hier auch ihre Hauptwachen, die sich allesamt im halbrunden Quergebäude an der nördlichen Seite befanden. Wenn man den Schloßhof durch das von Jean de Bodt geschaffene Portal betrat, gelangte man zu ebener Erde linkerhand in die Wachstuben des Ersten Bataillons Leibgarde und der Garde du Corps, rechterhand in die Räume des II. und III. Bataillons Garde sowie des Bataillons Grenadier-Garde. Im zweiten Geschoß über den letztgenannten Zimmern waren Montierungskammern eingerichtet. Das Innere des Schlosses bewachte das Erste Bataillon Leibgarde mit jeweils drei Subalternoffizieren, drei Unteroffizieren, zwei Tambours und 57 Gemeinen. Als Zeichen besonderer Wertschätzung wurde dieses Kommando traditionell aus der königlichen Küche versorgt.

Das Erste Bataillon Leibgarde genoß eine deutlich bevorzugte Stellung in der Garnison. Wie so oft in der Geschichte entwickelte diese Truppe im Gegenzug zu ihrer Vorzugsbehandlung eine besondere Ergebenheit gegenüber dem König als oberstem Dienstherrn, gepaart mit einer gewissen Geringschätzung anderer Formationen. Man trug nicht nur besondere Uniformen und war nicht nur besser untergebracht. Die Leibgrenadiere hatten zum Beispiel auch das Recht, unangemeldet beim König vorzusprechen und Klagen vorzutragen. Das Verhältnis Friedrichs zu dieser Truppe war nachhaltig geprägt durch deren besondere

Standhaftigkeit in der schicksalhaften Schlacht bei Mollwitz, der ersten Schlacht des großen Preußenkönigs überhaupt. Fortan durften jene Grenadiere, die 1741 dabeigewesen waren, an jedem 10. April an der Offizierstafel im Schloß speisen. Der König, der die Leibgrenadiere oft persönlich exerzierte, erwartete jeden Morgen und jeden Abend einen Rapport von einem Feldwebel oder Unteroffizier über die Situation in der Truppe und das Befinden der Grenadiere. Nach dem Siebenjährigen Krieg lokkerte sich die Bindung Friedrichs an dieses Bataillon etwas, nachdem der größte Teil der „Alten" in der blutigen Schlacht bei Kolin gefallen war und die Truppe personell fast erneuert werden mußte. Davon unbeeinflußt blieb die Ergebenheit der Leibgrenadiere, von denen selbst im Feldzug 1778, als das Desertieren gleich einer Seuche die preußische Armee erfaßt hatte, fast alle bei der Fahne blieben. Doch in Potsdam selbst war das Bataillon bei den anderen Soldaten wegen seiner Privilegien und des Auftretens höchst unbeliebt, ja bald mehr gehaßt als Russen und Österreicher, die die Stadt im Siebenjährigen Krieg heimgesucht hatten. So war es für einen Grenadier vom Ersten Bataillon nicht ratsam, sich allein in die Wohngegenden der anderen Potsdamer Truppenteile zu begeben.

Die Quartiere der Soldaten verteilten sich über die gesamte Stadt. Im Laufe der Jahre bildeten sich für die einzelnen Formationen bestimmte Wohnviertel heraus, zum Teil streng voneinander abgegrenzt. Seit Ende des Siebenjährigen Krieges hatten die Leibgarde und das Korps der Ausrangierten ihre Quartiere über die gesamte Altstadt verteilt. In der Neustadt stieß man allenthalben auf Unterkünfte für das Regiment Garde, im Viertel zwischen Kietz und Brandenburger Tor jedoch vorrangig auf die der Grenadier-Garde. Das Korps der Unrangierten konzentrierte sich um die Heiligegeistkirche, das Regiment Prinz von Preußen am Jägertor und im Viertel um das alte Kommandantenhaus. Das Kommando der Reitenden Feldjäger lag aus ganz praktischen Erwägungen in der Berliner Vorstadt, wogegen das Invalidenkorps seit 1738 unverändert in Werder wohnte. Die zwölf Mann Wache beim Neuen Palais waren dort in einem abgesonderten Haus untergebracht. Garde du Corps und reitende Artillerie belegten überhaupt keine Bürgerquartiere. Insgesamt 1 081 Potsdamer Bürgerhäuser waren von Soldateneinquartierungen betroffen; sie boten meist Unterkunft für vier oder sechs Soldaten, in einigen Fällen auch für zwei. Die intensive Bautätigkeit unter Friedrich II. hatte Potsdam nachhaltig verändert. Unter Beibehaltung des alten Stadtgrundrisses entstanden teilweise völlig neue Häuserzeilen. Viele alte Fachwerkhäuser waren durch Backsteinbauten ersetzt und verputzt worden. 621 Bürgerhäuser wurden errichtet, dazu über 150 königliche und öffentliche Häuser sowie über 100 Gebäude eigens für das Militär. Friedrich II., der wie sein Vater den Gremien der Stadt keine Mitgestaltung einräumte und 1752 die Koordinierung der gesamten Bautätigkeit dem Königlichen Hofbauamt übertragen hatte, legte größten Wert auf ein prachtvolles

Erklærung der Zahlen

1. das Königliche Schloß.
2. die Hauptwachen vor die Garden.
3. der Marsch Stall.
4. der Parade oder Exercier Platz.
5. der Lustgarten.
6. Baßin.
7. Obeliscus.
8. Nicolai Kirche.
9. Rath Hauß.
10. Prediger oder Schul Hauß.
11. Königliche Kutsch Stall.
12. lange oder Reit Stall.
13. gewesene Griechsche Kirche.
14. Garnison Kirche.
15. Gewehr Fabricke.
16. Prediger Häuser.
17. zum Waisen Hauß gehörig.
18. Orange Hauß.
19. Pulver Hauß.
20. Lange Brücke od. Telthauer Thor.
21. Communication um der Stadt.
22. Lazarethe.
23. Casernen.
24. Kronprintzlich Palais.
25. die Wage.
26. Keller Brücke oder Keller Thor.

27. Berliner Brücke und Thor.
28. Grüne Brücke.
29. Nauensche Brücke und Thor.
30. Cavalier Brücke.
31. Breite Brücke.
32. Alt Wasser Thor und Brücke.
33. Heilige Geist Kirche.
34. Proviant Hauß und Beckerey.
35. Garde du Corps Stall.
36. Magazin.
37. das Commendeur Hauß.
38. Saltz Hauß.
39. Hoher Stein weg.
40. Plantagen.
41. Holländisches Lust Hauß.
42. Pagen und Schul Hauß.
43. Commendanten Hauß.
44. Neue Haupt Wache.
45. Französche Kirche.
46. Catholische Kirche.
47. Wäysen Häuser.
48. Landschafft.
49. Wittwen Hauß.
50. Neustädter Thor.
51. Brandenburger Thor.
52. Jäger Thor.

53. Baßin.
54. Neu Wasser Thor.
55. Schlacht Hoff.

Besonders nach dem Siebenjährigen Krieg wurde das Stadtgebiet durch viele neue Gebäude verdichtet, größere Kasernen und andere militärische Bauten entstanden.

Stadtbild. Architekten wie Knobelsdorff, Carl von Gontard und Georg Christian Unger hatten Entwürfe für die Häuser an zentralen Plätzen und allen wichtigen Straßen zu liefern. Beim Anblick mancher Bürgerhäuser glaubte sich der Betrachter gar vor Palästen, so prächtig waren viele Fassaden. Ein Beispiel dafür boten die Hiller-Brandtschen Häuser (für den Kaufmann Hiller und den Schneidermeister Brandt), von Unger auf Anweisung Friedrichs 1769 nach Motiven des Londoner Schlosses Whitehall errichtet. Die prächtigen Fassaden standen in der Regel jedoch in krassem Widerspruch zum meist sehr bescheidenen Nutzungszweck und den keinesfalls reichen Hausbesitzern, was Voltaire zu dem Urteil über Potsdam provozierte, daß „die Armut in Palästen wohnte". Die Gesamtzahl der Bürgerhäuser erhöhte sich in Friedrichs Regierungszeit kaum, wuchs nur von 1154 auf 1207, denn die meisten Neubauten traten lediglich an die Stelle abgerissener Fachwerkhäuser aus der Zeit vor 1740.

Eine zur Zeit Friedrichs II. entstandene Besonderheit waren die kleinen seitlichen Anbauten an zahlreichen Bürgerhäusern. Wer es sich in Potsdam leisten konnte, errichtete solche Extragebäude, um darin die einzuquartierenden Soldaten unterzubringen. Da man die Einquartierungen als große Belästigung ansah, wollte man die Soldaten wenigstens vom eigenen Haus fernhalten. In einigen Fällen entstanden solche Anbauten auf der Grenze zwischen zwei Grundstücken, wo beide Nachbarn gemeinsam die Einquartierten unterbrachten. Fälschlicherweise kann man sowohl in der alten als auch in der neuen Literatur für diese Separatbauten die Bezeichnung „Kaserne" finden, was jedoch nicht exakt ist; es waren trotz ihrer separaten Anlage Soldatenquartiere in Bürgerhäusern.

Kasernen – vom Staat errichtet und unterhalten und immer mehr durch ein eigenes inneres Regime geprägt, allerdings noch nicht mit denen des 19. Jahrhunderts zu vergleichen – gab es ja in Potsdam seit Friedrich Wilhelm I. Es waren eigens für diesen Zweck errichtete Gebäude. Die sehr einfachen und kleinen Bauten seines Vaters nutzte Friedrich allerdings nur die ersten Jahre und ließ sie dann abtragen. Zwischen 1750 und 1756 entstanden 43 neue Gebäude, alle massiv aus Stein. 1764, unmittelbar nach dem Siebenjährigen Krieg, baute man zehn weitere Kasernen, ehe von 1770 bis 1782 in relativ kontinuierlicher Folge 46 Häuser folgten.

Vor allem die nach dem Siebenjährigen Krieg erbauten Kasernen erreichten immer größere Dimensionen und paßten sich mit ihrer spätbarocken Architektur gut in das Stadtbild ein. Friedrich hatte auch dafür erstklassige Architekten herangezogen; von Johann Boumann stammten viele Kasernen vor 1756, von Heinrich Ludwig Manger besonders viele nach 1770. Im Gegensatz zu den Bürgerquartieren verteilten sich die Kasernen nicht gleichmäßig über die gesamte Stadt, sondern waren auf drei Bereiche konzentriert. Ein kleinerer Komplex, der dem Bataillon Grenadier-Garde zur Verfügung stand, befand sich in der Siebertsgasse (zwischen Neumarkt und Kanal). Die beiden anderen Standorte verfügten über Areale, die, gemessen an den Verhältnissen im 18. Jahrhundert, erstaunlich groß waren. Der westliche Standort umfaßte die Lindenstraße (in ihrem Abschnitt zwischen Pflug- und Spornstraße) und einige Anlagen entlang der Stadtmauer. Die zweistöckigen, ziemlich langgestreckten Häuser auf der westlichen Seite der Lindenstraße, dem Militärwaisenhaus schräg gegenüber, wurden von der Grenadier-Garde genutzt, die dreistöckigen auf der östlichen Seite, beginnend Ecke Spornstraße, vom Regiment Prinz von Preußen. Unmittelbar nördlich an das Neustädter Tor schloß sich für die Grenadier-Garde noch ein kleines Gebäude an, während das Regiment Prinz von Preußen je einen größeren Bau zwischen Brandenburger und Neustädter Tor (mit der Ecke Pflugstraße als nördliche Begrenzung) sowie zwischen Brandenburger Tor und Jägertor, an der nordwestlichsten Stelle der zweiten Neustadt, belegt hatte. Der zweite Hauptstandort der Potsdamer Kasernements erstreckte sich von der Gegend um das Berliner Tor bis zur Heiligegeistkirche. Neben den bereits beschriebenen Anlagen für die Garde du Corps und die reitende Artillerie dienten in der Berliner Straße die Häuser beidseitig zwischen Heiliggeist- und Burgstraße dem Ersten Bataillon Leibgarde als Unterkunft. Die Südseite der Heiliggeiststraße bestand links und rechts der Kreuzstraße aus einem Kasernement für das Regiment Garde (zweigeschossig, zur Kellerstraße hin) und einer Augmentationskaserne für das Regiment Garde und die Grenadier-Garde gemeinsam. Schließlich ist noch das zweistöckige Kasernement des Regiments Garde in der Tuchmacherstraße zu erwähnen, das auf der nordöstlichen Straßenseite, zum Bassinplatz hin lag. Am Regime der Soldateneinquartierung hatte sich lange Jahre kaum etwas geändert. Die wenigen Entlastungen für die Quartierwirte in den ersten Regierungsjahren Friedrichs (Wegfall des „Sauer und Süß", Zuschüsse für Holz zum Heizen) hatten nur eine partielle Besserung gebracht. Die jahrzehntelangen Einquartierungen belasteten sowohl materiell als auch moralisch die Wirte. So sah sich der König in seinen späten Regierungsjahren zu weiteren Erleichterungen gedrängt, denn die völlige Ruinierung der Wirte konnte er sich nicht leisten, wollte er damit nicht gleichzeitig die Einquartierung vieler seiner Soldaten gefährden. Den Anstoß für diese Änderung hatte Generalmajor Friedrich Wilhelm von Rohdich gegeben, der seit 1779 Kommandant von Potsdam und außerdem Direktor des Militärwaisenhauses sowie Begründer des Stadtarmenhauses war. So wurden bald staatliche Zuschüsse für die Instandhaltung der Einrichtungsgegenstände in den Soldatenstuben gezahlt. Kurz darauf fielen dann fast alle zusätzlichen Ausgaben für die Wirte fort, so daß nur noch die mietfreie Einquartierung bestehen blieb. Das hatte zur Folge, daß der durchschnittliche Handelswert der Potsdamer Bürgerhäuser sprunghaft um etwa 1000 Taler stieg. Obwohl die Einquartierung für die Bürger immer eine Last blieb, trug Rohdich, der auch die 1721 gegründete Garnisonschule in der Kietzstraße 24 reorganisierte und deren Verlegung in einen angemessenen Bau in der Priesterstraße Nr. 11 veranlaßte, wo die Kinder ab 1788 unterrichtet wurden, wesentlich zum Erhalt eines gut funktionierenden Einquartierungssystems in Potsdam bei, zu dem es auf absehbare Zeit keine hinreichende Alternative gab. Rohdich, der nach 1786 die höchsten Funktionen der preußischen Militärverwaltung einnahm, vererbte sein Berliner Wohnhaus am Platz vor dem Brandenburger Tor dem Grenadier-Garde-Regiment, dessen Chef er zeitweilig war, derart, daß die Einkünfte daraus der Erziehung der Kinder der Bataillonsangehörigen dienten.

Friedrich Wilhelm von Rohdich (1719–1796) gehörte zur ersten Generation der schon in Potsdam Geborenen, die in der Armee Karriere machten: 1736 Unteroffizier im Potsdamer Leibbataillon, 1744 Secondelieutenant im Regiment Garde, später Regimentskommandeur daselbst und Kommandant von Potsdam; unter Friedrich Wilhelm II. „erster dirigierender Kriegsminister" (Eduard Francis Cunningham, Bildausschnitt, 1785).

Der Figurenschmuck auf der von Unger gestalteten Fassade des Lazaretts in der Lindenstraße Nr. 25, eine wenig beachtete Kuriosität in Potsdam: Jeweils ein Feldscher behandelt einen kranken Soldaten – mit einem Klistier bzw. mit einem Löffel voll Medizin –, wobei die Patienten die dazu typische Haltung einnehmen. Ehe man die Figurengruppen aufstellte, wurden die Kranken jedoch vertauscht ...

Unter Friedrich II. wurde die Verteilung der Bettgelder exakter geregelt. Jede in Potsdam stationierte Truppe erhielt davon einen Teil zur unmittelbaren Wirtschaftsführung, die Leibgarde zum Beispiel (einschließlich Lazarett) bekam 1204 Taler, das Regiment Garde 1943 Taler und die Un- und Ausrangierten erhielten

88

zusammen 513 Taler. Von dieser Summe wurde ein entsprechender Betrag den Kompaniechefs gezahlt, die davon die Betten instand halten beziehungsweise bei Bedarf neue anschaffen mußten.

Als Folge der spürbaren Verbesserungen auf dem Gebiet des Militärmedizinwesens in Preußen entstanden nach dem Siebenjährigen Krieg zahlreiche Lazarette. Die Isolieranstalt im Jagdschloß Glienicke hatte Friedrich schon vorher aufgelöst; das Schloß schenkte er 1756 dem Schutzjuden Isaak Joel, der dort eine Tapetenfabrik einrichtete, ehe Möllendorff – wie erwähnt – das Anwesen kaufte und dort wohnte. Das hölzerne Lazarettgebäude in der Lindenstraße blieb dagegen noch längere Zeit in Betrieb. Im Zuge der Neubebauung dieses Straßenabschnitts setzte Unger an dessen Stelle 1772 ein neues, größeres Lazarett, das allein das Regiment Garde nutzte. Der markante Figurenschmuck über dem Eingang wies weithin sichtbar auf die medizinische Zweckbestimmung dieses Hauses hin. Für das Regiment Prinz von Preußen und das Bataillon Grenadier-Garde entstanden je ein Lazarettgebäude gegenüber der Stadtmauer zwischen Pflugstraße und Neustädter Tor, direkt neben den dortigen Kasernements dieser Truppenteile, hier bildete sich eine geschlossene Straßenfront. Das Lazarett der Leibgarde befand sich in der Burgstraße, das der Garde du Corps schloß sich unmittelbar in östlicher Richtung an deren Kommandeurhaus an.

In ein Lazarett überwiesen wurde ein kranker Soldat, wenn der Kompaniefeldscher, der in einem Bürgerquartier sein Dienstzimmer hatte, mit seinen einfachen Kenntnissen und Mitteln dem Kranken nicht wirksam helfen konnte. Im Bataillons- bzw. Regimentslazarett übernahm der Regimentsfeldscher, der über medizinische Fachkenntnisse verfügte, die vor einer Kommission des Collegium Medico-Chirurgici in Berlin nachgewiesen werden mußten, die weitere Behandlung. Die medizinische Versorgung im Lazarett, das über viele Möglichkeiten und Fachkräfte verfügte, entsprach dem höchsten Standard der Zeit. Die für den Staat so teuren Soldaten wollte man nicht leichtfertig durch Infekte oder andere Krankheiten verlieren.

Deutlich angewachsen war nach dem Siebenjährigen Krieg die Zahl der Waisenkinder. Wenn auch der größte Teil der inzwischen 5000 Zöglinge auswärts wohnte, zum Teil auf dem Lande verteilt war und dort versorgt wurde, genügte das alte Potsdamer Waisenhaus kaum mehr den gewachsenen Anforderungen. Zwischen 1771 und 1777, also erst nach Errichtung des gewaltigen und kostspieligen Neuen Palais vor der Stadt, wurde die alte dreigeschossige, aus viel Lehm und wenig Steinen bestehende Anlage durch einen neuen Gebäudekomplex ersetzt. Die Entwürfe dazu lieferte der hochbegabte Carl von Gontard. Es entstand eine größtenteils viergeschossige Anlage, gegliedert durch flache Mittel- und Seitenrisalite und abgeschlossen von einem hochaufragenden Mansarddach.

Die Verwendung dieser Dachform anstelle des zu jener Zeit eigentlich gebräuchlichen Satteldaches erfolgte – wie Heinrich Ludwig Manger in seiner 1789/90 erschienenen „Baugeschichte von Potsdam" bemerkte –, „damit in dem unteren Teil desselben Bettsäle für Waisenknaben, Vorratskammern und andere Bequemlichkeiten untergebracht werden konnten". Der Flügel in der Lindenstraße war als repräsentative Eingangsseite gedacht. Deshalb errichtete man hier einen viergeschossigen Treppenturm als Dominante, im Innern einzigartig gestaltet; seine volle Wirkung erhielt er durch den von freistehenden Säulen getragenen Kuppelaufbau mit der Caritas als krönender Figur. Mit weiterem Relief- und Figurenschmuck, zum Beispiel einer Kriegsgöttin im Giebelfeld auf der Kanalseite, sollte der militärische Charakter des Waisenhauses unterstrichen werden. Im Innenhof entstand ein Querflügel mit Wohnungen für das Personal. Küche und Speisesaal befanden sich im Spornstraßenflügel. Einige Gebäude entstanden auch auf der westlichen Seite der Lindenstraße, dem Haupteingang gegenüber.

Die Gesamtanlage war gewaltig. Sie bildete das größte geschlossene Bauensemble, das man in Potsdam während des 18. Jahrhunderts für das Militär errichtet hatte. Es war zugleich das größte geschlossene innerstädtische, für eine einheitliche Nutzung bestimmte Ensemble Potsdams in dieser Zeit überhaupt. Die vordem überaus beengten Verhältnisse im Anstaltsge-

Carl von Gontard (1731–1791) gehörte zu den genialen Architekten seiner Zeit. Mit dem Neubau des Großen Militärwaisenhauses beeinflußte er prägend das Stadtbild, schuf auch einige Kasernen und Wohnhäuser in Potsdam. Die von Gontard stammenden Communs hinter dem Neuen Palais wurden später vom Militär genutzt.

bäude konnten im neuen Haus überwunden werden, das strenge Regime jedoch blieb. Inzwischen waren auch einige Kadetten dort untergebracht, organisatorisch jedoch vom Militärwaisen-

Das Große Militärwaisenhaus, 1771–1777 neu errichtet. Links das palastartige Hiller-Brandtsche Doppelhaus, dazwischen die Breite Brücke mit ihrem charakteristischen Figurenschmuck. Im Hintergrund das Neustädter Tor. Um die imposante Waisenhaus-Fassade darstellen zu können, ignorierte Andreas Ludwig Krüger die Garnisonkirche und entschied sich auf seinem Aquarell (um 1777) statt dessen für einen fiktiven freien Platz (vorn rechts).

haus getrennt. Die religiöse Erziehung – lutherisch und reformiert – stand auch weiterhin im Mittelpunkt; Kinder katholischer Konfession wurden ebenfalls aufgenommen und mit entsprechendem Unterricht versorgt, sofern ihre Väter Soldaten der Potsdamer Garden waren. Gelehrt wurden außerdem Schreiben, Lesen, Rechnen und Geographie. Gesondert wurden einige Knaben zu Hautboisten ausgebildet. Die 21 Lehrer der Anstalt wohnten mietfrei im Haus und erhielten neben Holz, Licht, Bier und Aufwartung 16 Taler monatlich. Nach der Schule hatten die Kinder nachmittags in zahlreichen Werkstätten des Hauses unter Anleitung zu arbeiten, so in Strick- und Nähstuben. Einige Mädchen mußten klöppeln, Knaben arbeiteten auch in einer Gold- und Silberdrahtzieherei sowie bei Seidenwirkern in der Stadt. Die zahlreichen Einkünfte des Militärwaisenhauses, so nun auch vom Amt Bornstedt, aus dem Freienwalder Alaunwerk, der Berliner Gold- und Silbermanufaktur sowie aus der Pacht von Maul-

beerbaumpflanzungen gestatteten eine solide Versorgung der Anstaltskinder: Essen, Kleidung, medizinische Betreuung einschließlich der kostenlosen Medikamente und schließlich eine Aussteuer für jeden, der das Militärwaisenhaus verließ. Für die Heranwachsenden war das Leben dennoch hart, was auch an der hohen Zahl der Krankheitsfälle abzulesen war.

Mit dem Bau des Militärwaisenhauses wurde der militärische Aspekt im Stadtbild von Potsdam recht eindrucksvoll unterstrichen. Außerdem gab es die imposante Hof- und Garnisonkirche mit dem Sarkophag Friedrich Wilhelms I. Im Gegensatz zu dem nüchternen Anblick, den die Garnison zur Zeit des Soldatenkönigs geboten hatte, entstanden unter Friedrich dem Großen militärische Prachtbauten und solche, die vom Ruhm der preußischen Armee und ihren Siegen zu künden hatten. So das Berliner Tor, errichtet schon 1752 nach Plänen von Johann Boumann zur Erinnerung an den Ersten Schlesischen Krieg und geziert durch Mars und Minerva, die Kriegsgöttin Bellona und einen römischen Zenturio. Am Brandenburger Tor, das 1770 nach Plänen von Gontard, Unger und König Friedrich als Siegestor für den Siebenjährigen Krieg entstand, wurden Mars und Herkules mit Keule dargestellt; dazu kam ein reichhaltiger Trophäen- und Waffenschmuck. Herkules bekrönte als Sinnbild militärischer

Die von Georg Christian Unger geschaffene Fassade (1781) am Giebel des „Reit-
und Exerzierstalls" in der Mammonstraße, der schon 1734 für die Garnison
errichtet wurde. Diese Fassade gehört heute zu den wenigen erhaltenen Bau-
denkmälern im Quartier.

Stärke und Tapferkeit auch das Fortunaportal des Stadtschlosses. Dort hatte Friedrich die Inschrift „Prätorium" anbringen lassen, was mit „Feldherrenwohnung" zu übersetzen war. Weitgehend umgestaltet wurde der aus der Zeit des Soldatenkönigs
stammende Übungsplatz vor dem Schloß. So verkleinerte man
ihn bereits im ersten Regierungsjahrzehnt Friedrichs II. zugunsten des Lustgartens und faßte ihn mit Kolonnaden ein, die im
Marstall-Bereich auf den militärischen Charakter des Areals
deutlich hinwiesen: Sechs Figurengruppen waren als römische

Kämpfer beim Ringen dargestellt, fünf einzelne Figuren fochten und schleuderten ihre Waffen. 1746 war die alte Seitentreppe am Schloß, die zur Fahnenkammer führte, abgerissen und durch eine neue ersetzt worden, nun ohne Wachlokal. Hervorragend gestaltet, machte das von Friedrich Christian Glume in Bronze gegossene und vergoldete Geländer ihren besonderen Reiz aus. An das ehemalige Wachlokal erinnerte eine Nische mit einer Najade. Da Friedrich seine Wohnung auf der anderen Seite des Schlosses hatte und deshalb die Treppe nicht mehr nutzte, blieb sie fortan ausschließlich dem Fahnenkommando vorbehalten und wurde „Fahnentreppe" genannt. Als Folge der Dominanz des Militärischen gerade in diesem Bereich mußten zwischen 1748 und 1751 die einfach gestalteten Bürgerhäuser vis-à-vis repräsentativen Gebäude weichen, um dem Fahnenzeremoniell einen auch architektonisch würdigen Rahmen zu verleihen. Auch das von Knobelsdorff 1752 errichtete Kommandanturgebäude in der Priesterstraße 13 war kaum zu verfehlen: im untersten Stockwerk Löwenfell-Reliefs als Fassadenschmuck, im ersten Stockwerk als Helme gestaltete Schlußsteine; als Prellpfeiler vor dem Eingangstor dienten Kanonenrohre aus der Zeit des Großen Kurfürsten. 1781 erhielt der Lange Stall, das einst von Pierre de Gayette gebaute Reit- und Exerzierhaus, durch Unger einen prächtigen Giebel, über den sich Minerva, Mars und Herkules triumphierend erhoben; drei Reliefs zeigten römische Krieger beim Wettschießen, beim Zeltbau und beim Empfangen von Ehrenkränzen aus der Hand des Feldherrn. Eine künstlerische Meisterleistung war die von Heinrich Ludwig Manger geschaffene Breite Brücke, mit der die Breite Straße den Kanal überwand. Die Laternenträger der Gebrüder Johann David und Johann Lorenz Wilhelm Räntz stellten römische Soldaten dar. Direkt daneben befand sich die Gewehrfabrik, die 1755 in der Breiten Straße, gegenüber der Garnisonkirche, ein neues Direktionsgebäude erhalten hatte. Wegen eines Frieses an der Fassade, der aus 22 in Sandstein gehauenen Widderköpfen bestand, wurde es im Volksmund „Ochsenkopfhaus" genannt. 1776 bis 1780 traten an die Stelle der alten zweigeschossigen Fachwerk-Fabrikgebäude vierachsige massive Bauten nach Plänen von Un-

ger. Über dem Torweg war die Inschrift „Officina cyclopum Marti sacra" (Werkstatt der Schmiede, dem Mars heilig) angebracht. Wichtig für das spätfriderizianische Potsdam war schließlich noch das sogenannte „Ordonnanzhaus" (1782, Charlottenstraße 33), geschmückt mit den Figuren römischer Soldaten sowie Mars und Bellona. Die aus den Kantonen rekrutierten Dienstpflichtigen wurden zunächst hier untergebracht, ein Husarenkommando im Hause diente zum Einfangen „unsicherer Kantonisten". Um die Rekrutierten, die ja meist nur widerwillig zur Armee kamen, bei Laune zu halten, durfte der Wirt Branntwein ausschenken und einen Tanzboden mit Mädchen bereithalten.

1778 marschierten die Potsdamer Truppen das letzte Mal unter Friedrich II. ins Feld. Es war der Bayerische Erbfolgekrieg. Die-

Arbeiter in der Gewehrfabrik. Potsdam war im 18. Jahrhundert ein bedeutender Wirtschaftsstandort. Rund 130 Jahre lang wurden Handfeuerwaffen für die preußische Armee in der Stadt montiert.
LINKS: Werksgebäude der Gewehrfabrik am Kanal, 1776–1780 nach Plänen von Unger massiv an der Stelle vormals zweigeschossiger Fachwerkbauten errichtet. Knapp einhundert Jahre später erfolgte die Umwandlung in eine Kaserne.

ser Krieg, in dem keine einzige Schlacht stattfand und der fast ausnahmslos aus Märschen und Feldlagern bestand, offenbarte ernste Verfallserscheinungen der preußischen Armee. Doch der greise König hielt an seiner Heeresverfassung fest. Die Armee hatte sich doch im Siebenjährigen Krieg so blendend bewährt. Wozu also Reformen? Das Menetekel des Feldzuges von 1778 wurde im Glanz der großen Kriege von einst völlig negiert. Ausbildung und Bewaffnung, Disziplinarwesen und Rekrutierung – alles blieb bis auf wenige Ausnahmen unverändert. Jedes Detail regelte der Monarch persönlich. Zwei Tage vor seinem Tod, als er schon seine Fußgarde nicht mehr selbst exerzieren konnte, entwarf er noch die Disposition für die Potsdamer Herbstmanöver.

Dennoch blieb das preußische Heerwesen, unter den Bedingungen des Ancien régime, das perfekteste in Europa. Dem oft zitierten Vergleich des Franzosen Mirabeau, Preußen sei kein Staat mit einer Armee, sondern eine Armee mit einem Staat, wird meist ein kritischer Ansatz unterstellt. Dabei handelte es sich um die ganz sachliche Feststellung eines Mannes, für den nach eigener Aussage die Menschenrechte im preußischen Militärstaat besser gewahrt wurden als in Paris vor der Revolution.

Am Morgen des 17. August 1786 starb Friedrich II. Er hinterließ eine Armee mit der Etatstärke von knapp 195 000 Mann. 6500 Soldaten dieser gewaltigen Streitmacht lagen allein in Potsdam, der preußischen Muster- und Vorzeigegarnison. Sie hatte sich in den 46 Regierungsjahren dieses herausragenden preußischen Monarchen abermals verändert. Teilweise bewegten sich die Veränderungen in den schon durch den Soldatenkönig vorgegebenen Bahnen, sprengten den recht engen Rahmen zugleich aber auch in einigen wesentlichen Punkten. So blieb Potsdam eine bevorzugte und privilegierte Garnison für die Garde, nahm unter Friedrich aber auch andere Formationen auf. Das System der Soldateneinquartierung in Bürgerhäuser behielt man bei, verbesserte es zugleich und ergänzte es immer mehr durch den Bau von Kasernen, die ihrerseits größer und übersichtlicher wurden. Die Garnison wuchs zwischen 1740 und 1786 ebenso wie das preußische Heer. Allerdings nicht im gleichen Verhältnis. Während die Armee etwa das Zweieinhalbfache ihrer Ausgangsstärke erreichte, vergrößerte sich die Garnison nur um etwa zwei Drittel. So gelang es einerseits, den exklusiven Charakter des Militärstandortes Potsdam zu erhalten; andererseits wurde der Militäranteil an der Gesamtbevölkerung auf dem schon unter dem Soldatenkönig erreichten Niveau gehalten, das ohnehin in Preußen an der Spitze lag und für Potsdam die Grenze der Belastbarkeit darstellte. 18 500 Bürger wohnten im Todesjahr Friedrichs des Großen in Potsdam; fünf Jahre zuvor hatte man gar 20 500 registriert. Die Zuwachsrate seit 1740 lag knapp über 50 Prozent. Auf drei Bürger kam ein Soldat. Über die Stärke der Soldatenfamilien ist nichts überliefert, kann aber durch Vergleiche mit Berlin und anderen märkischen Garnisonen geschätzt werden; man rechnet mit mindestens einem Drittel der Soldatenzahl, also mit über 2000 Personen. Aufgrund des hohen Freiwächteranteils lag die Zahl wahrscheinlich gar noch höher, bei rund 3000. Um die Belastbarkeit der Stadt zu erhöhen förderte die Krone das Handwerk und das Manufakturwesen. Potsdam blieb also auch unter Friedrich II. eine Kombination aus Garnison und Gewerbezentrum, nun jedoch unter stärkerer Betonung des Hofes. Anders als sein Vater, der sich vorrangig an der Zweckmäßigkeit orientierte, baute Friedrich unter Beibehaltung des alten Stadtgrundrisses Potsdam fast völlig um und schuf ein repräsentatives Stadtbild, in das die militärische Komponente sich eher einfügte, als daß sie dominierte. Aber schon längst galt Potsdam als Synonym für das preußische Militärwesen.

Der Militärstandort Potsdam in nachfriderizianischer Zeit

Am Vormittag des 17. August 1786 versammelten sich das Erste Bataillon Leibgarde, das Regiment Garde, das Bataillon Grenadier-Garde, das Regiment Prinz von Preußen (das nun die Bezeichnung Regiment von Preußen erhielt), die reitende Artillerie und die Leibschwadron Garde du Corps mit ihren Fahnen und Standarten und schworen auf den neuen König, Friedrich Wilhelm II. Von jeweils einem Feldgeistlichen wurden die einzeln aufgestellten Truppen zur Königstreue ermahnt; die Auditeure verlasen die Kriegsartikel und den Eid, den alle Anwesenden nachsprachen. Danach ein lautstarkes „Vivat der König Friedrich Wilhelm!" Der neue König wurde Chef vom I. Bataillon Leibgarde und von dessen Leibkompanie sowie von der Leibschwadron Garde du Corps. Nach der Vereidigung brachte man Fahnen und Standarten zurück auf das Schloß, und die Truppen marschierten in ihre Quartiere. Zurück blieb nur die Leibgarde, die Ehrenwache beim König – auch nach dessen Tod.

Potsdam als Garnison stand bei diesem Regierungswechsel zu keinem Zeitpunkt zur Disposition. Das Paradoxe lag jedoch darin, daß trotz der klaren Situation die vordem prosperierende Stadt in ihrer Gesamtentwicklung stagnierte und mittelfristig gar in eine Krise rutschte. Der dem Soldatenstand abgeneigte, eher kunstsinnige König zeigte kein Interesse mehr an einer weiteren Verschönerung des Militärstandortes Potsdam, der mit den vorhandenen Bauten seine Funktion als Garnison voll erfüllte. Bisher war der König stets der wichtigste Bauherr in Potsdam gewesen. Friedrich Wilhelm II. reduzierte jedoch die Bautätigkeit und entzog damit dem Baugewerbe, das neben der Textilindustrie ein wichtiger Wirtschaftsfaktor der Stadt war, die Existenzgrundlage. Obwohl die Produktion in den zahlreichen Manufakturen ungebremst weiterlief, litt der städtische Wirtschaftsorganismus. Die Folge waren materielle Engpässe bei zahlreichen Bürgern. Über sieben Jahrzehnte hatte die Einwohnerschaft die Soldateneinquartierungen in dem Wissen hingenommen, daß sie von der Garnison und ihrem ständigen Ausbau profitierte. Plötzlich sah man nun im Militär eine unerträgliche Last. Die Quartierwirte ließen ihren Unmut erkennen, worauf schon am 25. Juni 1787 das Einquartierungswesen erleichtert wurde. Soldatenstuben durften jetzt auch in oberen Stockwerken liegen, sogar zum Hof hinaus, wobei nachts der freie Zugang für die Unteroffiziere zu gewährleisten war. Die Quartiere sollten noch gerechter auf alle Wirte verteilt, kein Hausbesitzer sollte ausgelassen werden. Darüber hatte eine überwiegend zivil besetzte Einquartierungskommission zu wachen: Ihr gehörten zwei Stabsoffiziere, zwei Magistratsmitglieder und zwei Stadtverordnete an. Alle Unkosten, die den Quartierwirten entstanden, wurden von den Kompaniechefs ersetzt. Der seit Friedrich Wilhelm I. als kostenlose Unterstützung an Soldatenwitwen ausgegebene Gnadenroggen bestand nun nicht mehr aus überschüssigem Brauereikorn, sondern wurde gesondert zu Lasten der Krone angeschafft. Ab 1790 erhielt jeder Bedürftige einen Scheffel Getreide im Monat.

Trotz der baulichen Zurückhaltung Friedrich Wilhelms II., der sich dennoch nördlich von Potsdam den Neuen Garten anlegen und darin das Marmorpalais im Stile des Berliner Klassizismus errichten ließ, entstanden während seiner Regierungszeit drei markante Tor- und Wachgebäude in der Garnison. Während die

Façade der Haupt Wacht für das Regiment Seiner Königl. Hoheit des Kronprinzen von Preußen, welche im Jahr 1796 in Potsdam erbauet wird.

Nach dem Tod Friedrichs II. erlahmte schlagartig die Bautätigkeit in Potsdam. Zu den wenigen Ausnahmen gehörte die von Andreas Ludwig Krüger errichtete Wache in der Linden-/Ecke Charlottenstraße, womit auch ein Stilwechsel in der Stadtarchitektur vollzogen wurde.

sich sehr ähnlich sehenden Bauwerke am Neu-Wassertor (1786) und am Kellertor (1788) eher im Rahmen der vorhandenen architektonischen Gegebenheiten der Stadt verharrten, gelang dem Oberbaurat Andreas Ludwig Krüger mit der Neuen Wache (später Alte Wache genannt) eine ganz originäre Bereicherung des Potsdamer Stadtbildes. König Friedrich Wilhelm II. machte damit dem Regiment Nr. 18 ein persönliches Geschenk. Das auffälligste Merkmal des neuen Wachgebäudes, das an die Stelle eines älteren am gleichen Ort trat, war die für Potsdam völlig untypische Arkadengestaltung, die ansonsten nur noch am Rathausflügel in der Scharrenstraße und am Ordonnanzhaus in der Charlottenstraße anzutreffen war. Auffällig war auch die Vereinigung von ziviler und militärischer Nutzung in diesem Haus. Zu

101

PLAN. III.
Von dem Manœuvre
beÿ
POTSDAM.
den 23ten September
1780.

Pirsch Heide

nacht Hutung

Nacht Hutung

Eich

Kellerberg

Broch V.W.

2te Collonne

1te Collonne

Carabiniers

Marwitz

Esq. Husaren

Magistrats Heÿde

1te Collonne

Le Palais Collonne

Esq. Husaren

Bornstedt

Ruin

Schinderleich

dem Wachlokal zu ebener Erde und einer Montierungskammer im Obergeschoß gesellten sich Verkaufsstände für Fleischer, die sogenannten Schlächterscharren. Auf den Hauptfronten in der Charlotten- und in der Lindenstraße fanden als Giebelzier Mars und Minerva Platz, links neben Minerva ein von einer Sphinx gekröntes Feldzeichen mit dem Medaillenportrait des Monarchen. Als nach 1797 das Regiment Nr. 18 den Namen „König" führte, nannte man das Gebäude zeitweilig auch Königswache.

Eine tiefgreifende Wandlung in den Verhältnissen der Garnison stellten Pläne in Aussicht, nach denen in der Nauener Vorstadt eine gewaltige Kaserne für 1350 Soldaten entstehen sollte. Doch das Projekt war wohl zu kühn für seine Zeit, hätte alte Gewohnheiten des militärischen Alltags allzu radikal verändert. So verblieben die Truppen in ihren alten Quartieren. Einen Wandel im Stadtbild führten dagegen neue Uniformen herbei, die teilweise militärischen Erfordernissen entsprachen, aber auch eine Folge ökonomischer Engpässe waren und außerdem der zivilen Mode folgten.

Friedrich Wilhelm II. übernahm mit der Armee seines Onkels ein höchst kompliziertes Erbe. Ganz Europa blickte mit Ehrfurcht nach Potsdam und Berlin. Bewunderung schlug um in Nachahmung, preußischen Offizieren eröffneten sich glänzende Karrieren im Ausland. Die großen Erfolge von einst hatten die Armee allerdings auch immun gemacht gegen wirkliche Neuerungen. In den letzten beiden Regierungsdekaden hatte Friedrich II. stets nur jenes Heer kopieren wollen, mit dem er 1756 in Schlesien eingerückt war. Auch die sozialen Grundlagen des altpreußischen Militärwesens, von Friedrich Wilhelm I. geschaffen und vorrangig auf Konservation statt auf Weiterentwicklung angelegt, erwiesen sich am Ausgang des 18. Jahrhunderts als ernsthaftes Problem. Strukturen und Einrichtungen, die einst den Aufbau einer schlagkräftigen Armee ermöglicht hatten, bil-

Die Herbstmanöver zählten seit Friedrich II. zu den feststehenden Ereignissen im Potsdamer Garnisonleben. Sie fanden mit wechselnden Dispositionen meist unmittelbar am Stadtrand statt, hier z. B. in der Pirschheide zwischen Havel und Neuem Palais.

deten nun unüberwindliche Hemmnisse für eine grundlegende Erneuerung: die Kantonverfassung und das Monopol des Adels auf Offiziersstellen, die Regimentsgerichtsbarkeit und die Dominanz der Armeeverwaltung im Staat. Der vielfach zu unrecht geringgeschätzte Neffe des großen Königs schien die Gefahren für die preußische Armee zumindest in Ansätzen erkannt zu haben. Zahlreiche Reformversuche deuten darauf hin. Hatte sich zum Beispiel Friedrich II. in Auswertung des amerikanischen Unabhängigkeitskrieges (1775–1783) nur zur Aufstellung von drei, ausschließlich aus Landeskindern bestehenden, leichten Infanterieregimentern für das aufgelockerte Schützengefecht entschließen können, so machte Friedrich Wilhelm II. aus dieser Marginalie einen wichtigen Bestandteil der Heeresstruktur. Er ließ aus diesen drei leichten Regimentern sowie aus Garnisonstruppen und den stehenden Grenadierbataillonen 20 Bataillone leichte Infanterie neu aufstellen, die den Namen Füsilierbataillone erhielten. Die Armeeverwaltung versuchte er durch Schaffung eines Oberkriegskollegiums zu straffen. Einige Veränderungen ergaben sich auch in der Struktur der übrigen Truppenkörper, ihrer inneren Verfassung und bei den Etatstärken. Laut Kabinettsorder vom 27. Februar 1787 wurde jedes Infanterieregiment in ein ständiges Grenadier- und zwei Musketierbataillone zu je vier Kompanien gegliedert, wobei sich zwei Musketierkompanien in Grenadierkompanien verwandelten. Dies war um so verständlicher, da inzwischen jede spezifische militärische Funktion der Grenadiere entfallen war. Auch vom normalen Dienstalter stellten sie keine Elite mehr dar. Damit fiel die schwerfällige und nun als uneffektiv empfundene, im Kriegsfall praktizierte Vereinigung der Grenadierkompanien von zwei verschiedenen Regimentern zu einem Grenadierbataillon fort. In Potsdam wurde davon das Regiment von Preußen (Nr. 18) erfaßt, dessen III. Musketierbataillon allerdings 1796 nach Spandau verlegt wurde. Alle Grenadier- und Musketierkompanien setzte man unterschiedslos auf zwölf Unteroffiziere und 140 Gemeine. Dazu kamen noch zehn Schützen mit gezogenem Bajonettgewehr für den Patrouillendienst und das zerstreute Gefecht; die Schützen waren ausgesuchte Männer, aus denen später Unteroffiziere hervorgehen sollten. Jedes Bataillon hatte 18 Zimmerleute einschließlich eines Oberzimmermanns zur Bedienung der Bataillonsgeschütze. Ab 1788 traten an ihre Stelle 17 Artilleristen; gleichzeitig erhielt jedes Bataillon zum Exerzieren und für den Kriegsfall einen Artillerieunteroffizier, der aber sonst bei der Artillerie Dienst tat. Die Pfeifer der Grenadierkompanien fielen außer bei der Garde fort. Pro Kompanie gab es drei Tambours. Jedes Bataillon hatte nun seinen eigenen Kommandeur, so daß der Regimentskommandeur kein Bataillon mehr zu kommandieren brauchte und sich auf seine Regimentsangelegenheiten konzentrieren konnte. Der Ausländeranteil pro Kompanie sollte die Zahl 76 nicht übersteigen. Die Zahl der Beurlaubten wurde wieder erhöht, und zwar auf 76 bis 77 Mann pro Kompanie (einschließlich zwei Unteroffizieren).

Bei der Potsdamer Garde waren die Veränderungen weniger einschneidend. Völlig erhalten blieb deren Formationseinteilung in Erstes Bataillon Leibgarde, Regiment Garde und Bataillon Grenadier-Garde. Veränderungen ergaben sich jedoch beim Etat, der herabgesetzt wurde. Danach hatte jede Kompanie – auch die Flügelgrenadierkompanien – zehn Unteroffiziere, drei Tambours und 122 Gemeine sowie zehn Überkomplette. Allerdings wurden auch die Zahlen bei den Offizierstellen verändert. Bei der Leibgarde ergab sich dabei eine Verringerung um immerhin 16 Stellen! Der Gesamtetat betrug damit: Erstes Bataillon Leibgarde – 28 Offiziere, 60 Unteroffiziere, 29 Spielleute und Hautbois, 732 Gefreite und Gemeine sowie 11 Mann Unterstab und 22 Offiziersbediente; Regiment Garde – 55 Offiziere, 120 Unteroffiziere, 56 Spielleute und Hautbois, 1344 Gefreite und Gemeine sowie 21 Mann Unterstab und 120 Überkomplette; Bataillon Grenadier-Garde – 28 Offiziere, 60 Unteroffiziere, 27 Spielleute und Hautbois, 672 Gefreite und Gemeine sowie 11 Mann Unterstab und 60 Überkomplette. Außerdem erhielten die Feldwebel des Regiments Garde mit Wirkung von 26. April 1791 Rang und Patent von Fähnrichen der Armee; die Feldwebel vom Ersten Bataillon Leibgarde waren ja schon seit 1741 (Schlacht bei Mollwitz) Premierlieutenants der Armee.

Den immer sichtbarer werdenden Zuspitzungen im Disziplinar- und Strafwesen versuchte man durch bindendere Detailvorschriften für konkrete Tatbestände zu begegnen. Gleichzeitig kam es bei den Strafmaßen zu einigen Limitierungen, etwa bei dem berüchtigten Spießrutenlauf auf maximal 20 Gassen, was für den Betroffenen allerdings immer noch lebensgefährlich sein konnte. Dem König ging es bei seinen Maßnahmen aber um die Beseitigung zahlreicher Auswüchse, die ihrerseits demoralisierend auf die Truppe und damit auf deren Kriegsbereitschaft gewirkt hatten.

Auch gegenüber seinen Offizieren sah sich der König zu einigen neuen Erziehungsmaßnahmen veranlaßt. So forderte er sie auf, ihr Privatleben zu ordnen, und verschärfte die Bestrafungen für ständiges Schuldenmachen. Gleichzeitig gewährte er ihnen aber auch höhere Gehälter.

Einige Verbesserungen erfuhr die Versorgung der Soldaten. So wurde festgelegt, daß auch die Beurlaubten sogenannte „kleine Montierungsstücke" erhalten sollten. Sie mußten von den Kompaniechefs ausgegeben werden, die diese bis dahin aber stets einbehalten hatten. Es handelte sich zum Beispiel um ein Paar Schuhe jährlich, alle zwei Jahre ein Paar leinene Beinkleider und ein Colleret sowie alle drei Jahre ein Paar zwilchene Stiefeletten oder alle vier Jahre Stiefeletten aus Tuch. Die Freiwächter sollten Quartierentschädigung bekommen, was bis dahin auch nicht der Fall gewesen war. Schließlich wurde die Invalidenversorgung – vorher größtenteils Gnadensache – in den Rang eines Rechtsanspruchs erhoben, der zumindest bei der Potsdamer Garde sofort verwirklicht wurde, beim Regiment von Preußen aber noch einige Jahre der vollständigen Verwirklichung harrte.

Zu den Reformen unter Friedrich Wilhelm II. gehörte auch die Einrichtung einer Ingenieur-Akademie am 20. Mai 1788, um das Niveau des Ingenieur-Korps, das unter Friedrich dem Großen wenig geleistet und wenig gegolten hatte, deutlich anzuheben. Die Unterbringung der „Académie du corps du genie" im bisherigen Palais des Prinzen von Preußen in Potsdam bewirkte, daß in der Stadt in langer historischer Folge fast ununterbrochen Ausbildungseinrichtungen der preußischen Armee angesiedelt waren, so unvollkommen diese im 18. Jahrhundert auch sein mochten. Zum ersten Direktor ernannte der König den aus dänischen Diensten übernommenen Major und bald zum Oberst beförderten Heinrich Otto von Scheel. Bei der Auswahl der 18 Eleven, die durch zehn Lehrer über beachtliche vier Jahre geschult wurden und in der Regel aus dem Kadettenkorps kamen, sollte auf königliche Order sehr auf adlige Herkunft geachtet werden, „weil die Erfahrung lehrt, daß Korps, wo sich viel Bürgerliche eingeschlichen haben, nicht die volle Achtung in der Armee genießen wie die mehrsten anderen Korps, deren Offiziere fast ganz aus Adligen bestehen".

Nachdem die Potsdamer Truppen seit längerem ihre Garnison höchstens zu Manöver- oder Paradezwecken verlassen hatten, kamen sie ab 1790 nun auch wieder bei militärischen Unternehmungen zum Einsatz. So marschierten sie zunächst in Schlesien mit auf, als Preußen versuchte, auf Österreich Druck auszuüben und die eigenen Interessen bezüglich Polen artikulierte. Von 1793 bis 1795 nahm die Potsdamer Gardeinfanterie am Koalitionskrieg gegen das revolutionäre Frankreich teil; sie gelangte aber nur bis Süddeutschland, wo es um die Niederwerfung der Mainzer Republik ging. Doch schon vorzeitig schied das wirtschaftlich völlig erschöpfte Preußen durch einen Separatfrieden 1795 aus der Koalition gegen Frankreich aus. Die Garde du Corps gehörte 1794 zu einem Korps, das nach Osten marschierte: zur Niederschlagung des Kosciuszko-Aufstandes und zur Sicherung des Gebietszuwachses, den Preußen 1793 als Folge der zweiten Teilung Polens zu verzeichnen hatte. Die reitende Artillerie kämpfte sowohl in Frankreich als auch in Polen; nach dem Krieg nahm sie nicht mehr in Potsdam, sondern in Berlin Quartier. Für ein ganzes Jahrzehnt verblieben die preußischen Truppen nun in ihren Garnisonen.

Als Friedrich Wilhelm II. im Jahre 1797 starb, konnte für die Garnison Potsdam keine positive Bilanz gezogen werden. Die einquartierten Truppen, ja die ganze Besatzung empfand man als Belastung. Die allgemeine Stagnation drohte immer deutlicher in eine Krise umzuschlagen. Die Bevölkerungszahl war seit 1786 um sechs Prozent zurückgegangen und lag nun bei 17 600. Für das Gewerbe zeichneten sich keine Wachstumschancen mehr ab. Der Brand der Nikolaikirche am 13. September 1795, der auch einige Bürgerhäuser am Alten Markt vernichtete, schien ein deutliches Warnsignal setzen zu wollen. Auch der jugendliche Friedrich Wilhelm III., der am 16. November 1797 auf dem Thron folgte, erwählte nicht Potsdam zu seiner Sommerresidenz, das ihn zunächst nicht sonderlich zu interessieren schien. Er und seine Gemahlin bevorzugten das wenig aufwendige, etwas schlicht wirkende, aber reizvoll gelegene Schloß Paretz in ländlicher Umgebung, westlich von Potsdam. Häufig empfing der König dort die Offiziere seiner Garde. Friedrich Wilhelm III. brachte der Armee mehr Aufmerksamkeit als sein Vorgänger entgegen. Er selbst war seit März 1790 Chef des Potsdamer Infanterieregiments Nr. 18, das sich bis zum Thronwechsel Regiment Kronprinz nannte und 1797 die Bezeichnung „König" erhielt. Bemerkenswert ist der Verzicht des jungen Monarchen, sein Regiment in den Rang der Garde zu erheben. Zweifellos drückte sich darin Respekt vor Friedrich II. aus, an dessen Formationseinteilung Friedrich Wilhelm III. nicht zu rütteln wagte. Eine Änderung der Gardeeinteilung hätte auch deshalb schlecht ausgesehen, weil bereits Friedrich Wilhelm II. solche Schritte unterlassen hatte, allerdings eher aus Desinteresse.

Potsdam, jahrzehntelang Garnison der Lehrregimenter eines schlagkräftigen preußischen Heeres, wurde nun immer mehr zu einem Zentrum konservativen und unproduktiven Militärgeistes. Die persönliche Unerfahrenheit des jungen Monarchen und der Starrsinn einer überalterten Generalität, die unter Friedrich II. militärische Karriere gemacht hatte und pedantisch am friderizianischen Heerwesen festhielt, ließen die Chance einer Militärreform nach 1797 ungenutzt verstreichen. Es gab auch offene Kritik, sogar aus dem eigenen Lager, etwa durch den Theoretiker Georg Heinrich von Berenhorst; einst königlicher Adjutant, setzte er sich unter dem Eindruck der „levée en masse" der Französischen Revolution mit den Konstanten der absolutistischen Wehrverfassung auseinander. Doch die Armee blockte ab. Allen voran die Potsdamer Garden. Personelle Weichenstellungen taten ein Übriges. Gleich zu Beginn seiner Regierungszeit ernannte der König den General Philipp von Rüchel, einen sehr geschäftigen Verfechter des alten Systems, zum Chef und Kommandeur des Regiments Garde sowie zum Kommandanten und Inspekteur von Potsdam, was ihm ein Jahresgehalt von 6500 Talern einbrachte; selbst Möllendorff in Berlin erhielt nur 3700 Taler. Potsdam war eben exkluviser. Sensible Naturen wie der junge Heinrich von Kleist litten in solcher Atmosphäre sehr. Der bald so exzellente Dichter war 1792 als Gefreiter-Korporal ins Regiment Garde eingetreten. Als er sich in Luise von Linkersdorf verliebte, deren Mutter jedoch die Hochzeit zwischen Luise und dem nunmehr zum Fähnrich avancierten Kleist zugunsten einer Verbindung mit einem Stabscapitain von der Leibgarde verhinderte, entschloß sich Kleist zum Austritt aus der Armee. Im Jahr 1799 nahm er als Seconde-Lieutenant seinen Abschied.

In der preußischen Armee dominierte unter Friedrich Wilhelm III. die militärische Präsentation. Gewisse Detailveränderungen erschöpften sich in der exerziermäßigen Verbesserung der alten Lineartaktik, die großen Veränderungen ignorierend. Bei der Kavallerie, deren geschlossene, energische Attacken von Roßbach Sinnbild ihrer Schlagkraft waren, orientierte man sich nun sogar auf das separate Vorpreschen und Umkehren der einzelnen Schwadronen im Gefecht. Die erneute Veränderung der Uniformen, die mit ihren knapp bemessenen Stücken und neuen Kopfbedeckungen völlig unpraktisch waren, steht geradezu symbolhaft für die Stagnation und teilweise Rückentwicklung im preußischen Heereswesen jener Jahre. Das Interesse des jungen Königs galt äußeren Effekten, prächtigem Aussehen und perfekten Paraden.

Die Potsdamer Herbstmanöver, alljährlich an drei Tagen in der letzten Septemberdekade abgehalten, verloren immer mehr ihren ursprünglichen Wert. Der Aufwand aber war gewaltig. Es vereinigten sich stets die Truppen der Potsdamer Garnison mit jährlich sich abwechselnden Formationen aus Berlin. Gelegentlich zog man auch Kavallerieregimenter aus anderen Standorten der Mark hinzu. Obligatorisch war die Teilnahme des Feldjäger-Regiments, das in Mittenwalde, Treuenbrietzen, Zossen, Beelitz und Müncheberg stationiert war; sein bekanntester und fähigster Kommandeur war Hans David Ludwig von Yorck, ein gebürtiger Potsdamer, der 1800 als Major das Kommando übernahm. Bei den Potsdamer Manövern, die im Anschluß an die Berliner Herbstübungen stattfanden, waren die anwesenden Truppen in zwei gegeneinander operierende Korps eingeteilt. Das eine führte der König, das andere meist der bald 80jährige Generalfeldmarschall von Möllendorff. Ohne Frage schulte die Anlage der Manöver die Truppen in Hinblick auf ihre Entfaltung im Gelände; ansonsten aber brachten sie kaum einen Gewinn. Durch die General- und Einzeldisposition war schon vorab alles reglementiert. Clausewitz' späteres Urteil von den „lange vorher einstudierten, viel besprochenen, an Ort und Stelle gezeigten Spiegelfechtereien" bezog sich ja gerade auf die fruchtlosen Potsdamer Herbstmanöver jener Zeit. König und Armeeführung aber maßen diesen Übungen allergrößten Wert bei. Und so trafen jährlich Hunderte von Offizieren verschiedenster Regimenter als Zuschauer im Gelände zwischen Ruinenberg, Bornstedt und Nedlitzer Fähre oder bei Eiche und Golm ein, 1803 waren es zum Beispiel 305 preußische Offiziere und 18 von fremden Armeen.

Im Frühjahr hatten die Truppenteile ihre Exerzierzeit, zu der alle Freiwächter eingegliedert und die Beurlaubten zurückgeholt wurden. Den Abschluß auch dieser, nur noch begrenzten Nutzen aufweisenden Zusammenkünfte bildeten Mitte Mai die Revuen, auf denen die Bataillone und Regimenter am Ort ihren Ausbildungsstand nachzuweisen hatten. Die Garde du Corps nahm vollständig an der Berliner Revue auf dem Tempelhofer Feld teil. War der König zufrieden, erteilte er für die Mannschaften in Potsdam Biergeld. Wenn nach den Revuen die Beurlaubten Potsdam verließen, hatte sie in der Regel ein Unteroffizier zum Tor hinauszugeleiten, „damit sich durch Versehen kein anderer mit ausschleiche", wie es im Parolebefehl vom 18. Mai 1804 hieß. Die Desertion beschäftigte die altpreußische Armee ununterbrochen.

1799 verfügte Friedrich Wilhelm III. wegen des allgemeinen Geldverfalls eine Solderhöhung für Mannschaften um monatlich zwölf Groschen. Gleichzeitig sah er sich veranlaßt, eine kostenlose Ausgabe von Brot anzuordnen – alle fünf Tage sechs Pfund. Sechs Jahre später erhielten die Offiziere vom Capitain abwärts vier Taler mehr Gehalt. Schließlich versuchte die Armeeverwaltung nun auch, den privaten Verkauf von Uniformstücken zu unterbinden, allerdings ziemlich erfolglos. „Denn es gereicht keinem Regiment zur Ehre", hieß es 1804 in einer Anordnung, „wenn gemeine Leute davon gleich Vagabunden auf der Straße gehen und sich an den Ecken herumtreiben." Eine Formationsänderung vollzog sich 1798 bei der Garde du Corps. Am 9. März befahl der König eine Vermehrung der bisherigen drei Eskadronen auf ein Regiment zu zehn Kompanien. Die Potsdamer Leibeskadron sollte auf vier Kompanien gebracht werden, die Berliner und Charlottenburger Eskadron jeweils auf drei. Um diesen Befehl bis zum 1. August verwirklichen zu können, mußten die zwölf Kürassierregimenter der Armee 76 Mann und 60 Pferde, die zwölf Dragonerregimenter 96 Mann und 70 Pferde und die elf Husarenregimenter 22 Mann und 70 Pferde abgeben. Jede Garde-du-Corps-Kompanie zählte dann 75 Mann. Zum Exerzieren traten je zwei Kompanien unter Befehl des älteren ihrer Chefs zu Eskadronen zusammen. Die Leibkompanie bezog nun die vorher von der reitenden Artillerie genutzte Kaserne am Berliner Tor und den Stall, dem noch eilig ein Flügel für die Pferde der 2. Kompanie angebaut wurde. Dieser mußte wegen seiner schlechten Bauweise jedoch schon sechs Jahre später erneuert werden. Die drei anderen Kompanien verblieben in der alten Garde-du-Corps-Kaserne. Die Pferde der 3. und 4. Kompanie kamen in den alten Ställen unter. Im Jahre 1800 entstand eine Reitbahn auf dem Kasernengelände zwischen Magazin und ehemaligem Kanonenschuppen. Das Regiment Garde du Corps (Nr. 13) stellte der König nun vollends mit der Fußgarde gleich. Zum äußeren Zeichen dafür erhielten mit Wirkung vom 23. November 1802 die Wachtmeister der Garde du Corps Rang und Patent von Premierlieutenants der Armee. Am gleichen Tage wurde eine ähnliche Regelung auch beim Bataillon Grenadier-Garde (Nr. 6), dem letzten Truppenteil der Fußgarde, eingeführt; die Feldwebel wurden mit Rang und Patent von Fähnrichen der Armee bedacht. Die feine Abstufung in der

Behandlung ist nicht zu übersehen. Sie galt als Gradmesser für die Rangfolge der Garde-Truppenteile untereinander.

Nachdem rund 15 Jahre seit dem Tode Friedrichs des Großen vergangen waren und nun schon der zweite Monarch nach ihm

eine gewisse Reserviertheit in bezug auf Potsdam erkennen ließ, wagten die Zeitgenossen, immer öfter und selbstbewußter Kritik am Zustand der Garnisonstadt und ihren inneren Verhältnissen zu artikulieren. Man beklagte das von Kasernen geprägte Aussehen der Stadt, die menschenleeren, breiten Straßen und gar die kalte Pracht großartiger Häuserfassaden. Königin Luise verhehlte nie ihre Abneigung gegen diesen Militärstandort, in dessen Straßen sie allein prächtig uniformierte Gardisten mit rauhem Benehmen zu sehen meinte. Prinzessin Marianne, die Gemahlin des Prinzen Wilhelm, schrieb unter dem Eindruck des militärischen Einerlei und des vom König so geliebten Gamaschendienstes, daß es in Potsdam nicht länger als zwei Tage auszuhalten sei: „... man macht sich keine Vorstellung davon ... Den ganzen lieben Morgen hört man nichts als den Lärm der Waffen, nicht zu vergessen das ewige Rufen der Offiziere ...“

Rund einhundert Jahre dominierte in Potsdam die Infanterie. Um so auffälliger waren deshalb die Reiter vom Regiment Garde du Corps mit ihren überdimensionierten Hüten, deren Trageweise als verwegen galt, aber unpraktisch war.

112

Dennoch war auch in Potsdam ein Teil des preußischen Zeitgeistes zu spüren. Obwohl in Preußen wichtige Gesellschaftsreformen ausblieben, war die erste Regierungsdekade Friedrich Wilhelms III. ein Jahrzehnt der Kultur und Wissenschaft; es entstanden neue Ideen, die in den Berliner Salons diskutiert wurden. Dieser modernen Tendenz vermochte sich auch Potsdam nicht zu entziehen. Hier, wo es keine Treffpunkte in Salons gab, zogen die Offiziere nach Dienstschluß oder an dienstfreien Tagen in die Umgebung und führten literarische Gespräche. Ganz zwanglos verkehrte das vornehme Potsdamer Publikum im Bertinischen Kaffeehaus, an dessen Stelle später die Villa Alexander trat, oder im Jagdhaus Stern, im Escherschen Kaffeehaus vor der Langen Brücke oder auf dem Tornow. Man redete miteinander, tauschte Gedanken über das Zeitgeschehen aus. Es wurde auch gekegelt und getanzt.

Im Herbst 1805, nach Ablauf eines Friedensjahrzehnts in Preußen, gab es für den König, der sich außenpolitisch treiben ließ, keine Möglichkeit mehr, sich länger aus den europäischen Verstrickungen herauszuhalten. Napoleon Bonaparte, seit 1804 Kaiser der Franzosen, versuchte gewaltsam, seine Hegemonie über weite Teile des Kontinents auszudehnen; das koloniale England und die Feudalmächte Rußland und Österreich setzten dieser Expansion ihre eigenen Ambitionen entgegen. Widerwillig und zögernd trat Friedrich Wilhelm III. einer Koalition gegen Frankreich bei. Als Zar Alexander im Sommer 1805 in Potsdam weilte, präsentierte er ihm mit einem aufwendigen Wach-, Besichtigungs- und Paradeprogramm seine Garde und schwor dem russischen Imperator in der Gruft der Garnisonkirche seine Bündnistreue. Petersburg und Wien brachten dem gewonnenen Bündnispartner, vor allem seiner Armee, große Hoffnungen entgegen. Doch der Ausmarsch der Preußen in den Krieg verlief sehr zögerlich. Die Potsdamer Truppen verließen erst am 3. Dezember die Stadt. Sie trugen dabei Paradeuniformen und machten sich erst hinter den Stadttoren feldmarschmäßig fertig. Doch schon am 2. Dezember hatte Napoleon seine Kontrahenten in der sogenannten Dreikaiserschlacht von Austerlitz vernichtend geschlagen. Die preußische Armee zog deshalb nur bis Mitteldeutschland, wo sie verharrte. Von Mitte Dezember bis Mitte Februar hatten die Potsdamer Regimenter Quartier in Weißenfels. Eigene Kriegsverluste als Folge von Kampfhandlungen waren nicht zu verzeichnen. Um so mehr hatte die militärische Führung mit der Desertion zu kämpfen. Die Armee verlor dadurch insgesamt 9558 Mann, 3846 ausgebliebene Beurlaubte eingerechnet. Bei den Potsdamer Truppen fielen diese Zahlen auch diesmal wieder entschieden geringer aus. Die Garden hatten insgesamt nur vier Deserteure, je zwei bei der Garde du Corps und beim Bataillon Grenadier-Garde. Das Regiment Garde und das Bataillon Leibgarde verzeichneten gar keine Desertionen, jedoch einen Todesfall. Beim Regiment Nr. 18 lag die Zahl der Fehlstellen infolge Desertion mit 58 wesentlich höher; aber auch sie bewegte sich noch weit unter dem Armee-Durchschnitt.

Die Tatenlosigkeit des Jahres 1805 sollte sich schon bald schicksalhaft gegen Preußen selbst wenden, was jedoch die Krone offenbar nicht wahrnahm. Die Situation in Potsdam unterschied sich nach der Rückkehr der Truppen aus ihrem mitteldeutschen Winterquartier durch nichts von früheren Jahren. Der König erlaubte sich sogar noch den Luxus, ein Detachement vom Regiment Towarczys als Ordonnanzen in die Garnison zu verlegen. Mit dieser Truppe von zwei Offizieren und zwölf Mann wollte er an die Tradition Friedrich Wilhelms I. anknüpfen, einige leichte Reiter – die Towarczys waren mit einer Lanze bewaffnet und bildeten die Vorgänger der Ulanen – für Sonderaufgaben in Potsdam zu haben, wo er ihnen im Seitenflügel des Schlosses die alten Husarenquartiere und -ställe zuwies.

Doch im Sommer 1806 holten die Ereignisse das Königreich ein, als die preußische Diplomatie im Schacher um Hannover in eine Falle tappte. Diesmal begannen die Kriegsvorbereitungen zwar nicht so schleppend, doch chaotisch und uneffizient waren sie allemal. Nur wenige bemerkten, daß die preußische Armee von 1806 kaum an jenes Heer heranreichte, das 50 Jahre zuvor in den Siebenjährigen Krieg marschiert war. Die meisten aber verfielen gerade dieser Illusion. Am 9./10. August begann die Rückrufung der Beurlaubten nach Potsdam. Am 24. August wurden Tornister, Feldmützen, Brotbeutel, Regendeckel für die Gewehrschlösser, Feldflaschen und sonstige Dinge zur Feldequipage ausgegeben. Der Magistrat, dem in Abwesenheit der Truppen die Versorgung der Soldatenfamilien zufiel, erhielt die Service- und Brotlisten der in der Garnison zurückbleibenden Soldatenfrauen und ihrer Kinder. Ausdrücklich wurde vom König befohlen, daß „alle entbehrlichen Sachen zurückbleiben, auch keine Officier-Damens mitgehen, wofür die Commandeurs responsable sind".

Am 31. August rückten das Regiment Garde und das Bataillon Grenadier-Garde ins Feld. Jedes Bataillon umfaßte sechs Kompanien. Denn laut Kabinettsorder vom 16. Mai 1799 wurde im Kriegsfall nicht mehr, wie früher, ein spezielles Bataillon aus den vier Potsdamer Flügel-Grenadier-Kompanien gebildet; die blieben nun alle bei ihren Bataillonen; nur noch im Manöver hatten sich die Flügel-Grenadiere zu vereinigen. Die Leibkompanie vom Ersten Bataillon Leibgarde war zur Bedeckung der königlichen Bagage bestimmt und verließ am 7. September gegen 9 Uhr früh gemeinsam mit dem Detachement Towarczys die Stadt. Am 16. September folgte der König mit dem Gros des Ersten Bataillons. Sie alle sollten nie wieder als intakte Truppenkörper nach Potsdam zurückkehren! Die Garde du Corps verließ die Garnison am 21. September. Alle Potsdamer Truppen erlebten, als Teil der Hauptarmee, bei Auerstedt die vernichtende Niederlage des preußischen Heeres am 14. Oktober 1806 in der Doppelschlacht von Jena und Auerstedt. Wie viele andere Truppenteile vermochten auch die Potsdamer Infanterieregimenter sich nicht durch eilige Flucht vom Schlachtfeld dem totalen Untergang zu entziehen. Das Erste Bataillon Leibgarde ergab sich in Prenzlau, mit Ausnahme der Flügelgrenadierkompanie, die in Erfurt in Gefangenschaft geriet. Ebenfalls in Prenzlau ergaben sich das Regiment Garde, das Regiment des Königs und ein Teil der Grenadier-Garde, deren Gros wiederum in Erfurt die Waffen streckte. Lediglich ein kleines Detachement von 24 Grenadieren, einem Tambour, zwei Unteroffizieren und einem Leutnant von der Leibkompanie des Ersten Bataillons Leibgarde entkam über die Oder und folgte dem geflohenen König nach Graudenz, wo es am 4. November eintraf.

Allein das Regiment Garde du Corps entzog sich als Formation dem Untergang und gehörte so – gemeinsam mit zwei Dragonerregimentern, drei Husarenregimentern und einigen Füsilierbataillonen – zu den wenigen Ausnahmen der ansonsten in den Herbsttagen von 1806 total versagenden preußischen Armee. Am 5. November kam die Garde du Corps nach Graudenz, wo die Formation aufgefüllt wurde.

Potsdam indes lag ohne militärische Bedeckung, abgesehen von einigen Garde-Invaliden, vor den anrückenden französischen Truppen. Als Königin Luise auf ihrer Flucht nach Osten durch die Stadt kam, versicherte sie zwar der Einwohnerschaft, daß alles gut werde. Doch kaum jemand glaubte daran. Der Einzug der Franzosen drohte weit dramatischer zu werden als die Besetzung Potsdams durch Österreicher und Russen im Jahre 1760.

Auf dem Wege zur nationalen Befreiung (1806–1815)

Französische Besetzung und Neuformierung der Garden

In der Nacht vom 21. zum 22. Oktober 1806, nur eine Woche nach der vernichtenden Niederlage des preußischen Heeres, erschien ein Detachement französischer Husaren vor der Stadt. Sie kündigten an, daß größere Teile ihrer Armee direkt auf Potsdam zumarschierten, und verlangten Fouragebereitstellung für zunächst 400 Pferde. Für die Stadt, an den geregelten Trott des Garnisonlebens gewöhnt, begann ein unruhiges Jahrzehnt. In der Hoffnung, die anrückenden Truppen zum Biwakieren vor der Stadt bewegen zu können, organisierte der Magistrat sofort die Bereitstellung erheblicher Mengen an Verpflegung und Futter. Am 23. Oktober traf der neu ernannte französische Stadtkommandant ein, General René. Inzwischen war auch schon die Feldbäckerei der französischen Armee in der Stadt. Versorgungsfragen gehörten stets zu den wichtigsten und kompliziertesten, wenn große Heeresabteilungen auf dem Marsch waren. In Potsdam wurden sogleich sämtliche Backöfen zeitweilig in Beschlag genommen. Am 24. Oktober hielten die französischen Garden mit Napoleon an der Spitze Einzug. Vielen Gardisten wurde vom französischen Quartiermeister Unterkunft in Preußens berühmter Garnison zugewiesen. Man richtete 450 Kasernenstuben für je vier Soldaten her, und zahlreiche Einrichtungsgegenstände die man dafür benötigte, wurden aus Bürgerhäusern geholt. Der Kaiser wohnte im Schloß, dem er ebenso ehrfurchtsvoll begegnete wie vielen anderen Stätten in Potsdam, die an Friedrich II. erinnerten. Er befahl seiner Garde sogar, die Wachparade in Potsdam exakt nach preußischem Vorbild aufzuführen. Napoleon ging auch in die Garnisonkirche, betrat die Gruft

Verdeutlicht das Ausmaß der preußischen Niederlage: In der Gruft der Garnisonkirche steht vor Friedrichs des Großen Sarg der Eroberer Napoleon, der aus Bewunderung für den König jedoch befahl, die französische Wachparade in Potsdam exakt nach preußischem Vorbild aufzuführen.

mit dem Sarkophag des großen Königs, den er auf gewisse Weise bewunderte, verharrte und sprach dann die vielzitierten Worte: „Sic transit gloria mundi" – So vergeht die Herrlichkeit der Welt.

Am 26. Oktober verließ der Kaiser die Stadt in Richtung Berlin, nachdem tags zuvor die Festung Spandau kampflos kapituliert hatte. Auch die Garde verließ Potsdam, doch an ihre Stelle traten sofort andere Truppen. Bis zu 6000 französische Soldaten fanden Quartier in Potsdam, das als Hauptkavalleriedepot ein wichtiger Platz im französischen Nachschub- und Versorgungssystem wurde. Denn der Krieg ging weiter; dazu hatte sich Friedrich Wilhelm III. in einem seltenen Moment rascher Entschlußkraft nach dem Debakel von Jena und Auerstedt entschlossen. Im Osten standen noch 30 000 Mann unversehrter Feld- und Festungstruppen, die rasch verstärkt wurden. Und es kam zu einem neuen Bündnis mit Rußland.

Am 29. Oktober ging die Funktion des Stadtkommandanten von Potsdam an General Bourcier über, der zwei Jahre in dieser Stellung verblieb. Bourcier lag daran, unnötige Konflikte zwischen Bevölkerung und Militärbesatzung zu vermeiden. Natürlich geschah das nicht ganz uneigennützig, denn er war auf die Dienste der Stadt und ihrer Einwohner angewiesen. Nennenswerte Übergriffe der Besatzer fanden nicht statt, und der Kommandant gab sich verbindlich. Selbst als sein Versuch mißlang, aus Potsdamer Bürgern eine Nationalgarde zu errichten, ließ er es darauf beruhen. Doch vom 1. April 1807 an wurden die Potsdamer in den Wachdienst einbezogen; wohlhabende Bürger konnten sich gegen Zahlung von zehn Groschen von der Dienstpflicht befreien, wogegen Mittellose mit solchen „Lohnwachen" nicht selten ihren Lebensunterhalt bestritten. Hoch waren die eingeforderten materiellen Leistungen an die Franzosen. Fleisch, Brot, Gemüse, Bier und Licht hatte die Stadt zur Verfügung zu stellen, auch Bettwäsche, Stroh und Heizmaterial, selbst Leibwäsche. Was nicht aus Magazinen zu nehmen war, mußte die Stadtverwaltung mit meist geliehenem Geld anschaffen, wodurch die kommunale Verschuldung schnell anwuchs. Bei Einquartierungen hatten die Wirte sämtliche Kosten zu tragen; Serviceentschädigungen gab es nicht. Zusätzlich hatte Potsdam mehrfach hohe Kontributionen zu entrichten. Durchziehende Truppen waren unentgeltlich zu beköstigen. Und Potsdam blieb Hauptkavalleriedepot. Völlig unvorbereitet hatte die Stadt zeitweilig bis zu 12 000 Pferde aufzunehmen, wofür es überhaupt keine geeigneten Voraussetzungen gab. So begannen die Besatzer kurzerhand, die Heiligegeist- und die Französische Kirche zu Pferdeställen umzufunktionieren. Provisorische Stallungen entstanden im Bereich der Stadtmauer.

Die Besatzung, die über zwei Jahre andauern sollte, lastete schwer auf Potsdam und seinen Einwohnern. Viele Familien führte sie in den wirtschaftlichen Ruin, nicht wenige wanderten aus. Die Einwohnerzahl verringerte sich dadurch von 18 070 im Jahre 1805 auf 15 690 im Jahre 1809. Hinzu kamen die überwiegend mittellosen Soldatenfrauen mit ihren Kindern, über 4000 an der Zahl; für sie zu sorgen war Aufgabe der Stadtverwaltung, der aber kaum Mittel zur Verfügung standen. Insgesamt schätzt man die Kosten der zweijährigen Besatzungszeit auf mehr als 250 000 Taler; damals war das für eine Stadt eine gewaltige Summe. Noch schwerer wogen die strukturellen Schäden. Die Textilindustrie, die Stütze der Potsdamer Wirtschaft, litt unter den Folgen der Kontinentalsperre. Das Einfuhrverbot aus England verursachte eine ständige Knappheit an Baumwollgarn, wodurch die Weberei und die Tuchherstellung in eine tiefe Krise stürzten.

Am 4. November 1806 wurden unter französischer Bewachung die Kriegsgefangenen der Potsdamer Garden in die Stadt gebracht. Sie übernachteten auf größeren Plätzen unter freiem Himmel. Zahlreichen Gefangenen gelang die Flucht, zum Teil mit Hilfe ihrer in Potsdam wohnenden Familien. Viele der Entkommenen gingen nach Osten, wo sich die neuformierten preußischen Truppen zusammen mit russischen Verbänden einige Zeit gegen das Heer Napoleons behaupten konnten.

Im Osten vollzog sich auch das weitere Schicksal der alten Potsdamer Gardeformationen. Das Regiment Garde du Corps, zu dem immer mehr Versprengte stießen, wurde Mitte November 1806 mit seinen Hauptkräften von Graudenz nach Königsberg verlegt. Es verblieb bis zum Kriegsende in Ostpreußen, erfüllte einige Vorpostendienste, nahm aber an keinen größeren Kampfhandlungen mehr teil.

Von der alten Fußgarde hatte im Oktober 1806 nur ein kleines Detachement von 28 Mann mit Leutnant von Pogwisch an der Spitze nach Osten entkommen können. Als Bewachung des königlichen Trosses hatte diese kleine Truppe nicht direkt an der Schlacht bei Auerstedt teilgenommen und konnte deshalb schnell vom Schlachtfeld entweichen, ohne in das Chaos der geschlagenen, flüchtenden preußischen Hauptarmee zu geraten. Als das Detachement am 4. November in Graudenz eintraf, befahl der König, diese Truppe als Stamm und Depot für die wieder zu bildende Fußgarde zu verwenden. Deshalb wurde auch dieses Detachement, mehr noch als die Garde du Corps, von allen weiteren Kämpfen ferngehalten. Während Friedrich Wilhelm III. alle anderen Regimenter, die gegen die französische Armee versagt hatten, kurzerhand auflösen ließ – so auch das Potsdamer Regiment Nr. 18 –, hielt er an der besonderen Rolle der Garden fest und versuchte, auf diese Weise ein wichtiges Element der Kontinuität und der königlichen Präsenz im preußischen Heer zu erhalten.

Zur schnellen Auffüllung der Restgarde griff man auf Selbstranzionierte – ehemalige, geflohene Kriegsgefangene – der alten Potsdamer Gardeformationen, aber auch des Regiments Nr. 18 zurück. Darüber hinaus befahl der Monarch seinen in West- und Ostpreußen stationierten Regimentern, geeignete Mannschaften für die Garde abzugeben, womit er eine vor dem Jahr 1806 übliche Ergänzungsform fortführte. Als am 15. November das Garde-Depot zusammen mit dem königlichen Hauptquartier Graudenz in Richtung Osten verließ, war es auf 50 Mann angewachsen. Bei einem Zwischenaufenthalt in Wehlau/Ostpreußen registrierte man am Jahresende bereits fünf Offiziere, 40 Unteroffiziere und 210 Mannschaften. In Memel, das man am 11. Januar 1807 erreichte, expandierte die Garde weiter. Eine Kabinettsorder vom 27. Januar verlangte eine rasche Verstärkung auf ein Bataillon Garde zu Fuß mit vier Kompanien. Auch in dieser für Preußen sehr schwierigen Zeit – vielleicht auch gerade deshalb – bestand der König auf Wahrung der Tradition in den alten Potsdamer Garden. So dienten in der 1. Kompanie die Ehemaligen des alten Ersten Bataillons Leibgarde (Nr. 15), in der 2. Kompanie die des alten Bataillons Grenadier-Garde (Nr. 6), in der 3. und 4. Kompanie die des alten Regiments Garde (Nr. 15). Auch erhielt am 23./24. April des Jahres 1808 jede Kompanie eine eigene Fahne, was eigentlich nur Bataillonen zustand. Schon in dieser Phase hatte die noch unfertige Truppe mit zahlreichen Paraden, Wachaufzügen und Revuen ein Programm militärischer Repräsentation zu absolvieren, wie es vordem in Potsdam nicht aufwendiger war. Je tiefer der Fall der Monarchie war, desto größeren Wert legte der König auf äußere Formen. Nach weiteren Personalverstärkungen kam es am 9. November 1808 wieder zur

Regimentsbildung. Das neue „Regiment Königliche Garde zu Fuß" (Nr. 8) setzte sich aus zwei Bataillonen zu je vier Kompanien zusammen. Unter Beibehaltung der Traditionsbezüge wurden dabei die Kompanien geteilt, wobei aus der 1. Kompanie die neue 1. und 2. Kompanie hervorgingen, aus der ursprünglich 2. die 3. und 4. Kompanie usw. Damit wurde das I. Bataillon der Traditionsnachfolger des ehemaligen Ersten Bataillons Leibgarde (Nr. 15) und des Bataillons Grenadier-Garde (Nr. 6), während das II. Bataillon die Tradition des ehemaligen Regiments Garde (Nr. 15) übernahm. Am 10. November, also einen Tag nach der Regimentsbildung, ernannte sich Friedrich Wilhelm III. zum Chef dieses Truppenteils und zum Chef der 1. Kompanie, die nun wieder Leibkompanie hieß. Kommandeur des Regiments wurde Major von Kessel. Diese Formation, die zunächst eine Stärke von 800 Mann hatte, lag nun in Königsberg, wo sich seit Januar 1808 der Hof des preußischen Königs befand.

Der Krieg mit Frankreich war durch den Diktatfrieden von Tilsit, der das Königreich Preußen im Territorium und in der Bevölkerungszahl halbierte, schon im Sommer 1807 beendet worden. Die Pariser Konvention vom 8. September 1808 hatte Preußen auch das Ende der französischen Besatzung gebracht, mit Ausnahme der Festungen Glogau, Stettin und Küstrin. Neben der Kontributionszahlung von 37,5 Millionen Talern bestimmte diese Konvention auch eine zehnjährige Personalbegrenzung des preußischen Heeres auf 42 000 Mann. Die Konvention bildete die Grundlage für strukturelle Veränderungen des Heeres. Seit 1808 umfaßte jedes Infanterieregiment zwei Musketierbataillone und ein vor allem für das aufgelockerte Gefecht vorgesehenes Füsilierbataillon. Diese Vereinigung vorher getrennter Spezialgattungen der Infanterie in einem Truppenteil widerspiegelte bereits die Kampferfahrungen mit der französischen Armee. Die Grenadiere fungierten jetzt in selbständigen Bataillonen, ebenso wie die neuformierten Jäger. Einzig das Regiment Königliche Garde zu Fuß bestand vorerst dem Namen nach weiter nur aus Grenadieren.

Für die Garde-Infanterie und -Kavallerie war innerhalb der Höchstgrenzen die relativ großzügige Zahl von 6000 Mann

122

genannt. Aufgrund dieses Zahlenpolsters für die Garden und angepaßt an die neuen Strukturen entstand so am 17. März 1809 – vor allem durch Abgaben anderer Infanterie- und Kavallerieregimenter – für das Regiment Königliche Garde zu Fuß in Königsberg ein drittes, leichtes Bataillon; wenige Wochen später, am 12. Juni, erhielt es den Namen Füsilier-Garde-Bataillon. Bereits im November 1808 waren aus den Resten des ehemaligen Feldjägerregiments zwei Jägerbataillone formiert worden, von denen eines den Gardetitel erhielt.

Strukturell gehörten das Regiment Königliche Garde zu Fuß und das Garde-Jäger-Bataillon zur Brandenburgischen Brigade; durch Kabinettsorder vom 16. November 1808 war das preußische Heer infolge der Bedingungen, die sich aus der Pariser Konvention ergaben, in sechs gemischte Brigaden gegliedert worden. Zur Brandenburgischen Brigade gehörten weiterhin das selbständige Leib-Grenadier-Bataillon, das Leib-Infanterie-Regiment (Nr. 8), die Leib-Ulanen-Eskadron, das Brandenburgische Kürassierregiment (Nr. 4), das 1. Brandenburgische Husarenregiment (Nr. 3) und das 2. Brandenburgische Husarenregiment (Nr. 7).

Teil der Brandenburgischen Brigade war schließlich auch das Regiment Garde du Corps, das nach der Heeresumgliederung als neue Stammnummer die „3" trug. Dieses Regiment, ursprünglich zehn Kompanien bzw. fünf Eskadronen stark, war entsprechend A. K. O. vom 15. Februar 1808 auf acht Kompanien bzw. vier Eskadronen abgesenkt worden, woraus sich die neue Etatstärke von 640 Mann einschließlich 30 Offizieren sowie 689 Pferden ergab. Der Zweck dieser Maßnahme bestand in einer Vereinheitlichung der Formationsstärke bei der Kavallerie, wie sie bereits am 16. Oktober 1807 festgelegt worden war.

Das gesamte Heer war inzwischen stark verändert. Im Zuge einer allgemeinen und tiefgreifenden Reform, vom König zunächst skeptisch betrachtet, doch schließlich mitgetragen, waren zentrale Bereiche des Staatswesens neu gestaltet worden. Die Niederlage gegen Napoleon hatte überaus deutlich werden lassen, wie sehr sich die gesellschaftlichen Verhältnisse Preußens überlebt hatten. So hob nun das Oktoberedikt von 1807 die

Erbuntertänigkeit und die feudalen Beschränkungen der persönlichen Freiheiten der Bauern auf. Die Städtereform von 1808 schränkte den despotisch-bürokratischen Einfluß der Krone auf die Städte ein, indem von nun an das Bürgertum in den neuen Stadtverwaltungen viele seiner Angelegenheiten selbst regelte. Es entfiel damit der prägende Einfluß der Militärverwaltung gerade in der Garnisonstadt Potsdam, wenngleich starke Abhängigkeiten immer erhalten blieben. Zum ersten Stadtoberhaupt nach neuem Recht wählte man den Buchhändler und Verleger Horvath. Tiefgreifend modernisiert wurde der preußische Staatsapparat, indem per Organisationsedikt eine Ministerialregierung an die Stelle des alten Kabinetts trat; zu den neuen Fachressorts gehörte nun auch ein Kriegsministerium. Die Gewerbefreiheit sollte die Wirtschaft beleben, und die Gleichstellung der Juden setzte als wirtschaftspolitischer und emanzipatorischer Akt ein besonderes Zeichen in Preußen.

Im Rahmen dieses allgemeinen Erneuerungswerkes betraf die auffälligste und angesichts der Lage wohl auch notwendigste Reform die Armee und die Wehrverfassung. Dem Kantschen Konzept folgend, das Freiheit als Privileg und Fähigkeit zur Pflichterfüllung definierte, und Fichtes Idee vom Staat als Brennpunkt der Gemeinschaft berücksichtigend, veränderten die Reformer um General Gerhard Johann David von Scharnhorst grundlegend die Beziehung zwischen Armee und Gesellschaft. Wehrpflichtähnliche Verhältnisse ersetzten die alte Kantonverfassung und die Ausländerwerbung. Die Offiziersstellen waren nicht länger Privileg des Adels, sondern standen nun auch jener schmalen Mittelschicht zur Verfügung, die zuvor fast gänzlich vom Armeedienst ausgeschlossen war: dem Bürgertum. Nicht mehr der erbuntertänige Bauer, sondern der freie Staatsbürger diente fortan in der Armee. Der Forderung, die patrimoniale Gerichtsbarkeit auf dem Lande abzuschaffen, eilte gar eine moderne Militärgerichtsbarkeit ohne Spießrutenlauf und Prügelstrafe voraus. Äußere Zeichen dieser tiefgreifenden Veränderungen in der Armee waren der Wegfall des Korporalstockes und des Zopfes sowie die Einführung einer zweckmäßigen Uniform und feldmarschmäßigen Gepäcks. Durch Verlagerung des

Schwerpunktes der persönlichen Ausrüstung von den Hüften auf den Rücken erhielten die Soldaten eine größere Bewegungsfreiheit. In der taktischen Ausbildung der Soldaten und Offiziere trat an die Stelle des Exerzierdrills die zielgerichtete Übung im Scheibenschießen und im praktischen Felddienst, besonders das aufgelöste Feuergefecht und der Kolonnenangriff. Die neue Taktik, die an die Stelle der alten linearen Schlachtaufstellung trat, erforderte mehr Selbständigkeit, aber auch größere Zuverlässigkeit des einzelnen. Innerhalb des Bataillons führte man die tiefe Gefechtsordnung ein, die dem Schützengefecht den nötigen Rückhalt gab und dem Bajonettangriff der Kolonne größeren Nachdruck verlieh.

Wie so oft wirkten sich prinzipielle Veränderungen im preußischen Heereswesen auf die Gardeformationen auch diesmal in sehr spezifischer Form aus. So gab es bei der Öffnung der Offiziersstellen für bürgerliche Anwärter deutlich Grenzen. Die einzustellenden Mannschaften mußten besonders gute körperliche Voraussetzungen mitbringen, weshalb man sie im ganzen Königreich auswählte. Die Sonderrolle der Garden war unvereinbar mit den Reformen im Militärbereich, doch nur zögerlich schränkte der Monarch die bisher bevorzugte Stellung dieser Truppen im Heer ein. Mit Befehlen vom 5. Januar und 16. März 1808 wurden die Ausbildung und die allgemeinen Dienstbedingungen bei den Garden weitgehend denen im übrigen Heer angeglichen. Doch im Befehl vom 5. Januar legte der König auch fest: „1. Die Garden zu Pferde und zu Fuß haben den Vorrang vor den Feldtruppen. 2. Die Garden zu Pferde und zu Fuß haben unter sich einerlei Rang und einerlei Prärogative. Bei gleichen Ansprüchen behält jedoch das Regiment Garde du Corps den Vorrang." So ganz ohne Hierarchie wollte Friedrich Wilhelm sein reformiertes Heer eben doch nicht sehen.

Es sollte noch einige Zeit vergehen, ehe die beiden Garde-Regimenter wieder nach Potsdam, das von der französischen Besetzung stark mitgenommen war, zurückkehrten. Gemäß der Pariser Konvention verblieben noch bis zum 3. Dezember 1808 französische Truppen in der Stadt. Bevor die Garden kamen, hatte Potsdam noch mit einer anderen preußischen Formation

Berührung, allerdings nur flüchtig. Es war das 2. Brandenburgische Husarenregiment. Am späten Nachmittag des 28. April 1809, einem Freitag, marschierte es über Potsdam in westliche Richtung. Der Kommandeur, Major Ferdinand von Schill, der sich bei der Verteidigung von Kolberg 1807 hervorgetan hatte, ließ seine Truppe gegen 18 Uhr vor Baumgartenbrück halten; in einer begeisterten Ansprache teilte er seinen Männern den Plan mit, durch eine eigene militärische Aktion gegen die Franzosen einen allgemeinen Aufstand auszulösen und so die Fremdherrschaft endlich abzuschütteln. Während der Nacht empfing man in Potsdam vorbestellte Gewehre. Bei Werder überquerte das aufständische Reiterkorps die Havel und ging über Großkreutz nach Brück, wo es sächsisches Territorium betrat. Der Aufenthalt einiger Abgesandter Schills in Potsdam löste bei den Einwohnern keine Reaktionen aus. Wer wußte zu diesem Zeitpunkt schon etwas von Schills kühnem Vorhaben! Außerdem galt der Marsch bis dahin ja noch als Übungsritt in die Umgebung von Berlin. Und zu so später Stunde mögen die Husaren in Potsdam auch kaum bemerkt worden sein. Trotz des großen Hasses auf die Franzosen und vereinzelten Widerstandes – so wurde der Bornstedter Bauernsohn Johann Michel kurz vor Abzug der Franzosen in Potsdam am 6. November 1808 standrechtlich erschossen – herrschte in der ausgebluteten Stadt Resignation, so daß auch von dieser Seite kaum eine Unterstützung des Schillschen Vorhabens zu erwarten gewesen wäre. Wie auch? Man war ja noch völlig unpolitisch und, dem altpreußischen Ständestaat entsprechend, gewohnt, auf Anweisungen von oben zu warten. In den Garde-Formationen und in allen anderen Truppenteilen der preußischen Armee wurde bei Appellen eine das Schillsche Unternehmen höchst mißbilligende Kabinettsorder verlesen, mit der der Monarch seine Soldaten verpflichtete, „daß sie bei allen Verbreitungen politischer und kriegerischer Nachrichten und Gerüchte sich ruhig verhalten, und daran auf keine Weise Theil nehmen".

Am 24. Dezember, ein Jahr nach dem Abzug der Franzosen, als sich die Verhältnisse in der Stadt zu normalisieren begannen, wurde Potsdam wieder preußische Garnison. Zuerst kamen die

Officier von der Normal-Husaren Escadron.

Eine neue Formation im reformierten preußischen Heer: die Normal-Husaren, Lehrtruppe der Kavallerie und zeitweilig in Potsdam stationiert. Die neuen Uniformen unterschieden das reformierte Heer unverwechselbar von der alt-preußischen Armee.

Leib- und die 2. Eskadron des Regiments Garde du Corps, das am Vortag die Königsfamilie nach Berlin geleitet hatte. Die 3. Eskadron der Garde du Corps verblieb dort in Garnison, die 4. Eskadron zog – ebenfalls am 24. Dezember – nach Charlottenburg. Schon kurze Zeit später kam es zu einigen Formationsergänzungen bei der Garde du Corps. Am 4. Februar 1810 wurde die etwa 130 Mann starke Leib-Ulanen-Eskadron (ab 6. März 1810: Garde-Ulanen-Eskadron) dem Regiment attachiert. Diese Eskadron setzte sich aus besonders bewährten Männern der 1807 und 1808 in Schlesien gesammelten Husarenschwadronen zusammen und stand in Berlin. Der Chef dieser Eskadron bestimmte auch weiterhin selbständig über die Detailausbildung, das Exerzieren und den Felddienst der Lanzenreiter; alle übrigen Angelegenheiten gingen hingegen nun in die Kompetenz des Regimentskommandeurs der Garde du Corps über.

Ebenfalls dem Regiment attachiert wurde später die auf königlichen Befehl vom 18. März 1811 neu gebildete Normal-Eskadron, bestehend aus einer Dragoner- und einer Husarenkompanie. Diese abwechselnd in Potsdam und Berlin stationierte Eskadron war als Ausbildungstruppe für Reit- und Exerzierlehrer der preußischen Kavallerie gedacht und setzte sich zunächst aus sechs Offizieren, 16 Unteroffizieren, zwei Trompetern, 108 Gemeinen und einem Fahnenschmied zusammen. Noch im Sommer des gleichen Jahres kamen vier Unteroffizie, zwei Trompeter und 42 Gemeine hinzu. Bereits am 17. Juni 1811 wurden beide Kompanien zu selbständigen Garde-Eskadronen mit dem schwachen Personalstand von je drei Offizieren, zehn Unteroffizieren und 70 Gemeinen umgegliedert, blieben dem Regiment aber auch weiter attachiert.

Am Einzug des Königspaares in Berlin nahmen auch die beiden Grenadierbataillone des Regiments Königliche Garde zu Fuß teil. Zuvor standen beide Bataillone, die schon am 3. Januar des Jahres die Hauptstadt Ostpreußens in Richtung Westen verlassen hatten, in Königsberg/Neumark (31. Januar bis 31. Juli); wegen eines Konfliktes zwischen Österreich und Frankreich fürchtete der nie sehr mutige Friedrich Wilhelm III. die Rückkehr nach Berlin, weshalb er auch seine Garden zurückhielt. Allerdings entstanden zu dieser Zeit in Potsdam schon ein Garde-Invaliden-Bataillon und eine Garde-Garnison-Kompanie (16. Februar), in der vor allem Halbinvalide dienten; beide Formationen waren dem Regiment Garde zu Fuß zugeteilt. Die beiden Grenadierbataillone rückten nach ihrem Aufenthalt in Königsberg/Neumark Anfang August nach Frankfurt a. d. Oder; auf dem ehemaligen Schlachtfeld von Kunersdorf übten sie den ganzen September hindurch vor allem die Kampfweise der leichten Infanterie, mit der man sich im gesamten preußischen Heer auf einen künftigen Krieg gegen Frankreich einstellen wollte.

Schon im November des Jahres 1809 hatte der König festgelegt, daß das Regiment zu Fuß abwechselnd in Potsdam und Berlin garnisonieren und die Familien der Soldaten ständig in Potsdam wohnen sollten. Dennoch verblieb die Fußgarde noch den gesamten Winter über in der preußischen Hauptstadt, wo ihr Naturalquartiere zugewiesen waren. Am 13. März 1810 zog dann das Garde-Füsilier-Bataillon, das erst am 7. März nach Berlin gekommen war, nach Potsdam. Am 10. April folgten die beiden Grenadierbataillone. Man ging in die gleichen Quartiere, in denen früher schon die Garden gelegen hatten. Der Regimentskommandeur bezog das Kommandantenhaus des ehemaligen Ersten Bataillons Leibgarde (Nr. 15) zwischen Berliner- und Kellertorbrücke, Am Kanal Nr. 67; gebaut 1737 für den Tuchfabrikanten Josef Tamm, hatte es 1787 Friedrich Wilhelm II. für den Kommandeur der Leibgarde erworben.

Viele Potsdamer Bürger waren im Gegensatz zu früheren Zeiten an einer Einquartierung interessiert. Aufgrund des Service-Reglements vom 17. März 1809 wurden die Wirte nun vom Staat bezahlt, womit sich der Charakter der Einquartierung merklich wandelte. Hatten die Soldateneinquartierungen stets besondere Opfer gefordert, bildeten sie für die betroffenen Bürger nun eine direkte finanzielle Einnahmequelle. Ungeachtet dessen blieben die wirtschaftlichen Verhältnisse für die Potsdamer kompliziert und schwierig. Das Einquartierungssystem, an das man sich vor 1806 gewöhnt hatte, war während der französischen Besatzungszeit nachhaltig beschädigt worden. Das darauf abgestimmte Gewerbe hatte gelitten, zahlreiche Bürger waren abgewandert. Und nachdem die Besatzungsjahre mit ihren einschneidenden Kontributionen gerade überwunden waren, folgten drastisch erhöhte Steuern des preußischen Staates, der mit seiner halbierten Bevölkerungszahl eine gewaltige Kriegsschuld an Frankreich abzutragen hatte. Die Garden fanden also trotz ausreichender Quartiere in Potsdam noch keine intakt funktionierende Garnison vor.

Für die Soldaten fiel nun das tägliche Quartiervisitieren weg; dafür mußten sie sich jeden Tag zum Appell einfinden, wo nicht nur die Vollständigkeit kontrolliert, sondern zur Belehrung auch die neuen Kriegsartikel verlesen wurden. Da der Armeedienst von den meisten Soldaten nun nicht mehr als Zwang, sondern mehr als Dienst am Vaterland aufgefaßt wurde und damit auch die Desertionsgefahr bedeutend sank, verringerte man im Vergleich zu früheren Jahren den Wachdienst in der Stadt; an den innerstädtischen Kanalbrücken fiel er gänzlich fort. Daß der Dienst dennoch hart und nicht unproblematisch war, zeigte sich zum Beispiel in der um sich greifenden Trunksucht, vor allem bei der Fußgarde. Die Regimentsführung wollte allerdings nur einen ursächlichen Zusammenhang mit den Belastungen des vergangenen Krieges und den schweren Dienstbedingungen in Memel und Königsberg hergestellt wissen und ging mit harten Strafen gegen die Trunksucht vor. Aus Furcht nahmen sich zahlreiche Soldaten das Leben. Die Verkündung einer Heeresreform ist eben nur die eine Seite der Medaille; die praktische Umsetzung gestaltet sich weit schwieriger, dauert einige Zeit und erreicht selten den angestrebten Idealzustand.

Entsprechend ihres Charakters und ihrer besonderen Funktion wurden die Garden nach ihrer Rückkehr aus dem Osten des Landes bald wieder zu Wach- und Galadiensten bei Hofe herangezogen, wozu man ab Juni 1810 je ein Bataillon in Berlin stationierte, ausgenommen während der Monate April, Mai, September und Oktober.

Am 19. Mai 1811 entstand in Potsdam ein der Fußgarde zugeordnetes Normal-Infanteriebataillon als Lehrtruppe für die einheitliche Ausbildung der preußischen Infanterie. Es setzte sich aus 22 Offizieren, 48 Unteroffizieren, 17 Spielleuten und 500 Gemeinen zusammen. Am 5. Dezember 1811 verfügte der König die Verstärkung der Kompanieetats bei der Fußgarde auf 200

Mann, was einer Angleichung an die Verhältnisse bei der übrigen Infanterie entsprach.

Potsdam und die Befreiungskriege

In Potsdam war man gerade dabei, sich wieder an einen normalen Garnisonsalltag zu gewöhnen, als sich die Lage erneut zuspitzte. Am 24. Februar 1812 hatte sich Friedrich Wilhelm III. auf einen Bündnisvertrag mit Frankreich gegen Rußland eingelassen, was selbst in Armeekreisen auf Ablehnung stieß. Als Napoleon im Sommer gegen das Zarenreich zog, mußte Preußen ein Hilfskorps mit 20 000 Mann stellen, die Hälfte der preußischen Armee. Dem Korps, dessen Oberbefehl nach kurzer Zeit der zu einem führenden General des Heeres avancierte Hans David von Yorck übertragen bekam, gehörten keine Gardetruppen an, nur als Beobachter marschierten einige Gardeoffiziere mit, zwei vom Regiment Garde du Corps und vier von der Fußgarde. Betroffen waren die Gardetruppenteile dagegen von den Vorbereitungen des Königs für eine eventuelle Verlegung des Hofes nach Breslau; Berlin erschien dem Monarchen als zu unsicher. In die schlesische Metropole waren Detachements in Kompanie- bzw. Eskadronstärke zu entsenden, um dort Depots zu bilden. Das Garde-Depot zu Fuß erhielt im Sommer 1812 aus allen Garde-Bataillonen größere Verstärkung und bildete mit seinen nunmehr 18 Offizieren, 40 Unteroffizieren, 12 Spielleuten und 500 Gemeinen das Combinierte Garde-Bataillon.

Für den Zug der Truppen Napoleons nach Rußland waren drei Heerstraßen durch Preußen vereinbart worden. Einer dieser Marschwege führte durch Berlin und Spandau, weshalb alle preußischen Formationen am 26./27. März die Hauptstadt verließen. Teile davon kamen nach Potsdam, das von den französischen Marschkolonnen nicht berührt wurde. Neben den Eskadronen Normal-Dragoner und Normal-Husaren, die sich gerade turnusmäßig in Berlin befanden, kamen auch die Kompanie Garde-Artillerie und die Fußartillerie-Kompanie an die Havel. In Potsdam wurde es auf diese Weise wieder voller, doch nicht eng, denn viele ehemalige Soldatenquartiere aus der Zeit vor 1806 waren verfügbar. Kommende Stürme erahnend, entwickelten all diese Truppen eine intensive Übungs- und Manövertätigkeit. Im Vordergrund standen Felddienst, Schanzenbau, Märsche und Scheibenschießen. Die Manöver dehnten sich oft über mehrere Tage aus, fanden auch nachts statt. Bei allen Übungen trug man feldmarschmäßiges Gepäck einschließlich Schanzzeug. Nebenher wurden auch zahlreiche Paraden abgehalten. Am 30. März erschienen die Soldaten dabei im Lustgarten erstmals ungepudert.

Im Spätsommer 1812 glaubten viele an eine allgemeine Entspannung der europäischen Verhältnisse durch einen Sieg Napoleons im Osten. Die Garde-Depots in Breslau erwarteten tagtäglich den Befehl zur Rückkehr nach Potsdam; im September hieß es zwischenzeitlich, der Marschbefehl würde für den 1. Oktober erteilt. Doch Napoleons Schlag gegen die russische Armee führte ins Leere. Je wahrscheinlicher Napoleons Niederlage in Rußland wurde, desto stärker wuchs in Preußen die patriotische Stimmung und erfaßte immer mehr die Armee. Der König dagegen, der an seinem Bündnisvertrag mit Napoleon festhielt, schien sogar darüber nachgedacht zu haben, den Franzosen ein über 700 Mann starkes kombiniertes Garde-Bataillon unter Major von Alvensleben zur Disposition zu stellen, wie einem Brief des Obersten von Kessel zu entnehmen ist. Die allgemeine Stimmung in Preußen war gegen das Bündnis mit Frankreich. Napoleons Niederlage in Rußland und die Konvention von Tauroggen, mit der sich am 30. Dezember der sonst sehr königshörige und reformfeindliche Yorck selbst überwand, löste gegen den Widerstand Friedrich Wilhelms III. eine patriotische Erhebung im Lande aus. Als dem König am Nachmittag des 2. Januar 1813 in der Orangerie des Neuen Garten zu Potsdam die Nachricht von Yorcks kühnem Entschluß überbracht wurde, ordnete er zornig dessen Ablösung an. Doch Friedrich Wilhelm mußte schnell erkennen, daß die allgemeine Bewegung nicht mehr aufzuhalten war und er sich nur noch an ihre Spitze stellen konnte.

Am 23. Januar 1813 verließen die Garden mit Ausnahme des Invaliden-Bataillons die Garnison Potsdam. Über Köpenick, Frankfurt, Krossen und Grünberg gelangten sie am 9. Februar nach Breslau, wohin sich inzwischen Friedrich Wilhelm begeben hatte. Von dort ergingen wichtige Aufrufe, Befehle und Verordnungen des Königs. Bereits am 3. Februar verfügte er die Bildung freiwilliger Jäger-Detachements, am 9. Februar hob er die bisherigen Befreiungen vom Militärdienst für die Dauer des Krieges auf. Am 17. März erließ er seinen berühmten Aufruf „An mein Volk", in dem er endgültig mit der alten Tradition der Kabinettskriege brach und zum Volkskrieg aufrief. Der Verordnung über die Bildung der Landwehr noch am gleichen Tag folgte am 21. März die über den Landsturm. Am 10. März, dem Geburtstag seiner jung verstorbenen und im Königreich verehrten Gemahlin Luise, stiftete er außerdem das Eiserne Kreuz, mit dem erstmalig auch Soldaten ausgezeichnet werden konnten. Am 16. März erklärte Friedrich Wilhelm offiziell Frankreich den Krieg.

Die aus Potsdam nach Schlesien gerückten Garde-Regimenter wurden verstärkt, teilweise neu geordnet und im Ergebnis der königlichen Verfügungen auch strukturell ergänzt. Die Fußgarde, die mit Major von Tippelskirch einen neuen Kommandeur hatte, erhielt in Breslau Ersatzmannschaften von einzelnen Feldregimentern. Auch Krümper wurden dem Regiment zugewiesen, wie man jene Männer nannte, die in den drei Jahren zuvor eine provisorische Ausbildung erhalten hatten, und mit denen Preußen sein Militärpotential praktisch über die in der Pariser Konvention festgelegten Begrenzungen hinaus vergrößern konnte. Fast täglich traf neuer Ersatz aus den Provinzen ein. Angesichts des großen Mannschaftsbedarfs fielen bei der Garde bisherige Bestimmungen über erforderliche Eigenschaften der Soldaten wie Mindestgröße, Aussehen und ähnliches fort; auch die sonst üblichen ärztlichen Untersuchungen fanden kaum noch statt.

Jedes Bataillon erhielt entsprechend der genannten königlichen Verordnung vom 3. Februar ein Detachement freiwilliger

Jäger in Kompaniestärke, also 200 Mann. Die Freiwilligen mußten Bekleidung und Ausrüstung selbst stellen, erhielten aber Brot und Löhnung nach dem Etat des Regiments. Die Ärmeren unter den Eintretenden bekamen auch Zuschüsse zu ihrer Equipierung. Für eine Übergangszeit stellten die betreffenden Bataillone zwecks Formierung und Ausbildung der Freiwilligen die Offiziere, Unteroffiziere und Hornisten; danach hatten die Detachements selbst für ihr Führungspersonal zu sorgen. Da die freiwilligen Jäger bei der Garde enorm großen Zulauf hatten – schon Mitte März war die Etatstärke von je 200 Mann erreicht –, wurden entsprechend einer königlichen Order vom 26. März die neuen Bewerber beim Leib- und beim 1. Ostpreußischen Infanterieregiment eingestellt. Sie durften dort das Prädikat „Garde" führen und die Garde-Litzen tragen. Außerdem entstand beim Regiment Garde zu Fuß eine 5. (Reserve-)Kompanie freiwilliger Jäger.

Das seit 1812 in Breslau stehende Combinierte Garde-Bataillon wurde in „Reserve-Bataillon des Garde-Regiments und Normal-Bataillons" umbenannt und erhielt einen Etat von 800 Mann. Es rückte am 11. April unter Zurücklassung eines Depots in der schlesischen Metropole zum Quartier der Monarchen von Preußen und Rußland in Dresden und erhielt dort nach seinem Eintreffen die zeitweilige Bezeichnung Königswache. Anfang Juni vereinigte es sich in Neisse mit dem inzwischen aus Breslau vertriebenen Depot, kehrte Anfang September im Bestand von 500 Mann nach Breslau zurück, wo es bis zum 4. März verblieb und mit der Ausbildung von Ersatzmannschaften beschäftigt war.

Am 3. März 1813 erhielten die beiden Grenadierbataillone, das Füsilierbataillon und das Normal-Bataillon der Fußgarde die Befehle zur Mobilmachung, nachdem schon seit dem 1. März die Feldzulage gezahlt wurde. Vom 11. März an bekamen die Soldaten zwei Drittel ihrer Löhnung in Naturalien, ein Drittel in Geld; da die Verpflegungsportionen aber sehr klein waren, stieß diese Regelung auf allgemeinen Unmut.

Das Regiment Garde du Corps erlangte in Breslau durch Aufteilung der dortigen Depot-Eskadron sowie durch Aufnahme neuer Rekruten seine Kriegsstärke. Gleichzeitig wurde beim Regiment ein Freiwilligen-Detachement – nach Art der freiwilligen Jäger – unter der Bezeichnung „Garde-Volontair-Kosaken-Eskadron" als Reverenz an den verbündeten Zaren gebildet. Diese Einheit, die sich vorrangig aus wohlhabenden Schlesiern zusammensetzte, trug Lanzen und war nach dem Vorbild russischer Kosaken uniformiert. Sie hatte eine Stärke von fünf Offizieren und 200 Mannschaften. Aus der Garde-Ulanen-, der Normal-Dragoner- und der Normal-Husaren-Eskadron entstand schließlich am 23. Februar 1813 unter Hinzufügung einer neu errichteten Garde-Kosaken-Eskadron und einer Garde-Volontair-Jäger-Eskadron das leichte Garde-Kavallerie-Regiment. Dieses und die Garde du Corps bildeten zusammen mit einer Garde-Batterie die 1. Brigade der preußischen Reservekavallerie, welche nach Ausbruch der Kampfhandlungen im Frühjahr 1813 zur Armee des Generals Blücher gehörte. Ebenfalls dazu gehörte das Regiment Garde zu Fuß als Teil der Brandenburgischen (Infanterie-)Brigade, die außerdem das Garde-Jäger-Bataillon, das Leib-Grenadier-Bataillon, das 1. Ostpreußische Grenadier-Bataillon und das 3. Bataillon des Leib-Infanterie-Regiments sowie die Garde-Fuß-Batterie umfaßte.

Die stürmischen Ereignisse vom Frühjahr 1813 erfaßten auch Potsdam selbst und berührten die Einwohner in einem bisher nicht gekannten Maße. Seit 100 Jahren eingebunden in die Strenge der königlichen Reglementierung, nie dagegen verstoßend oder gar rebellierend, schwankte die Bevölkerung zwischen erwachendem Selbstbewußtsein und traditionellem Gehorsam, zwischen Passivität, Fatalismus und Tatendrang. Von den Bürgern der Mustergarnison, die bisher das Privileg der Kantonfreiheit genossen, wurde plötzlich ein eigenes militärisches Engagement verlangt. Daß sie in Wehrfragen nicht gänzlich gleichgültig waren, hatten sie schon 1809 demonstriert. Nach Abzug der französischen Besatzung übernahm die Potsdamer Schützengilde den Wachdienst in der Stadt und trat so aus dem Schatten der Bedeutungslosigkeit heraus, in der sie sich seit ihrer Neugründung von 1703 befunden hatte und nur mit sich selbst und ihrem Schützenhaus am Fuße des Brauhausberges beschäftigt war. Die

Städtereform von 1808 und die allgemeine bürgerliche und nationale Emanzipation in Preußen bewirkten ein neues Selbstbewußtsein, das in der Wehrfrage einen ganz markanten Ausdruck fand. Dies um so mehr, als die Behörden des königlichen Staates, namentlich die Polizei-Direktion, auf ihrer Oberaufsicht in Wachangelegenheiten bestanden, ein Recht, das von der Stadt Potsdam jedoch selbst beansprucht wurde. Rechtlich kam es zu keiner Einigung in diesem Streit, der letztlich praktisch gelöst wurde: Als 1810 die Garde-Formationen in der Stadt waren, übernahmen kurzerhand sie den Wachdienst.

Anfang 1813 griffen zahlreiche Freiwillige aus Potsdam voller Enthusiasmus zu den Waffen. Sofort nach Bekanntwerden der Verfügung über die Bildung freiwilliger Jäger-Detachements, schon am 18. Februar, folgten 50 Patrioten den Garden nach Breslau; weitere 50 brachen kurze Zeit später auf. Unter ihnen auch das Mädchen Eleonore Prochaska. Sie wurde 1785 in Potsdam geboren, wo ihr Vater als Unteroffizier beim II. Bataillon des Regiments Garde (Nr. 15) diente. Getrieben von dem Wunsch, auch als Frau ihren Beitrag zur Verteidigung des Vaterlandes zu leisten, verließ sie 1813 mit den ersten Freiwilligen ihre Heimatstadt und kämpfte unter dem Namen August Renz im legendären Freikorps des Majors Adolf von Lützow. Im Herbst 1813 erlitt sie bei dem Versuch, einen verwundeten Kameraden zu retten, im Gefecht an der Göhrde (16. September) selbst eine schwere Verwundung, der sie am 5. Oktober in Dannenberg – erst 28 Jahre alt – erlag.

Auch die Schützengilde und eine im Entstehen begriffene Bürgerwehr handelten in jenen Tagen, als die Stadt nach Abzug der Garden fast schutzlos war, sehr selbstbewußt. Ende Februar verließen die Franzosen Berlin, wobei das Gros vertragsgemäß den Weg über Spandau nahm. Als aber ein Kommando von rund 1500 Mann über Potsdam gehen wollte, vereitelten die städtischen Wehrvereinigungen gemeinsam mit den Garde-Invaliden durch entschlossenes Auftreten an der Glienicker Brücke dieses Vorhaben und bewahrten die Stadt vor möglichen Übergriffen.

Die Sympathie der Potsdamer für die Bewegung gegen die Fremdherrschaft war groß. Am 3. März begrüßten sie die ersten russischen Kosaken in der Stadt und nahmen sie freudig auf. Dem Ruf des Königs zur Bildung der Landwehr, der am 23. März in der Stadt bekannt wurde, begegnete man dagegen mit deutlicher Reserviertheit. Nachdem entsprechende Weisungen durch die Regierung der Kurmark eingegangen waren, wies der Polizeidirektor Flesche am 26. März den Magistrat unter Bürgermeister Brunner an, schnellstens die Organisierung der Landwehr einzuleiten. Noch am gleichen Tag begann die Erfassung aller Wehrfähigen; es waren insgesamt 3009 Männer zwischen dem 18. und 45. Lebensjahr. Gleichzeitig wurden die Stadtverordneten aufgefordert, die Landwehridee aktiv zu vertreten – „das Publikum zu diesem Zweck geneigt zu machen und dasselbe von der Nothwendigkeit einer zu errichtenden Landwehr zu überzeugen". Denn von Potsdam wurde ein besonderes Engagement erwartet, worauf der kurmärkische Regierungspräsident von Bassewitz am 28. März in einem entsprechenden Schreiben hinwies: Seine Majestät werde „gewiß die Stadt Potsdam in besonderem Augenmerk halten und von der patriotischen Gesinnung der Einwohner ein glänzendes Beispiel für die übrigen erwarten". Die Resonanz in Potsdam indes war sehr verhalten. Gerade bürgerliche Kreise versuchten, sich vom Krieg fernzuhalten, entsprach es doch einer überkommenen Erfahrung, daß der Krieg Sache der Krone und ihres stehenden Heeres war – eine Haltung, die sich allerdings im Verlaufe des Krieges merklich änderte. Zunächst aber ersann man noch zahlreiche Tricks, dem Kriegsdienst zu entkommen. Die Regierung drohte in solchen Fällen mit dem Entzug der Bürgerrechte und des Gewerbescheins. Wer sich wirklich freiwillig meldete, nannte sich „Krieger", nicht „Soldat"; zu stark war die Abneigung gegen den Soldatenstand, der vornehmlich noch immer nach den Kategorien aus der Zeit vor der Heeresreform beurteilt wurde.

Potsdam hatte 398 Männer für die Landwehr zu stellen, davon 350 für die Infanterie und 48 für die Kavallerie. Freiwillig meldeten sich gerade 20 Prozent: 72 für die Infanterie und nur ein Mann für die Kavallerie. Der Magistrat rechtfertigte sich gegenüber den höheren Behörden mit dem Hinweis, daß sich 100 Freiwillige schon vorab zu den Freikorps gemeldet hätten und auch viele Bürger aus familiären Gründen unabkömmlich seien. Offizielle Zurückstellungen wurden aber nur in wenigen Fällen genehmigt, und die fehlenden Landwehrstellen wurden durch das Los besetzt. Ab 9. April hatten die Landwehrmänner fünfmal pro Woche für je zwei Stunden zur Ausbildung zu erscheinen, was aber nur widerwillig und unregelmäßig befolgt wurde. Die Vereidigung mußte wegen fehlender Beteiligung zweimal angesetzt werden, am 19. und am 21. April, und hatte dennoch nur 327 Mann erfaßt, was energische Proteste des Oberregierungspräsidenten und des Polizeidirektors auslöste. Die Ausrüstung der Landwehr sollte mit städtischen Mitteln finanziert werden. Von den dafür notwendigen 25 000 Talern war aber nur ein Teil verfügbar, so daß die Ausrüstung trotz zusätzlicher Spenden der Bevölkerung von über 3000 Talern sehr unvollständig blieb und während des Krieges durch Requirierungsmaßnahmen noch beträchtlich ergänzt werden mußte. Am 1. Mai marschierte die erste Kompanie unter Capitain von Kauffung, vorher Kreisoffizier der Gens d'armerie und ehemaliger Capitain im Regiment Prinz Ferdinand, aus Potsdam ab: fünf Offiziere, ein Feldwebel, 16 Unteroffiziere, zwei Tambours und 192 Gemeine. Am 30. Mai folgten unter Capitain Keßler, vordem Regierungsrat, 150 Mann Landwehr-Infanterie, die sich in Brandenburg mit 50 Männern von dort zu einer zweiten Kompanie formierten. Sie alle gehörten zum Brandenburger Bataillon, das mit drei weiteren die 5. Kurmärkische Landwehr-Brigade bildete, zunächst unter Major von der Marwitz und später unter den Majoren von Bornstädt und von Treskow als Brigadekommandeure. Die 48 Potsdamer Landwehr-Reiter verließen am 17. Mai die Stadt und vereinigten sich mit 48 Reitern aus Brandenburg zur 1. Eskadron im 5. Kurmärkischen Landwehr-Kavallerieregiment unter Rittmeister von Uckermann, einem ehemals aktiven Offizier der Leibkürassiere und anfangs noch Chef der Potsdamer Eskadron. Es entsprach der sentimentalen Pathetik jener Zeit, wenn etwa ein Capitain, der ins Feld zog, folgende Abschiedsanzeige in die Zeitung setzte: „Ihnen allen, meine teuren Freunde und Bekannten, weihe ich diese Zeilen! Der Stimme des Vaterlandes freudig folgend, trenne ich mich wehmütig von Ihnen. Gott sei mit Ihnen!"

Bereits am 2. Mai 1813 war es bei Großgörschen, südwestlich von Leipzig, zur ersten großen Schlacht des Frühjahrsfeldzuges gekommen. Hier erhielten die Gardetruppen ihre Feuertaufe, und das Füsilierbataillon zeichnete sich besonders bei der Einnahme des Dorfes Kaja aus. In den Kampf geschickt wurden sie, als Blücher über keine anderen Kräfte mehr verfügte. Bereits hier deutete sich an, was für den weiteren Kriegsverlauf charakteristisch werden sollte: die Reservestellung der Gardeformationen. Später ließ der König die Landwehr ins Gefecht schicken und schonte seine Garden, die er beständig umformierte und vermehrte.

Als nach dem mühevollen Sieg Napoleons bei Großgörschen ein französischer Vorstoß auf Berlin drohte, legte man in Potsdam verschiedene Schanzwerke an. Sie waren als Teil eines Verteidigungsringes um die preußische Hauptstadt gedacht und bildeten darin den südwestlichen Eckpunkt. Am 8. Mai kam auf Weisung Friedrich Wilhelms der Oberst Hermann von Boyen, der spätere preußische Kriegsminister und Generalfeldmarschall, in die Stadt und leitete die Verteidigungsvorbereitungen. Um weite Gebiete vor Potsdam überfluten zu können, staute man das Flüßchen Nuthe auf; man befestigte den Brauhausberg, verstärkte die Stadtmauer durch einen zusätzlichen Wehrgang und sicherte wichtige Punkte durch Geschütze. Über 1000 Potsdamer beteiligten sich täglich an den Schanzarbeiten.

Mit dem am 4. Juni 1813 in Pläswitz geschlossenen Waffenstillstandsvertrag war die Gefahr für Potsdam vorübergehend gebannt. Die antinapoleonische Koalition, zu der nun auch Österreich trat, nutzte die Zeit der Waffenruhe bis zum 10. August für Vorbereitungen auf die kommenden Kämpfe. Im preußischen Heer nahm die Krone unter anderem Strukturveränderungen bei den Formationen vor. Das ehemalige Potsdamer Normal-Infanteriebataillon wurde aus seiner Zuordnung zum Garde-Regiment gelöst und am 19. Juni mit dem I. Bataillon des Colbergischen Infanterieregiments Nr. 9 und dem Füsilierbataillon des Leib-Infanterieregiments Nr. 8 zum 2. Garde-Regiment zu Fuß vereinigt. Die Potsdamer Garde nannte sich fortan 1. Garde-Regiment zu Fuß, wobei die Stammnummern bei der

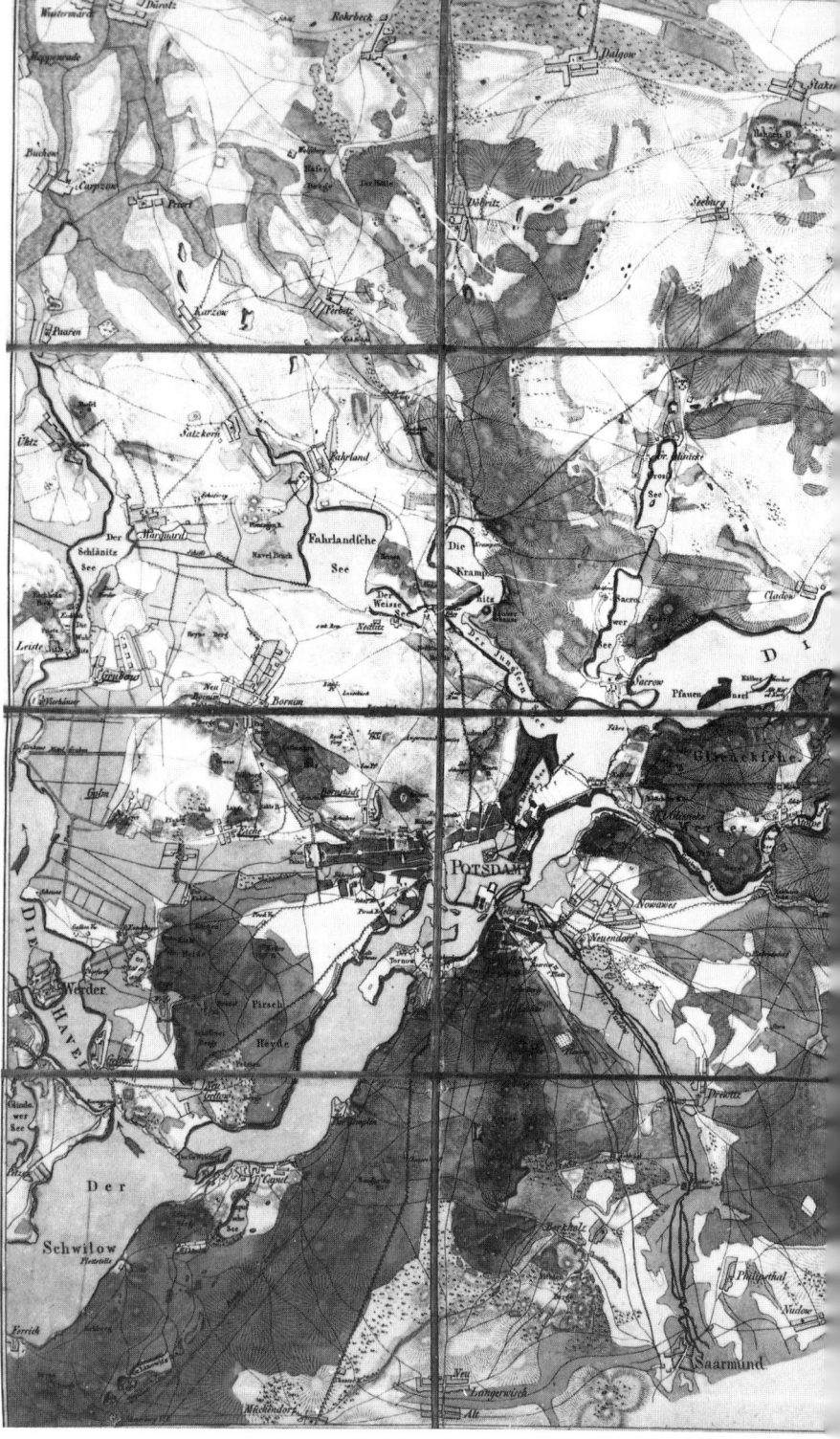

Militairische Situations Charte

von der Gegend

um

BERLIN POTSDAM und SPANDAU

Aufgenommen im Jahr 1810.

Garde generell wegfielen. Beide Truppenteile bildeten zusammen mit dem Garde-Jägerbataillon die Garde-Infanterie-Brigade und gingen im Bestand des II. preußischen Korps unter General Friedrich Heinrich von Kleist zur Hauptarmee, wo die Einheiten mit den russischen Garden unter Großfürst Konstantin zusammentraten. Auch die Garde du Corps kam zur Hauptarmee, die der österreichische Feldmarschall Karl Philipp Fürst zu Schwarzenberg führte.

In Potsdam wurde im Juli die Formierung der Bürgerwehr mit geordneten Strukturen zum Schutz der Stadt abgeschlossen. Schnell waren eine Bürger-Eskadron zu Pferde, ein Schützenkorps und zwei Bürger-Bataillone zu Fuß à zwei Kompanien mit je 100 Mann aufgestellt, was angesichts der Schwierigkeiten, die es bei der Bildung der Landwehr gab, ein beachtlicher Vorgang war. Doch Bewaffnung und Ausrüstung blieben auch dieses Mal mangelhaft, da die Stadt wiederum, trotz Privatspenden, nicht die notwendigen Mittel in Höhe von 12 000 Talern aufbrachte. Erschreckend waren die Mängel bei der Dienstauffassung und Disziplin. Zu den angesetzten Terminen erschien man nur unvollständig, woran auch die heute fast skurril anmutende Verordnung nichts zu ändern vermochte: „Wer ohne Erlaubnis des Offiziers oder Unteroffiziers von der Schildwache über die vorgeschriebene Entfernung hinaus weggeht, sich widersetzt oder Tabak raucht oder gar schläft, wird mit acht Tagen Gefängnis bestraft." Diese Einstellung änderte sich schlagartig, als die Bedrohung für Potsdam real wurde. Nach Ablauf des Waffenstillstandes bestand Napoleons Plan darin, durch einen Stoß von Süden her gegen die Nordarmee der Verbündeten unter dem ehemaligen französischen Marschall Jean Baptiste Bernadotte – seit 1810 Kronprinz Karl Johann von Schweden –, die strategische Situation seiner Truppen günstiger zu gestalten. Doch statt selbst die Initiative zu ergreifen, blieb Bernadotte, der zeitweilig in Potsdam sein Quartier hatte, untätig. Durch das beherzte Vorgehen des preußischen III. Korps unter General Friedrich Wilhelm von Bülow bei Großbeeren am 23. August wurden die Franzosen gestoppt und mußten nach den Gefechten bei Hagelberg (27. August) und Dennewitz (6. September) schließlich zurückweichen.

Die Potsdamer Landwehr-Infanterie focht am 23. August östlich von Großbeeren, bei Blankenfelde, und schlug sich hervorragend; die Landwehr-Kavallerie blieb bei Saarmund in Reserve. Potsdamer Bürger eilten auf das Schlachtfeld, um den Siegern Erfrischungen und Verpflegung zu bringen, wofür in der Stadt rasch 8000 Taler gesammelt waren. Viele Verwundete wurden in die Potsdamer Lazarette und Kasernen gebracht. Nach der verlustreichen Völkerschlacht bei Leipzig (16.–19. Oktober 1813) kamen weitere Verwundete hinzu, die in Sachsen selbst gar nicht versorgt werden konnten. In dieser schwierigen Situation breitete sich eine Typhuswelle aus, die zahlreiche Opfer auch unter der Zivilbevölkerung forderte.

Die preußischen Garden, die bei der Hauptarmee den Herbstfeldzug 1813 mitmachten, standen auch vor Leipzig wieder in Reserve und nahmen an der Verfolgung der Truppen Napoleons bis nach Frankreich hinein teil. Vor Paris allerdings, am 30. März 1814, schickte der König die Fußgarde in das Feuer, um ihr die Ehre des Einzugs in die eroberte Hauptstadt des Feindes zu sichern. Die Verluste waren mit über 700 Toten und Verwundeten so gewaltig, daß sie vorerst nur durch Aufteilung des Garde-Ersatz-Bataillons ausgeglichen werden konnten. Die Ersatztruppe war vorab aus den Reservebataillonen der beiden Regimenter gebildet worden; am 15. April 1814 marschierte der Garde-Ersatz aus Berlin ab und traf am 29. Mai in Stärke von 900 Mann in der französischen Hauptstadt ein.

Nach dem Pariser Friedensschluß (30. Mai 1814) begann die Rückkehr der Truppen in ihre preußischen Heimatgarnisonen. Schon am 3. Juli kamen die nach Berlin marschierenden Garde-Jäger durch Potsdam und wurden von der Bevölkerung begeistert gefeiert. Besonders festlich und stürmisch gestaltete sich in Potsdam jedoch der große Einzug der Garden am 3. August. Die Bürger begrüßten in ihnen die Sieger eines Krieges, mit dem sie die Verwirklichung ihrer nationalen Unabhängigkeit und die Hoffnung auf eine eigene Verfassung verbanden, eines Krieges, zu dem sie sich nachdrücklich bekannten. Man erwartete die Soldaten am Teltower Torhaus, das sich in der Mitte der noch hölzernen Langen Brücke befand. An eigens aufgestellten und mit grünen Girlanden verbundenen Masten wehten die weißen Fahnen mit dem preußischen Adler. Es erschien der Bürgermeister, der seit der Städtereform mit wirklichen Vollmachten und neuem Selbstbewußtsein ausgestattet war. Aus Berlin eilte der zum Volksheld avancierte Blücher herbei; als er vor dem Gasthof am Ziegenmarkt 1 (dem späteren Blücherplatz) seinem Wagen entstieg, rief er den versammelten jungen Mädchen zu: „Freut Euch, Mädels, jetzt könnt Ihr heiraten!" 5400 Soldaten, die am 3. Juni aus Paris abgerückt und zwei Monate ununterbrochen auf den Beinen waren, zogen an diesem 3. August freudestrahlend in die Stadt ein. An der Spitze des Zuges, der sich von der Leipziger Straße aus näherte und dem auch Teile der Berliner Garnison angehörten, marschierten das 1. und 2. Garde-Regiment zu Fuß. Ihnen folgten zwei Schwadronen Garde du Corps, eine Garde-Batterie und zwei Schwadronen leichter Garde-Kavallerie. Am Abend gab es ein Fest. Unteroffiziere und Mannschaften wurden auf der Plantage – dem großen Platz hinter der Garnisonkirche, zwischen Kanal und Langem Stall – bewirtet, die Offiziere waren zum Ball im Konzertsaal des Schauspielhauses am Kanal geladen. Vier Tage später waren alle Gardeformationen beim festlichen Einzug in Berlin dabei, ehe die Potsdamer Truppenteile endgültig in ihrer Garnison Quartier nahmen.

Gar nicht spektakulär war die Rückkehr der Landwehrmänner. Ihr anonymes Eintreffen in Potsdam und vielen anderen Orten des Königreiches entsprach in keinem Maße dem großen Anteil, den gerade die Landwehr an den Kriegserfolgen gegen Napoleon gehabt hatte. Während die Gardetruppen immer wieder geschont wurden, aber dennoch stellvertretend für den König stets die Ehrungen entgegennahmen, standen die wirklichen Helden des Krieges – die Landwehrmänner mit ihrer unzureichenden Ausbildung und mangelhaften Bewaffnung – in den feierlichen Augenblicken meist abseits. Die Landwehr-Infanteristen aus Potsdam zogen kämpfend bis nach Paris, wo sie auf dem Montmartre biwakierten. Am 11. Juni begann ihr Rückmarsch in die Heimat, über Lüttich, Aachen und Düsseldorf bis Magdeburg; dort trafen sie am 17. Juli ein und setzten nach Auflösung ihrer Formation allein oder in Gruppen den Marsch nach Hause fort. Die Landwehr-Kavallerie war während des Feldzuges 1814 in Deutschland verblieben und wurde am 1. August, als sich Teile des Regiments in Rathenow, Genthin und Burg befanden, aufgelöst und ebenfalls nach Hause geschickt.

An Heiraten, wie von Blücher in Potsdam verkündet, war zunächst noch nicht zu denken. Im Frühjahr 1815 sammelten die Verbündeten erneut ihre Heere gegen Napoleon, der die Insel Elba verlassen hatte und in Südfrankreich gelandet war. Zum preußischen Kontingent gehörten auch die Potsdamer Garden. Das Garde- und Grenadier-Korps marschierte unter dem Kommando von Generalleutnant Herzog Carl von Mecklenburg-Strelitz, der schon 1806 als Major beim Ersten Bataillon Leibgarde gedient hatte, in der zweiten Heereskolonne, die am 6. Juli die Grenze überschritt. Bereits am 18. Juni 1815 war Napoleon bei Waterloo geschlagen worden, aber die Garden mußten dennoch wieder bis nach Paris marschieren, ehe sie am 2. Dezember in ihre Heimatgarnison zurückkehrten: das 1. Garde-Regiment zu Fuß nach Potsdam, das 2. Garde-Regiment nach Berlin, die Garde du Corps nach Potsdam, Berlin und Charlottenburg.

In Potsdam verteilten sich die Quartiere der Fußgarde über die ganze Stadt; man wohnte teilweise in Bürgerhäusern, teilweise in den alten Kasernen, in denen vorher die verheirateten Soldaten gelebt hatten. Die Leibschwadron der Gardereiter bezog die alte Garde-du-Corps-Kaserne am Kanal, während die 2. Schwadron die ehemalige Artilleriekaserne am Berliner Tor belegte.

Am 18. Oktober 1815, dem 2. Jahrestag der Völkerschlacht, wurde auf dem alten Kirchhof vor der Langen Brücke ein Kriegerdenkmal eingeweiht, das an die riesigen Verluste und das gewaltige Leid der vorangegangenen Jahre erinnerte. Es erhielt die Inschrift: „Zweitausend tapferen und siegreichen Vaterlands-Verteidigern im großen Jahr der Befreiung an den Tagen von Groß-Beeren, Dennewitz und Leipzig". Begraben waren dort die 2000 in Potsdamer Lazaretten an ihren Verwundungen Verstorbenen der verbündeten Heere. Auch 1000 Angehörige der Armee Napoleons fanden auf dem Potsdamer Friedhof ihre letzte Ruhestätte. Erschreckende Zahlen. Sie entsprachen der Stärke der Potsdamer Garnison nach Ende des Krieges.

Zwischen Befreiungskriegen und Reichsgründung (1816–1870)

Beamtenstadt und Garnison

Als der Geschützdonner, der Europa über zwei Jahrzehnte fast ununterbrochen erschüttert hatte, verhallt war und Preußen als eine der Siegermächte einen beträchtlichen territorialen Zugewinn verzeichnen konnte, kam es für Potsdam darauf an, einen Platz in diesem vergrößerten und durch das Stein/Hardenbergsche Reformwerk veränderten Königreich zu finden. Würde es der einst privilegierten Königs- und Soldatenstadt gelingen, mit diesen neuen Verhältnissen zurechtzukommen und Anschluß zu finden an die moderne Entwicklung? Die Euphorie des endgültigen Sieges über Napoleon konnte nicht darüber hinwegtäuschen, daß Potsdam zunächst eine schwere Last zu bewältigen hatte. Auf insgesamt 2,5 Millionen Taler berechnete man die materiellen Verluste zwischen 1806 und 1815. Hinzu kamen neue Wirtschaftsprobleme. Die Stütze des einst so respektablen Potsdamer Gewerbepotentials, die Textilindustrie, war wie dieser gesamte Wirtschaftszweig in Preußen nun ungeschützt der englischen Konkurrenz ausgeliefert. Während sich aber die preußische Wirtschaft als Ganzes der ausländischen Konkurrenz stellte und nach komplizierten Jahren und Jahrzehnten wieder stabile Positionen erobern konnte, ging man in Potsdam von vornherein einen anderen Weg. Die Zahl der Manufakturen nahm rapide ab; als prosperierende, aber nicht sehr große Unternehmen blieben lediglich die Gewehrfabrik und die Militärtuchmanufaktur erhalten, die beide direkte staatliche Unterstützung und Schutz erfuhren. Dafür wurden nun zahlreiche Verwaltungsbehörden angesiedelt, vor allem solche, die in Folge der Bildung der Provinz Brandenburg entstanden. Auch die Regierung und der Oberpräsident dieser neuen Provinz, die aus der ehema-

Blick über die Breite Brücke auf die Hof- und Garnisonkirche und das Stadt-schloß im Hintergrund (vgl. Abb. auf S. 92/93 mit entgegengesetzter Blickrich-tung). Der Lustgarten am Ende der Breiten Straße ist durch ein Gitter abge-trennt. Rechts das Direktionsgebäude der Gewehrfabrik, vorn links das Gitter-tor, das im Bereich des Militärwaisenhauses das Kanalufer für den öffentlichen Publikumsverkehr sperrte (Carl Georg Hasenpflug, 1827).

ligen Kurmark (ohne Altmark), Teilen der Neumark sowie der ehemaligen sächsischen Markgrafschaft Niederlausitz zusam-mengefügt wurde, erhielten ihren Sitz in Potsdam, zogen 1823 zwischenzeitlich nach Berlin und kehrten 1843 endgültig zurück. Zusammen mit der Oberrechnungskammer befanden sich rund ein Dutzend zentraler Provinzbehörden in der Stadt. Damit hatte Potsdam eine neue Funktion und Aufgabe gefunden. War es im 18. Jahrhundert eine Garnison- und Residenzstadt mit starkem Gewerbepotential, entwickelte sich Potsdam nun unter Beibehaltung seiner Eigenschaft als Garnison- und Residenzort auch zu einem Verwaltungszentrum. Von der modernen wirtschaftlichen und sozialen Entwicklung wurde die Stadt dadurch jedoch langfristig abgeschnitten. Jetzt erst begann das, was Potsdam so oft klischeehaft und generell zugeschrieben wird, daß nämlich es sich hier ausschließlich oder vor allen Dingen um eine Militär- und Beamtenstadt gehandelt habe. So unleugbar Armee und Beamtenschaft mitsamt der Hofgesellschaft das Profil der Stadt bestimmten, so muß man bei diesem Phänomen dennoch die Zeit vor und nach den Befreiungskriegen deutlich unterscheiden. Wenngleich im 18. Jahrhundert das Militär entscheidender Impulsgeber für die rasante Stadtentwicklung war, bildete auch das Gewerbe ein charakteristisches Merkmal von Potsdam. Dies änderte sich sehr deutlich nach 1815, als die Stadt durch neue Prioritäten von der modernen Entwicklung abgeschnitten wurde, aber dennoch weiterhin wichtige Funktionen im Staat wahrnahm. Es waren demzufolge Offiziers- und Beamtenfamilien, die durch ihren Zuzug zum Ansteigen der Einwohnerzahl von 17 000 im Jahre 1814 auf 24 000 im Jahre 1831 beitrugen. Zentrale Begegnungsstätte der neuen Potsdamer Gesellschaft war das Zivilkasino in der Waisenstraße, das zwischen 1819 und 1824 nach Plänen von Karl Friedrich Schinkel unter der Bauleitung von Ferdinand von Arnim und Christian

OBEN: Das Zivilkasino Waisenstraße 19–23, der erste von Schinkel konzipierte Bau in Potsdam. Architektonisch hob sich das Kasino, das 1945 zerstört und durch gesichtslose Wohngebäude ersetzt wurde, vom barocken Umfeld deutlich ab. In der gleichen Straßenfront ist am linken Ende das Militärwaisenhaus zu erkennen. (Christian Heinrich Ziller, 1822.)
UNTEN: Blick in die Schloßstraße (vgl. Abb. S. 66). Das palastähnliche Haus vorn links (Ecke Hohewegstraße) war im 18. Jahrhundert erbaut worden und diente seit 1819 als Unterkunft des Stadtkommandanten, durch das Schilderhaus deutlich markiert. Die langgestreckte Fassade in der rechten Bildhälfte gehört zum Stadtschloß. (Wilhelm Barth, 1839.)

Heinrich Ziller entstand. 1819 zog die Kommandantur in das Eckhaus Schloßstraße 7 /Hohewegstraße ein, einem Prachtbau aus der Zeit Friedrichs II.

Die Garnison blieb zunächst noch verhältnismäßig klein und war für einige Jahre auf ein Infanterieregiment und Teile des Regiments Garde du Corps beschränkt. Die Überführung des preußischen Heeres vom Kriegs- zum Friedenszustand im Januar 1816 hatte durch Demobilisierung die Truppenstärke gar noch verringert. Das vormals 3000 Mann starke 1. Regiment Garde zu Fuß wurde auf einen Umfang von 69 Offizieren (fünf Stabsoffiziere, zwölf Capitains, zwölf Premierlieutenants, 40 Secondelieutenants) und 2035 Unteroffiziere/Mannschaften gebracht (pro Bataillon 49 Unteroffiziere, zwölf Spielleute, ein Bataillonstambour, 616 Gemeine sowie ein Unteroffizier als Schreiber beim I. Bataillon). Diesen Friedensetat erreichte man vorrangig durch Ausrangieren aller Invaliden (teilweise erhielten sie Einstellung beim Invaliden- bzw. Garnisonsbataillon), durch Entlassung aller Ausländer, durch Ausrangierung von Mannschaftsangehörigen, die über 32 Jahre alt waren (auf eigenen Wunsch der Soldaten, oder wenn das Regiment sie nicht mehr behalten wollte) und schließlich durch Überstellung der dennoch Überzähligen zur Reserve des Regiments. Das Regiment Garde du Corps bekam 1816 wie alle anderen Kavallerieregimenter der Linie einen Friedensetat von 625 Mann, davon 23 Offiziere (zwei Stabsoffiziere, vier Rittmeister, vier Premierlieutenants, 13 Secondelieutenants). 1817 sank der Etat auf 545 und stieg 1818 auf 565 Mann bei unveränderter Offizierszahl.

Strukturell gehörten die beiden Potsdamer Regimenter auch nach 1815 zu dem schon während des Krieges gebildeten Garde- und Grenadierkorps, seit dem 13. November 1821 unter der Bezeichnung Gardekorps. Es befand sich anfangs ebenso wie die anderen acht Armeekorps des preußischen Heeres unter einem Generalkommando, nämlich dem in Brandenburg und Pommern, unter General der Infanterie Bogislaw Friedrich Emanuel Graf Tauentzien von Wittenberg. Doch schon ab 1. Januar 1817 wurde dieses Korps der Zuständigkeit des Generalkommandos entzogen, was ein weiteres Mal auf die besondere Stellung der

Garden hinweist. Es setzte sich zu diesem Zeitpunkt aus folgenden Formationen zusammen:

einer Garde-Brigade (ab 1818: 1. Garde-Division), bestehend aus den beiden Garde-Regimentern zu Fuß und dem Garde-Jägerbataillon;

einer Grenadier-Brigade (ab 1818: 2. Garde-Division), bestehend aus dem Kaiser-Alexander-Grenadier-Regiment, dem Kaiser-Franz-Grenadier-Regiment und dem Garde-Schützenbataillon;

der der Garde-Brigade beigeordneten 1. Garde-Kavalleriebrigade (Garde du Corps und Garde-Husarenregiment);

der der Grenadier-Brigade beigeordneten 2. Garde-Kavalleriebrigade (Garde-Dragoner- und Garde-Ulanenregiment);

und aus zwei reitenden und zwei Fußbatterien sowie einer Parkkolonne.

Die Veränderungen in der preußischen Armee nach 1815 betrafen nicht nur die Umstellung vom Kriegs- auf den Friedensetat. Sie zielten noch mehr auf den inneren Zustand des Heeres. Der liberal-nationale Geist der aus den Befreiungskriegen in die Heimatgarnisonen zurückkehrenden Truppen ließ sich kaum mit der restaurativen Friedensordnung des Wiener Kongresses und der Heiligen Allianz, zu der sich Preußen, Österreich und das auf dem Kontinent für die kommenden Jahrzehnte politisch-militärisch dominante Rußland zusammengeschlossen hatten, vereinbaren. Die preußischen Reformkräfte, zahlenmäßig nie sehr stark, aber aufgrund der Situation einst sehr einflußreich, verließen innerhalb von vier Jahren die wichtigsten Posten in der Armee, zuletzt Kriegsminister von Boyen und Generalstabschef Karl Wilhelm Georg von Grolmann. Starker Kritik ausgesetzt war die Landwehr. Zu ihren eifrigsten Kritikern gehörte jener Friedrich August Ludwig von der Marwitz, unter dessen Kommando 1813 auch die Potsdamer Landwehr-Männer gestanden hatten. Weniger seine schlechten Erfahrungen, die er als Führer der kurmärkischen Landwehr mit der mangelhaften Ausbildung und schlechten Ausrüstung dieser Truppe gemacht hatte, sondern sein ausgeprägtes feudales Standesdenken waren Ursache dafür, daß er die Zusammensetzung der Armee aus Linie und

Landwehr für unvereinbar hielt. Der Herzog von Mecklenburg, Kommandierender General des Gardekorps und Führer der konservativen Adelsgruppierung in Preußen, lehnte die Landwehr als Element der Volksbewaffnung offen ab; zu akzeptieren war sie nach seiner Auffassung als notwendiges Übel höchstens dann, wenn alle Formen der Selbstbestimmung, wie etwa die Führerwahl, eliminiert wurden. Die Krone machte sich diesen allgemeinen Stimmungsumschwung zunutze. Sie schränkte nun die Selbständigkeit der Landwehr ein und wandelte die fortschrittlich gedachte Wehrpflicht sowie die Institution des Einjährig-Freiwilligen, mit der ursprünglich den Befähigten aus begüterten nichtadligen Kreisen die Offizierslaufbahn geöffnet wurde, in Instrumente einer einseitig dem Königtum ergebenen Armee um. Disziplin und blinder Gehorsam galten als unverzichtbare Elemente, die nur in der Linie durchführbar schienen, nicht dagegen in der Landwehr. Ein längerdienendes Unteroffizierskorps und ein homogenes Offizierskorps betrachtete man als Garanten dafür, daß die nur kurz dienenden Wehrpflichtigen der Disziplin unterworfen und gegen jede liberale Ideologie abgeschottet wurden.

Die Entwicklungen im politischen Bereich blieben nicht ohne Folgen für die militärische Schlagkraft der Truppe. Die Formalausbildung im 1. Regiment Garde zu Fuß gewann im Vergleich zum Felddienst immer mehr an Gewicht. Zweckmäßige Regelungen aus der Zeit der Befreiungskriege, die noch nicht endgültig in militärischen Vorschriften verankert waren, wurden zu Gunsten von Äußerlichkeiten verdrängt; das in bewußt beschränkter Knappheit verfaßte Infanteriereglement von 1812 wurde sukzessive ausgehöhlt. Der Wach- und Paradeaufwand übertraf nach nur wenigen Jahren alles Vergleichbare aus der Zeit vor 1806. Besonders kritisch war die Situation bei der Kavallerie. Der schlechte Zustand der Pferde, eine Folge permanenter Finanzknappheit des Staates, die die allgemeinen Verhältnisse im Heer zusätzlich verschärfte, und der Rückgang der Reitkunst korrespondierten mit der Degradierung der Kavallerie zu einer Hilfswaffe der Infanterie, was bereits in Mängeln des Kavalleriereglements von 1812 begründet lag. Als vor allem Blücher für eine rasche Überwindung dieses Zustandes plädierte, kam es zwar zu entsprechenden Maßnahmen, aber der Garde du Corps beziehungsweise der vor dem Krieg den Garde-Reitern attachierten Normal-Eskadron mit ihrer spezifischen Zweckbestimmung wurde dabei keine besondere Rolle zugedacht. Diese Aufgabe übertrug man einer speziellen Lehreinrichtung, der auf Allerhöchste Kabinettsorder (A.K.O.) vom 10. Dezember 1816 in Berlin gegründeten Militär-Reitanstalt, die 1821 in eine Lehreskadron umgewandelt wurde. Hier wurde nun die Reitausbildung und die Heranziehung von Reitlehrern für die Kavallerieregimenter gesichert.

Der Stillstand und die partielle Rückentwicklung im preußischen Militärwesen zeigten sich auch an ganz konkreten Begleiterscheinungen. Bestand zum Beispiel das Offizierskorps der Garde nach 1815 fast ausnahmslos aus jungen, kriegserfahrenen Adligen, führte der dann schleppende Beförderungsrhythmus bald zu einer spürbaren Überalterung. Fünfzehn Jahre und länger blieb man während der Friedensjahre in der gleichen Stellung, vor allem bei den unteren Diensträngen. Die Bildung verflachte merklich, der Stumpfsinn des Garnisonalltages begann sich durchzusetzen. Karg bemessen blieb auch die Löhnung; ein Lieutenantsgehalt lag im Monat bei 25 Talern plus vier Taler Servicezulage. Für Bewaffnung und Ausrüstung mußten die jungen Offiziere selbst aufkommen, weshalb bei der Garde du Corps mit ihren sehr teuren Galauniformen immer noch fast nur Söhne sehr begüterter Adelsfamilien dienen konnten. Auf A.K.O. vom 4. September 1816 wurden Offiziersspeiseanstalten, die späteren Casinos, eingerichtet, wo sich für relativ wenig Geld und noch mit Staatszuschüssen fast alle Lieutenants und Capitäne/Rittmeister verpflegten. Damit entfielen die Besonderheiten der früheren Potsdamer Offiziersverpflegung; das Essen entsprach nun dem in der übrigen Armee. Als ungünstig erwies sich, daß beim 1. Garde-Regiment die Junker und Fähnrich vom Offiziers-Mittagstisch ausgeschlossen blieben. So besuchten diese spontan verschiedene Wirtshäuser, wo sich viele über das allgemeine Maß hinaus bei Spiel und Trinkgelage zu hohen Schulden verleiten ließen und dadurch nicht selten zum vorzeitigen Abgang aus der Armee gezwungen waren. Die Offiziere bei der Kavallerie hingegen kümmerten sich mehr um die Avantageure und gliederten sie in jeder Beziehung von Anfang an in das Führungskorps der Regimenter ein. Doch insgesamt war der Lebensstil der Potsdamer Offizierskreise bald in der ganzen Armee bekannt. Hier entwickelten sich, sowohl bei den erlaubten Vergnügungen als auch bei den Ausschweifungen, mehr Kraft, Wildheit und Originalität als in den Regimentern der anderen Garnisonen. Sprichwörtlich wurde der „Potsdamer Ton", mit welchem der kenntnisreiche, gebildete und von hohem Adel abstammende Offizier, wegen fehlender Mittel ohne Aussicht auf ein Kennenlernen der Welt, dem Schicksal des eintönigen Garnisonlebens zu trotzen suchte: Es war die Kunst des drastischen Ausdrucks, des prägnanten Vergleichs, des schonungslosen, treffenden Witzes und des harmlosen Humors zugleich.

Schon seit 1815 durften Stabsoffiziere keine Kompanie mehr haben, womit der Dienstgrad der Stabscapitäne und Stabsrittmeister entfiel. Aus ökonomischer Sicht war die Stellung des Kompaniechefs seit Abschaffung der Kompaniewirtschaft im Zuge der preußischen Heeresreform ohnehin bedeutungslos geworden, wenngleich es für die militärische Karriere sehr wichtig blieb, diese Position zu erreichen. Die Trennung der Position eines Stabsoffiziers von der Kompaniechefstelle erhöhte die Effektivitäts des Dienstbetriebes.

Der Mannschaftsersatz für die Garderegimenter setzte sich nicht mehr aus Gedienten zusammen, die andere Feldregimenter abgeben mußten. Aufgrund der allgemeinen Wehrpflicht waren es nun Wehrpflichtige aus allen Provinzen der Monarchie. Die Dienstzeit betrug drei Jahre, wodurch jedes Jahr ein Drittel des Mannschaftsbestandes zur Reserve des Regiments entlassen werden konnte, der man dann zwei Jahre angehörte. Wer gleich weitere drei Jahre aktiv dienen wollte (wegen der allgemeinen wirtschaftlichen Probleme im Land waren das nicht wenige), konnte dies bei einem halben Taler Monatszulage zu den sonst üblichen zwei Talern tun. Allerdings durfte die Zahl dieser sogenannten Kapitulanten nicht 30 pro Kompanie bzw. Eskadron überschreiten, um genügend Stellen für die neu auszubildenden

Rekruten offenzuhalten. Im Jahr 1822 bestimmte das Kriegsministerium, daß nur solche Männer länger dienen durften, von denen man annehmen konnte, daß sie sich zu Unteroffizieren qualifizieren würden.

Die Belastungen des täglichen Dienstes waren für die einzelnen Soldaten ziemlich hoch. Über neun Stunden war man voll beschäftigt, davon dreieinhalb Stunden beim Felddienst, Exerzieren und dem neu reglementierten Scheibenschießen (einschließlich der dabei oft sehr langen Wartezeiten), je zwei Stunden beim Reinigen, Waschen und Instandhalten der persönlichen Gegenstände beziehungsweise beim Garnisons- und Wachdienst, eine Stunde verbrachte man mit Leibesübungen und ebenfalls eine Stunde im Stuben- und Küchendienst. Die beiden Grenadierbataillone des 1. Garde-Regiments zu Fuß hatten ihre Schießstände zunächst vor der Langen Brücke; das Füsilierbataillon trainierte im Katharinenholz am nordwestlichen Rande der Stadt. 1817 erhielten auch die beiden Grenadierbataillone ihre Stände im Katharinenholz. Neu war der Schwimmunterricht als fester Bestandteil der militärischen Ausbildung. Er wurde ab Sommer 1817 an der gleichen Stelle in der Havel erteilt, wo zwischen 1823 und 1825 die Schwimmanstalt des 1. Garde-Regiments entstand, an der Ostseite der Altstadt, in der Nähe der Heiligegeistkirche. 1824, zum 10. Jahrestag des Pariser Friedens, wurden mit A.K.O. vom 30. Mai dem II. Bataillon als Traditionszeichen die alten Grenadiermützen des ehemaligen Bataillons Grenadier-Garde (Nr. 15) verliehen; getragen werden durften sie zunächst allerdings nur zu Sonntagsparaden und auch nur dann, wenn das II. Bataillon nicht zusammen mit dem I. Bataillon erschien.

Der Wehrpflichtige, der an die Stelle des einst aus den Kantonen oder dem Ausland herbeigeholten beziehungsweise aus anderen Regimentern überstellten und langjährig Dienenden trat, veränderte grundlegend die sozialen Verhältnisse in der Garnison. Der nur drei Jahre bei seinem Truppenteil stehende Wehrpflichtige konnte sich in seinem Garnisonsort zwar freier bewegen, doch er entwickelte eine ganz andere soziale und emotionale Bindung an die Stadt, als das vorher geschehen war.

Gerade in Potsdam mit seinem hohen Freiwächteranteil im 18. Jahrhundert waren die Rekruten zu wirklichen Bewohnern der Stadt geworden, die hier einen beträchtlichen Teil ihres Lebens verbrachten, während ihrer dienstfreien Zeit arbeiteten und vielfach ihre Familien in der Garnison hatten. Zu Recht wurden sie auch stets in die offizielle Bevölkerungszahl einbezogen. Dem örtlichen Gewerbe standen sie als Arbeitskräfte zur Verfügung, waren Produzenten und mit ihren Familien Konsumenten. Nach 1815 aber kam der Wehrpflichtige nur noch für eine vergleichsweise knapp bemessene Zeit nach Potsdam und kehrte anschließend wieder nach Hause zurück, wo die Familien unterdessen zurückgeblieben waren. Der Aufenthalt in der Garnison war mit dem militärischen Dienst voll ausgefüllt, wodurch der Soldat als Arbeitskraft ausfiel. Die gewerbliche Produktion war fortan die alleinige Angelegenheit der zivilen Bevölkerung. Die Absatzkrise der preußischen Industrie nach 1815 traf die Unternehmen, die in großer Zahl eingingen, und brachte für die Stadt und den Staat Steuerverluste; die in Potsdam ohnehin nicht sehr zahlreiche nichtmilitärische Arbeitnehmerschaft kam indes im Dienstleistungsbereich unter, der in der Wirtschaftsstruktur der Hof-, Garnison- und Verwaltungsstadt Potsdam nun eine immer größere Rolle spielte. Die neue Wehrpflicht, seit 1814 offiziell in Kraft, beeinflußte also sowohl die Streitkräfte in ihrer Substanz als auch die Verhältnisse in Potsdam, wo der große Militäranteil von weit über einem Drittel der Gesamtbevölkerung um das Jahr 1800 nie wieder erreicht wurde. Mit der Einführung der allgemeinen Wehrpflicht war allerdings auch die Befreiung der Potsdamer vom Militärdienst fortgefallen.

Neue Truppen und große Kasernen

Am 3. November 1817 wurde das Garde-Jägerbataillon nach Potsdam verlegt. So begann nach nur wenigen Jahren der Konsolidierung und der wiedergefundenen städtischen Identität ein neues Wachstum der Garnison. In bestimmtem Maße wurde dabei linear die Tradition der alten Soldatenstadt, als Konzentrationspunkt ausgesuchter Garden zum Beispiel, fortgeführt. Die neuen sozialen und wirtschaftlichen Verhältnisse, der Platz und die Rolle der Stadt im Königreich nach dem Wiener Kongreß und die gewandelte Armee selbst bewirkten aber auch, daß diese neue Entwicklungsphase sich beträchtlich von der zwischen 1713 und 1806 unterschied. Die Verbände, die nun nach Potsdam verlegt wurden, brachten zudem eine völlig neue Truppenstruktur in die Stadt. Die bisher vorhandene einseitige Ausrichtung auf die Infanterie wich nun einer gemischten Truppenstruktur, was die innere Organisation der Garnison beeinflußte, hatte man sich doch auf die Bedürfnisse neuer Waffengattungen einzustellen.

Gleichzeitig kam es in stärkerem Maß zum Bau von Kasernen im modernen Sinn. Er veränderte die Infrastruktur der Garnison und führte für die Soldaten zu völlig neuen Formen der Unterbringung. Vor allem für die neu nach Potsdam kommenden Truppen entstanden in den folgenden Jahrzehnten zahlreiche Bauten dieser Art, wogegen die Garde-Infanterie noch sehr lange in den Bürgerquartieren verblieb. Die neuen Kasernen erfüllten mehrere Aufgaben zugleich. Zunächst ließ sich der gesamte Truppenkörper besser beaufsichtigen. Gleichzeitig entriß man die Soldaten in erheblichem Maße dem Zivlleben mit seinen vielfältigen Einflüssen, die von der Armeeführung nicht positiv eingeschätzt wurden. Aber auch die Ausbildungsbedingungen verbesserten sich durch die Zusammenfassung größerer Truppenkörper in einem Objekt, ebenso die Bedingungen zur schnellen Herstellung der Kriegsbereitschaft. Nicht zu unterschätzen ist auch die hygienische Seite. Indem man nämlich in den Kasernen vorbildliche Verhältnisse schuf, die in Privatquartieren oft gar nicht oder nur unzureichend vorhanden waren, wurde bald eine immer höhere Konzentration von Soldaten auf engstem Raum möglich, ohne daß Epidemien oder ähnliches um sich griffen. Schließlich sollten sich die Kasernen bei inneren Unruhen auch bald als kleine innerstädtische Festungen erweisen.

Die Garde-Jäger waren der erste von mehreren Truppenverbänden, die in den Folgejahren nach Potsdam in Garnison kamen. Hervorgegangen war das Bataillon – zusammen mit dem (Ostpreußischen) Jägerbataillon Nr. 2 (ab 1. Juli 1813: Nr. 1) – nach dem Tilsiter Frieden aus dem vorhandenen Stamm des alten Regiments Fußjäger, das sich teilweise der Katastrophe von 1806 hatte entziehen können. Als (Brandenburgisches) Garde-Jägerbataillon Nr. 1 lag es zunächst in Berlin in Garnison. In den Befreiungskriegen nahmen die Garde-Jäger (ab 1. Juli 1813, wie alle Garde-Formationen ohne Stammnummer), die zeitweilig kompanieweise auf verschiedene preußische Armeekorps aufgeteilt waren, an den Schlachten von Großgörschen, Bautzen und Dresden, an der Katzbach, bei Leipzig und Arcis-sur-Aube sowie vor Paris teil. Entsprechend seinem Charakter versah das Bataillon zahlreiche Vorpostendienste; die 3. Kompanie bildete während des Herbstfeldzuges 1813 zusammen mit 50 Reitern der Neumärkischen Landwehr-Kavallerie und 30 Kosaken ein Streifkorps an der linken Flanke der Schlesischen Armee. Im Unterschied zum Gros des Feldheeres wurden bei den Jägern traditionell nur solche Leute eingestellt, die das Jagd- und Forstwesen erlernt hatten. Für die Körpergröße waren bei den Garde-Jägern mindestens fünf Fuß und vier Zoll (1,63 Meter) festgelegt. Die aktive Mindestdienstzeit betrug drei Jahre. Wer danach ausschied, ging nach zweijähriger Zugehörigkeit zur Kriegsreserve in das Landwehrverhältnis (II. Aufgebot) über, schied also aus dem Jägerkorps aus und verlor sämtliche Ansprüche auf eine Versorgung im späteren Berufsleben. Eine Weiterverpflichtung, etwa auf weitere sechs Jahre aktiven Dienst und insgesamt 20jährige Dienstzeit beim Feldjägerkorps (einschließlich Kriegsreserve), führte hingegen in der Regel zur Anstellung im Forstdienst. Darüber hinaus wurden aber auch „Pflichttreue und tadellose Aufführung" verlangt; entgegengesetztes Verhalten konnte die sofortige Streichung von der Forstversorgungsliste zur Folge haben. Der gediente Jäger hatte Aussicht, eine der 2050 Unterförsterstellen des preußischen Staates mit einem gesicherten Jahreseinkommen bis zu 200 Talern zu erhalten. Oberjäger konnten sich gar Hoffnung auf den Posten eines Oberförsters machen, von denen es in Preußen 470 gab und wo bis zu 700 Taler gezahlt wurden. Davon ging nicht nur ein gewaltiger Disziplinierungseffekt aus. Die Jäger – und unter ihnen nochmals die Garde-Jäger – bildeten eine sozial geschlossene Gruppe. Ihrer Sonderstellung in der Gesellschaft entsprang eine ganz spezielle Zuverlässigkeit, welche die Jäger zu Sonderdiensten befähigte. Wenn sich schon das gesamte Feldjägerkorps als Elite betrachtete, so traf das auf die Garde-Jäger erst recht zu. Durch den grünen Rock unterschieden sie sich auch auf- und augenfällig von den anderen Fußtruppen Potsdams.

Auch die Ausbildung wies bei den Jägern mehr Intensität und Individualität auf als bei den Infanterieregimentern des Heeres. Es dominierte die Gefechtsausbildung, während die Formalausbildung – bei der Infanterie längst wieder in den Vordergrund getreten – das allgemein notwendige Maß kaum übertraf. Zunächst gelang es den Jägern noch für einige Zeit, sich dem konservativen Zugriff der Armeeführung etwas zu entziehen, wenngleich der patriotische Geist der Befreiungskriege bald auch hier zurückgedrängt wurde.

Oberst Job Wilhelm von Witzleben hatte großen Anteil daran, daß der patriotische und kämpferische Geist bei den Jägern für längere Zeit erhalten blieb. Schon als Premierlieutenant im Bataillon Garde zu Fuß verfaßte er 1808 eine Abhandlung über den leichten Dienst und erhielt dafür Beifall von Scharnhorst. Er wurde daraufhin sofort zum neu gegründeten Garde-Jäger-Bataillon versetzt, führte es als Kommandeur vom Dezember 1813 bis März 1815 und füllte anschließend für mehrere Jahre sehr schöpferisch den Dienstposten des Inspekteurs der Jäger und Schützen aus, ehe er zum Chef des Militärkabinetts und Generaladjutant des Königs avancierte. Besonderen Wert legte Witzleben auf die individuelle Schießausbildung und erließ 1816 eine entsprechende Vorschrift, die viele Jahre gültig blieb.

Schon 1818 kam es zur Einrichtung eigener Schießstände. Nachdem der Plan für solche in der Pirschheide längs des Havelufers schnell wieder fallengelassen worden war, errichtete man sie an der Beelitzer Straße (Michendorfer Chaussee), wo 1813 zur Verteidigung von Potsdam ein größeres Gelände abgeholzt worden war. Entsprechend der Vorschrift von 1816 schritt man in der Schießausbildung von einfachen zu komplizierten Elementen voran. Die Jäger schossen auf Ringscheiben – die Entfernung reichte von 100 bis 300 Meter, später von 350 bis 400 Meter – sowie auf Zugscheiben, um das Treffen beweglicher Ziele zu erlernen. In einer Anweisung aus dem Jahre 1819 legte der Nachfolger Witzlebens, Major von Neumann, ein Munitionslimit für die Erfüllung der verschiedenen Schießbedingungen fest, denn im Kriegsfalle konnte ja der Soldat nicht unbegrenzt Munition mitnehmen. Entsprechend ihren Fähigkeiten wurden die Jäger in unterschiedliche Schießklassen eingeteilt, so daß jeder bemüht war, in die erste Klasse aufzurücken. Schließlich stellte auch das Preisschießen einen Anreiz zur Vervollkommnung der Fähigkeiten dar; die besten Schützen erhielten Kränze, die beste Kompanie brachte die Scheiben auf die Stube ihres Capitains.

In hohem Maße zielte die gesamte Ausbildung darauf ab, die Jäger zur Selbständigkeit zu erziehen. Übungen im Patrouillen- und Vorpostendienst gehörten neben dem Schießen daher zu den wichtigsten Ausbildungsdisziplinen.

Ein wichtiges Ereignis sowohl für die Potsdamer Garnison als auch für die preußische Heeresentwicklung insgesamt war die Formierung des Lehr-Infanterie-Bataillons auf A.K.O. vom 30. Dezember 1818. Ähnlich wie das Berliner Reitinstitut für die gesamte Kavallerie, hatte das Potsdamer Bataillon Lehrfunktionen für die gesamte Infanterie zu erfüllen, was in der reformierten Armee nicht mehr Aufgabe ausgewählter Linienregimenter war. Der neue Truppenkörper stand in der Kontinuität zur Potsdamer Fußgarde vor 1806 und zum Normal-Infanterie-Bataillon, das nach 1815 nicht fortgeführt wurde. Der Zweck des Lehr-Infanterie-Bataillons bestand darin, den Dienstbetrieb und die Ausbildung der gesamten preußischen Infanterie zu vereinheitlichen und bestimmte Neuerungen zu erproben. Den unmittelbaren Anlaß für die Bildung des Bataillons lieferte die durch die Gebietsvergrößerung Preußens bedingte Aufnahme von sächsischen und bergischen Truppen in die preußische Armee, die sich in Bekleidung, Ausrüstung, Bewaffnung und vor allem ausbildungsmäßig stark von der preußischen Infanterie unterschieden.

Wörtlich hieß es dazu in der A.K.O. vom 30. Dezember 1818, daß das Bataillon „die Gleichförmigkeit und Übereinstimmung im Dienst und den Exerzierübungen der Infanterie zu befördern" habe.

Ab 1820 trat das Bataillon alljährlich zum 1. April für das Sommerhalbjahr zusammen; es bestand aus kommandierten Offizieren, Unteroffizieren und Mannschaften der 36 preußischen Infanterieregimenter, die je einen Unteroffizier und zwölf Soldaten (einen je Kompanie des Regiments) stellten. Dazu kamen von jeder Infanterie-Brigade ein Offizier und ein Spielmann. Von den Mannschaften sollten solche ausgewählt werden, die sich zum Weiterdienen verpflichteten oder noch mindestens anderthalb Jahre zu dienen hatten. Bei den Offizieren kamen jene Kandidaten in Frage, „welche für die Folge zu größeren Erwartungen berechtigen".

Nach den Herbstübungen löste sich diese Einheit bis auf einen Stamm von 132 Mann wieder auf. Dieser Stamm bestand aus einem Bataillonskommandeur, einem Bataillonsschreiber, einem Rechnungsführer, einem Bataillonstambour, vier Feldwebeln sowie 124 Unteroffizieren und Mannschaften, die alle aus den Infanterieregimentern des Garde- und Grenadierkorps kamen. Kommandomäßig war das Bataillon dem 1. Garde-Regiment zugeordnet. Als Kaserne erhielt es die sogenannten Communs beim Neuen Palais. Die Communs waren 1769 vollendet worden und hatten Dienerschaft, Hofstaat und Küche aufzunehmen. Die „Mopke", der nach seiner in Holland üblichen Backsteinpflasterung benannte große Platz zum Schloß hin, diente als Exerzierplatz. Während der Wintermonate bezog die Stammeinheit in der Stadt das aus dem 18. Jahrhundert stammende Kasernement Neustädter Kommunikation 4–7. Der Umzug im Herbst in die Winterquartiere und die Rückkehr im Frühjahr in die Communs vollzogen sich stets unter klingendem Spiel, was die Aufmerksamkeit der ganzen Stadt auf den Vorgang lenkte.

Der Bedeutung dieses Truppenkörpers für das gesamte Heer entsprachen auch die allgemeine Anerkennung und Aufmerksamkeit, die es in Preußen fand. Regelmäßig erkundigte sich Friedrich Wilhelm III. nach dem Stand der Dinge bei diesem

Bataillon. Der König hatte ausdrücklich die Forderung erhoben, „daß auf die Moralität der von den Regimentern auzuwählenden Leute des Lehr-Infanterie-Bataillons ein ganz besonderes Augenmerk gerichtet werde". Alljährlich im Mai gab er auf der Mopke für das Bataillon ein Fest, das als „Schrippenfest" oder „Schnurparade" Bekanntheit erlangte und zu einer Tradition wurde. Es wurde erstmals am 2. Mai 1820, dem Jahrestag der Schlacht von Großgörschen, zu Ehren der Veteranen vom Bataillon veranstaltet, das gleichsam als Verkörperung der ganzen Armee diente. Später ging das Festdatum auf den Pfingstmontag über. Nach einem Gottesdienst unter freiem Himmel im Park von Sanssouci und Vorbeimarsch des Bataillons am König versammelten sich die Mannschaften und Unteroffiziere an langen Tafeln auf dem Platz zwischen Palais und Communs, während die Offiziere gesondert beim Monarchen Platz nahmen. Der Name „Schrippenfest" leitete sich von der Sitte ab, jedem Soldaten ein einpfündiges Weißbrot zu überreichen, das in Form einer Riesenschrippe gebacken war. Die Bezeichnung „Schnurparade" führt ihren Ursprung auf die erste Besichtigung des Bataillons nach den Herbstmanövern zurück. Es wurde dabei angeordnet, daß die Angehörigen des Bataillons, die während ihrer Potsdamer Zeit ihre angestammten Uniformen behielten, eine Schnur als Abzeichen ihrer Kommandierung an der unteren Seite der Achselklappen zu tragen hatten.

Nach dem Beispiel des Lehr-Infanterie-Bataillons schuf man am 15. April 1822 in Potsdam auch ein Lehr-Garde-Landwehr-Bataillon aus den in den Stabsquartieren der acht Garde-Landwehr-Bataillone (Königsberg, Stettin, Berlin und Breslau sowie Magdeburg, Görlitz, Hamm und Düsseldorf) befindlichen Stämmen. Es sollte anfangs nur periodisch zusammentreten. Laut A.K.O vom 10. März 1824 wurde ein dauernder Stamm beibehalten, der von den Regimentern des Gardekorps gebildet wurde. Der 30. März 1826 war allerdings auch schon wieder der letzte Tag dieses Bataillons, als nämlich an dessen Stelle ein Garde-Reserve-Infanterie-(Landwehr-)Regiment zu zwei Bataillonen entstand. Es war dazu bestimmt, bei einer Mobilmachung Stämme für die vier Garde-Landwehr-Regimenter zu bilden. Jede Kompanie erhielt aus einem der acht Armeekorpsbezirke ihren Ersatz, der nach beendeter aktiver Dienstzeit sogleich zum 1. Aufgebot der Garde-Landwehr übertrat und dort neun Jahre verblieb. Der Stab und das I. Bataillon standen in Potsdam, untergebracht zum größten Teil in den unter Friedrich II. als sogenannte Verheiratetenkaserne errichteten Gebäuden Garde-du-Corps-Straße (vormals: Heiliggeiststraße), Nr. 1–5. Das II. Bataillon dieses bis 1847 existierenden Regiments lag in Spandau. Es bildete den Stamm für das am 23. Mai 1860 formierte Garde-Füsilier-Regiment, die später so bekannten „Maikäfer".

Von großer Bedeutung war die Bildung einer sogenannten Schulabteilung in Potsdam. Um den zu Beginn der zwanziger Jahre spürbaren Unteroffiziersmangel zu beheben und gleichzeitig die in den beiden militärischen Erziehungsanstalten zu Potsdam (Großes Militärwaisenhaus) und Annaburg bei Torgau (Militär-Knaben-Erziehungsinstitut) Ausgebildeten dafür zu nutzen, verfügte das Kriegsministerium am 24. März 1824 die Errichtung je einer Unteroffiziersschule in Verbindung mit den beiden Anstalten. Der König jedoch bestimmte kurz darauf am 5. Juli die Überweisung der Zöglinge aus beiden Anstalten in eine neu zu bildende Einrichtung beim Lehr-Infanterie-Bataillon. 1825 nahm diese unter der Bezeichnung „Schulabteilung" ihre Tätigkeit auf. Untergebracht war sie zunächst in der Neustädter Kommunikation nahe dem Neustädter Tor. Das Gebäude war im 18. Jahrhundert als Lazarett für die Grenadier-Garde erbaut worden und hatte zuletzt als Lazarett für das Füsilierbataillon des 1. Garde-Regiments gedient. Am 1. April 1828 bezog die Abteilung dann einen für seine Zeit modernen Kasernenneubau vor dem Jägertor, an der östlichen Seite der Jägerallee.

Kommandomäßig wurde die Schulabteilung in das gleiche Verhältnis zum Lehr-Infanterie-Bataillon gesetzt, wie dieses zum 1. Garde-Regiment stand; es gab also ein gewisses Unterstellungsverhältnis bei einer gleichzeitigen großen Selbständigkeit. Der Kommandeur der Schulabteilung wurde jeweils vom König aus den Reihen des 1. Garde-Regiments ernannt. Alle anderen Offiziere kamen aus sämtlichen Regimentern des Gardekorps. Der Feldwebel und die Unteroffiziere waren Halbinvaliden und kamen aus den Garnisonskompanien der Garde; ab 1830 nahm man als Unterführer jedoch voll felddienstfähige Leute, die aus den Garderegimentern stammten, wohin sie nach zweijähriger Kommandierung wieder zurückkehrten. Die Gesamtstärke der Schulabteilung betrug einen Capitain als Kommandeur, sechs Subalternoffiziere, einen Feldwebel, 30 Unteroffiziere, einen Chirurgus und 300 Zöglinge – Füsiliere genannt – einschließlich drei Tambours und drei Hornisten. Jeder Unteroffizier führte eine Korporalschaft, die aus zehn Zöglingen bestand. Je fünf Korporalschaften standen unter der Inspektion eines Offiziers. Ab 1830 spielten als administrative Einheiten die Unterabteilungen eine größere Rolle, zu der je drei Inspektionen gehörten, die vom jeweils ältesten Offizier nach Art einer Kompanie geführt wurden. Die Ausbildungszeit betrug drei Jahre. Damit konnten jährlich 100 Zöglinge zu den Truppenteilen des Heeres entlassen werden, die besten gleich als Unteroffiziere, die anderen mit Aussicht auf entsprechendes Avencement. Ausbildung und Unterricht in der Schulabteilung untergliederten sich in vier Hauptgebiete: Disziplin, militärische Ordnung und Zucht; praktisches Erlernen des Dienstes; Schulunterricht; Unterricht im Handwerk. In den ersten drei Monaten nach der Einstellung in die Abteilung im März wurde ausschließlich exerziert. Danach begannen die Felddienstübungen (Patrouillen, Feldwachen usw.). Geschossen wurde erst im 2. Ausbildungsjahr. Der Schulunterricht konzentrierte sich auf Rechnen und deutsche Sprache, Geschichte und Geographie, umfaßte aber auch Terrainbeschreibung, Plankenntnisse und Fortifikation. Lehrkräfte waren die Offiziere und Unteroffiziere der Abteilung. Handwerksunterricht wurde in Schneiderei und Schuhmacherei in den Werkstätten der Schulabteilung erteilt. Am 1. Mai des 3. Ausbildungsjahres machten die Zöglinge sämtliche Übungen des Lehr-Infanterie-Bataillons mit. Um die künftigen Unteroffiziere gut auf ihre baldige Verwendung vorzubereiten, bekamen sie beim Exerzieren das Kommando kleinerer Abteilungen des Bataillons übertragen.

In ihrem äußeren Erscheinungsbild glichen die Potsdamer Zöglinge der Linieninfanterie des preußischen Heeres. Der Waf-

fenrock war dunkelblau, die Achselklappen weiß und rot in der
1., gelb und blau in der 2. Unterabteilung, aber ohne Nummern.
Die grauen Tuchhosen hatten rote Litzen an den Seiten; im Sommer wurden weißleinene Hosen angelegt. Als Hauptbewaffnung
trugen die Zöglinge Steinschloßflinten wie in der Armee, die
1830 jedoch gegen solche kleinerer Dimension (etwa $8\frac{1}{2}$ Pfund
schwer) getauscht und 1840 in Perkussionsgewehre umgeändert
wurden. Auch die Monatslöhnung entsprach der der Linieninfanteristen: zwei Taler und 15 Silbergroschen im Monat, ausgezahlt dekadenweise, also alle zehn Tage ein Teil. Davon mußte in
der Speiseanstalt, deren Besuch Pflicht war, täglich etwa ein Silbergroschen gezahlt werden. Weil aber die allgemeinen Heeresportionen für die im Wachstum stehenden Zöglinge zu gering
waren, wurde für starke Esser eine Zulage bewilligt, für welche
die kommunale (!) Fleischsteuerkasse der Stadt Potsdam zuständig war.

1844 deutete sich eine Reorganisation der Schulabteilung an.
Eine A.K.O bestimmte am 4. April, daß a) der Eintritt in die
Abteilung nicht mehr automatisch durch Übernahme der Zöglinge aus den Militärerziehungsanstalten erfolgte, sondern künftig freiwillig sein sollte, sowie b) die allzu starke Verwendung von
Zöglingen im Lehr-Infanterie-Bataillon geringer und die Selbständigkeit der Schulabteilung größer werden sollten. Durch die
Einführung des Freiwilligenersatzes stieg der Zustrom zur Potsdamer Schulabteilung sprunghaft an. Deshalb wurde am 9. Juli
1846 unter anderem bestimmt, die Personenzahl der Schulabteilung um 96 Zöglinge zu erhöhen. Die gesamte Abteilung untergliederte sich nun in drei Kompanien. Die kommandierten Offiziere wurden nicht mehr durch das Gardekorps, sondern durch
die acht Armeekorps gestellt; die Unteroffiziere der Kompanien
gehörten nicht mehr zum Etat der Abteilung, sondern wurden
aus dem gesamten Heer für jeweils drei Jahre abkommandiert.
Gegenüber dem Lehr-Infanterie-Bataillon erhielt die Schulabteilung am 1. Oktober 1847 völlige Selbständigkeit.

Hatte ein ganzes Jahrhundert hinweg die Infanterie im Militärstandort dominiert, begann sich das ab 1819 allmählich zu
ändern. Im Sommer jenes Jahres kam das Garde-Landwehr-Ka-

vallerie-Regiment in die Havelstadt. Es erhielt wegen Platzmangels zunächst Naturalquartiere in den Vorstädten.

Mit der Unterbringung von Kavallerieregimentern in größeren Städten waren gewisse Probleme verbunden, die sich vor allem aus der Bereitstellung und der Unterhaltung von Pferdeställen in entsprechender Zahl, sowie aus der Fütterung und der Pflege der Pferde ergaben. Deshalb standen bis zu Beginn des 19. Jahrhunderts Kavallerieregimenter meist in ländlichen Gebieten, zudem noch verteilt auf mehrere Ortschaften. Um die Unterbringung in Potsdam möglichst optimal zu gestalten, wählte man als Unterbringungsplätze für die Kavallerie stets den Stadtrand, wo dann später auch die Kasernen entstanden.

Das Garde-Landwehr-Kavallerie-Regiment war am 14. April 1819 in Köpenick formiert worden. Es entstand durch Zusammenlegung der Posenschen Garde-Landwehreskadron (errichtet 1817), der Litthauischen, Thüringischen und Cleve'schen (alle 1818) sowie der mit Regimentsbildung geschaffenen Brandenburgischen, Pommerschen, Schlesischen und Rheinischen Garde-Landwehreskadrons. Je zwei dieser personell sehr kleinen Stammeskadronen traten zum Exerzieren zu einer Eskadron zusammen. Die Bildung dieses Regiments und seine Stationierung in Potsdam sind im Zusammenhang mit der allgemein zu jener Zeit in Preußen charakteristischen Entwicklung zu sehen, die Selbständigkeit der gesamten Landwehr durch stärkere Bindung an die Linie schrittweise zu beseitigen. Die Garde-Landwehr hatte zu diesem Zeitpunkt schon fast gar nichts mehr mit der allgemeinen Landwehr gemein.

Am 3. August 1821 wurden die acht Stammschwadronen auf je 146 Stellen gebracht. Das geschah durch Abgabe von je vier Mann und Pferden aus sämtlichen Schwadronen des stehendes Heeres – insgesamt 576 Männer und Pferde. Daraufhin bildete man zwei selbständige Regimenter, das 1. und das 2. Garde-Landwehr-Kavallerie-Regiment, wovon das 1. in Potsdam blieb und das 2. nach Berlin ging. Gleichzeitig ließ der König das bisherige Garde-Ulanenregiment zum Garde-Kürassierregiment umwandeln: Erstens gab es nun im preußischen Heer, das zu jener Zeit keine Garde-Kürassiere hatte, wieder ein solches Regiment, und zweitens war der Garde-Landwehrkavallerie der Charakter von Garde-Ulanen zugedacht. Erwartungsgemäß kam es auch bald zur offiziellen Umbenennung: Ab 30. März 1826 nannte sich die Potsdamer Garde-Landwehrkavallerie 1. Garde-Ulanen-(Landwehr-)Regiment, die Berliner entsprechend. Beide Regimenter wurden dann in das Gardekorps eingereiht.

Da man nicht daran interessiert war, die Potsdamer Garde-Landwehrkavallerie beziehungsweise die Garde-Ulanen lange Zeit in den ohnehin knapp werdenden Bürgerquartieren unterzubringen, begann man intensiv mit dem Bau von Kasernen. Schon im September 1819, also nur kurz nach dem Einzug der Truppe in Potsdam, waren die sogenannte Große Kaserne in der Brandenburger Kommunikation und die Pferdeställe an der Stadtmauer (zwischen Brandenburger und Nauener Tor) bezugsfertig. Da sich jedoch sehr bald die Räumlichkeiten als unzureichend erwiesen, kaufte König Friedrich Wilhelm III. im April 1821 das unmittelbar vor dem Brandenburger Tor gelegene Gasthaus „Zur Stadt Magdeburg" am südlichen Ende des Luisenplatzes; es wurde schnell umgebaut, so daß Unterkunft und Ställe für die 3. Schwadron entstanden, die noch im November desselben Jahres bezogen werden konnten. Wegen ihres schlechten baulichen Zustandes mußten die Gebäude für die 3. Schwadron allerdings im Jahre 1832 schon wieder abgerissen werden. Eine A.K.O vom 27. März 1833 befahl, mit einem Neubau im Jahre 1834 zu beginnen; die Kosten in Höhe von 88 000 Talern sollten aus dem Immediat-Baufonds der Stadt Potsdam entnommen werden. Am 1. Oktober 1834 war es dann soweit: Die 3. Schwadron, die während der Zwischenzeit Quartier in einem freistehenden Gebäude am Neustädter Tor genommen hatte, bezog nun den fertiggestellten Neubau, ein unterkellertes massives, dreistöckiges Backsteingebäude mit 18 Fensterachsen und abgeschrägtem Zinkdach. Die Unterkünfte für die anderen drei Schwadronen des Regiments wurden zwischen 1830 und 1838 gründlich erneuert.

Als insgesamt drittes Kavallerieregiment bekamen am 22. Dezember 1823 die Garde-Husaren Potsdam als Garnisonsort zugewiesen. Entstanden war das Garde-Husarenregiment durch

A.K.O. vom 21. Februar 1815, wonach anstelle des damaligen leichten Garde-Kavallerieregiments drei neue Regimenter zu bilden waren: die Garde-Husaren, die Garde-Dragoner und die Garde-Ulanen. Die Bildung des Garde-Husarenregiments war dann das Ergebnis einer Zusammenlegung der 4. Eskadron des leichten Garde-Kavallerieregiments (Garde-Normal-Husaren-Eskadron) mit drei Eskadronen des im Zuge der allgemeinen Volkserhebung von 1813 durch General von Yorck aus Freiwilligen gebildeten Ostpreußischen National-Kavallerieregiments. Zwar bezeichnete der König die Bildung der neuen Garde-Regimenter als einen Akt der Auszeichnung vor allem der Nationalkavallerie, doch dahinter verbarg sich vielmehr eine Methode, die in den Befreiungskriegen entstandenen Formationen als selbständige Regimenter aufzulösen und so das volkstümliche Element auch hier aus dem preußischen Heer zu verbannen.

Als die Garde-Husaren aus Berlin (dort stationiert in der Gegend um das Hallesche Tor) nach Potsdam rückten, wurde ihnen ein Gelände vor dem Berliner Tor, unmittelbar am Havelufer zugewiesen. Da aber zunächst nur die Pferdeställe fertig waren, fanden die Mannschaften bis zur Vollendung des Kasernenneubaus im alten Kasernement in der damaligen Tuchmacherstraße (späterer Name: Elisabethstraße) Nr. 1–14 und 26–30 bzw. in der Berliner Straße Nr. 20–22 Unterkunft. Am 24. August 1842 bezog das gesamte Regiment den neu geschaffenen Kasernenkomplex auf dem dafür von Anfang an vorgesehenen Gelände vor dem Berliner Tor, zwischen Neuer Königsstraße und Havelufer, zwischen Holzmarktstraße und Schiffbauergasse. Das dreigeschossige, geputzte Wohngebäude, das in dreijähriger Bauzeit nach Entwürfen von Karl Hampel entstanden war, erstreckte sich in seiner gesamten Länge von 136 Metern unmittelbar an der Neuen Königsstraße. Der viergeschossige Mittelturm und die ebenso hohen Seitentürme dienten dazu, den zu jener Zeit in der Architektur sehr beliebten historisierenden Burgenstil gerade bei einem Militärbau zu unterstreichen. Auf ausdrücklichen königlichen Wunsch brachte man am Gebäude gar noch einen Zinnenkranz an, wodurch die Fassade eher aufgelokkert wirkte. Wer damals von Berlin nach Potsdam kam, erblickte also noch vor der Stadt linkerhand eine mächtige Anlage. Dem Regiment standen auf diesem Gelände zunächst eine massiv erbaute Reitbahn von 40 Meter Länge und 18 Meter Breite sowie vier Ställe für insgesamt 689 Pferde zur Verfügung. Die Ställe – zwischen 150 und 168 Meter lang, zehn Meter breit und fünf Meter hoch – entstanden als Ziegelrohbauten mit Ziegel- bzw. Schieferdächern und Fußböden aus Zementbeton oder gerippten Fliesen.

Einige neue Regelungen ergaben sich auch für die Invaliden der Garde. So gab es ja allgemein im preußischen Heer neben den Invalidenbataillonen bzw. -häusern zu Berlin, Stolp/Pommern und Rybnik/Oberschlesien pro Armeekorps zwei selbständige Invalidenkompanien, die durch eine veränderte Invalidenversorgung (Erhöhung der sogenannten Gnadengehälter für die aus der Armee völlig Ausgeschiedenen, Förderung ausgedienter Unteroffiziere bei einer zivilen Stellenbeschaffung) ab 1834 nicht mehr ergänzt wurden. Die Garde behielt nach 1815 ein eigenes Invalidenbataillon für Ganzinvalide; 600 Mann, aufgeteilt in zwei Kompanien à zwei Abteilungen.

Die Halbinvaliden der Garde (wie auch die der anderen Regimenter) faßte man zunächst in sechs Garnisonskompanien zusammen, je eine für jedes Infanterieregiment, eine für die Kavallerie und eine für die Artillerie. Sie bildeten zwei Bataillone à drei Kompanien, die 1818 noch durch vierte Kompanien aus Felddienstfähigen ergänzt wurden, damit beide Bataillone besser als Festungs- oder Garnisonsbesatzung verwendet werden konnten. Allerdings erwies es sich als zweckmäßig, beide Bataillone schon 1820 wieder aufzulösen, so daß das 1. Garde-Regiment in Potsdam wieder eine eigene Garnisonskompanie für seine Halbinvaliden hatte. Außerdem gab es nach wie vor das Korps der Ausrangierten in Werder und Potsdam. Am 30. März 1829 stiftete der König schließlich für bewährte ausgediente Unteroffiziere die Garde-Unteroffizierskompanie – die spätere Schloß-Garde-Kompanie –, die einen Etat von 70 Mann erhielt. Mit ihrer eigenwilligen Paradeuniform sollte sie an das Erste Bataillon Garde aus der Zeit Friedrichs II. erinnern.

Zu erwähnen ist schließlich noch die Potsdamer Kadettenanstalt. Hierbei handelte es sich um eine durch den Staat finanzierte Erziehungseinrichtung für Söhne gefallener oder unvermögender Offiziere, wobei interessanterweise der König in einer A.K.O. die bevorzugte Einstellung adliger Zöglinge forderte. Auch hier also wieder ein Hinweis darauf, daß die Monarchie alles unternahm, um nach den Befreiungskriegen den traditionellen Charakter des Offizierskorps wiederherzustellen, der im preußischen Heer vom Adel geprägt war. Die Potsdamer Anstalt war ein Provinzialinstitut (wie auch das zu Culm a. d. Weichsel, das durch den Wiener Kongreß wieder zu Preußen kam); das Hauptinstitut befand sich in Berlin, und dort lebten in vier Kompanien bis zu 240 Kadetten. Die Potsdamer Anstalt (ebenso wie die Culmer) diente als Vorstufe für die Zöglinge vom vollendeten 10. bis 14. (seit 1821: vom 11. bis 15.) Lebensjahr. Anfangs hatte sie eine Kompanie; im April 1822 trat noch eine zweite Kompanie hinzu (in Culm waren es von Anfang an zwei Kompanien), so daß ihre Gesamtstärke 120 Kadetten und 30 Pensionäre als Lehrer und Ausbilder betrug. Wer die Ausbildung in einer Provinzial- und in der Berliner Hauptanstalt absolviert hatte, trat mit vollendetem 17. (seit 1821: 18.) Lebensjahr in die Armee ein, um dort Offizier zu werden.

Gegründet worden war die Kadettenanstalt bereits 1769 in Stolp/Pommern. Als sie 1811 nach Potsdam übersiedelte, wurde sie mit der 1744 in Potsdam geschaffenen Sonderabteilung des Berliner Kadettenhauses vereinigt und fand zunächst im Hofflügel des Großen Militärwaisenhauses Unterkunft. Wegen Platzmangels verlegte man die Anstalt 1819 in die Teltower Vorstadt, wo sie ein großes dreieckiges Grundstück zwischen Saarmunder und Alter Königsstraße mit jenen Gebäuden erhielt, die zuvor viele Jahrzehnte lang als Lazarett für das Militärwaisenhaus gedient hatten. Unter Nutzung der vorhandenen Bausubstanz entstanden bis 1821 neue Unterkunfts- und Lehrgebäude sowie ein separates Kommandeurshaus. Auf der Stirnseite des Mittelgebäudes, wo sich der Speisesaal und darüber eine Kapelle befanden, war die Aufschrift angebracht: „Martis et Minervae alumnis" („Den Zöglingen des Kriegsgottes und der Göttin der Weisheit").

Im Großen Militärwaisenhaus dominierten nun, im Vergleich zum 18. Jahrhundert, immer mehr die Ausbildung und die Erziehung; die unmittelbare Arbeitsleistung der Kinder war spürbar zurückgegangen, zumal sie schon seit 1795/96 nicht mehr an das städtische Gewerbe vermietet wurden. Das Mädchen-Waisenhaus verlegte man per 1. Oktober 1827 nach Schloß Pretzsch, die organisatorische Einheit mit der Potsdamer Knabenanstalt blieb erhalten. 1831 ging die eigentliche Leitung des Militärwaisenhauses an dessen Direktor über, wogegen die unmittelbare Oberaufsicht – seit den Befreiungskriegen durch den Direktor des Allgemeinen Kriegsdepartements, nach 1841 durch den Kriegsminister persönlich – an Bedeutung verlor. Diese Änderung bewirkte nicht nur eine Aufwertung im Status des Direktors beziehungsweise eine formale Selbständigkeit der Anstalt, sie hatte vor allem auch eine Vereinfachung der praktischen Verwaltung zur Folge. Aus der Hautboisten- und Trommlerausbildung war im Laufe der Jahrzehnte eine gesonderte Militär-Musikschule hervorgegangen. Durch die Verlegung der Kadetten in die Teltower Vorstadt waren im großen Waisenhauskomplex zwischen Kanal und Lindenstraße Räumlichkeiten frei geworden, und man begann dort 1823 mit der Erweiterung der Musikschule. Rund 70 Zöglinge erhielten nun in zwei getrennten Klassen ausführlichen Unterricht; als Gegenleistung mußten sie anschließend mindestens neun Jahre als Regimentsmusiker dienen. Die Musikschüler brauchten die Anstalt nicht schon nach dem 14. Lebensjahr zu verlassen, was für alle anderen Zöglinge des Militärwaisenhauses galt, für die es keine automatische Militärdienstpflicht gab. In den 40er Jahren sank die Zahl der Musikschüler wieder etwas, und ab 1849 fiel für sie der Zwang weg, über die normale Wehrpflichtzeit hinaus länger zu dienen. Das Waisenhaus-Lazarett befand sich nach seiner Verlegung aus der Teltower Vorstadt in der Lindenstraße, dem Hauptportal schräg gegenüber.

Nach rund 15 Jahren war die Zahl der Soldaten und militärischen Einrichtungen in Potsdam deutlich gestiegen. Die Garnison umfaßte inzwischen ein Infanterieregiment und drei Kavallerieregimenter, wenngleich von der Garde du Corps nur zwei Eskadronen in der Stadt lagen. Hinzu kamen die Garde-Jäger,

das Lehr-Infanterie-Bataillon, die Schulabteilung, die Kadettenanstalt und das Militärwaisenhaus, dessen Bewohner einen zivil-
militärischen Sonderstatus genossen. Im Jahre 1831 zählte man
schon wieder 6700 Militärpersonen bei gleichzeitig 24 000 zivilen Einwohnern. Die Garnison bestand somit aus fast genauso
vielen Soldaten wie um die Jahrhundertwende, dennoch waren
es über 2000 Militärpersonen weniger als damals, weil Familienangehörige nun nicht mehr mitgezählt wurden. Da außerdem die
Anzahl der Kinder im Militärwaisenhaus um die Hälfte geringer
war als im späten 18. Jahrhundert, lag der Anteil des Militärs in
Potsdam um das Jahr 1831 mit 26 Prozent spürbar unter dem vor
1806, als er rund 39 Prozent betrug. Läßt man das Waisenhaus
unberücksichtigt, so machten die Soldaten im Jahre 1831 22 Prozent der Potsdamer Gesamtbevölkerung aus gegenüber 35 Prozent (= Soldaten plus Familienangehörige) vor 1806.

Das Militär prägte also auch weiterhin ganz nachhaltig das
soziale Klima und das äußere Bild von Potsdam. Nicht zuletzt
trugen dazu die Kasernenbauten bei, die dem architektonischen
Ensemble der Stadt zunehmend ihren Stempel aufdrückten.
Natürlich ist die militärische Komponente der Stadtentwicklung
auch in dieser Zeit im engsten Zusammenhang mit dem allgemeinen Wachstum Potsdams zu sehen. Vielfältige Gebäude ent-
standen, und das Landschaftsbild in und um Potsdam erhielt ein
angenehmeres Aussehen, was vorwiegend mit dem Wirken des
Gartenbauarchitekten Peter Joseph Lenné sowie des Baumei-
sters Karl Friedrich Schinkel und seiner Schüler Ludwig Persius,
August Stüler, Ludwig Ferdinand Hesse und Ferdinand von
Arnim zusammenhing. In einer sich bis etwa 1860 hinziehenden
Phase entstanden Schlösser, Villen, Kirchen, Belvederes auf den
Hügeln und verschiedene technische Bauten. Die Potsdamer
Havellandschaft verwandelte sich in eine gestaltete Kulturland-
schaft mit Parks, gut geführten Wegen und mit Straßen. Die

*König Friedrich Wilhelm III., hier in der Uniform des 1. Garde-Regiments zu
Fuß, hielt nach den Befreiungskriegen an Potsdam als bevorzugter Garnison
Preußens fest und bewirkte zugleich wesentliche Veränderungen bei der inneren
Struktur des Militärstandortes. Links im Hintergrund die Stadt, rechts die Rus-
sische Kapelle. (Ernst Paul Gebauer, 1826.)*

Stadtmauer, die ihre ursprüngliche Funktion als „Accise- und Desertions-Communication" verloren hatte, begann etappenweise zu verschwinden; 1826 wurden Wall und Palisadenzaun an der Wasserseite entfernt, das Gelände in eine Promenade umgewandelt. Auch der Bau der Kasernen war in die Stadtentwicklung einbezogen. So hatte der Schinkel-Schüler Karl Hampel als Bauinspektor, später als Bau- und Oberbaurat, entscheidenden Anteil an der Planung und Ausführung der drei Kasernen für die Schulabteilung, die Garde-Ulanen (am Luisenplatz) und die Garde-Husaren, was sich insgesamt günstig auf das Stadtbild auswirkte.

Eine Besonderheit unter den Potsdamer Militärbauten, die kulturgeschichtlich mit dem Blockhaus Nikolskoe und der Kirche Peter und Paul auf einer Anhöhe an der Havel gegenüber der Pfaueninsel korrespondierte, war die russische Kolonie „Alexandrowka" am nördlichen Stadtrand. Das Entstehen dieser Anlage, die einzigartig für das ganze Königreich war, resultierte aus den besonders engen Beziehungen zwischen Preußen und Rußland. Die Herrscher beider Länder verband eine enge Freundschaft, die auch in der Architektur und der Landschaftsgestaltung ihren Niederschlag fand. Nachdem 1817 Großfürst Nikolaus Pawlowitsch die Prinzessin Charlotte von Preußen (als Alexandra Feodorowna) geehelicht hatte, ließ Friedrich Wilhelm III. im Jahre 1819 nach einem Rußlandbesuch ein russisches Blockhaus errichten, das er seinem Schwiegersohn zu Ehren „Nikolskoe" nannte. Aus dieser Tradition heraus und zum Gedenken an Zar Alexander I., der am 1. Dezember 1825 verstarb, entstand die russische Militärsiedlung in Potsdam. Das Baugelände wählte Friedrich Wilhelm schon im März 1826 persönlich aus, und auch der Grundriß der Anlage in Form eines flach liegenden Andreaskreuzes mit länglich-ovalem Umgehungsweg stammte vom König, wogegen ein Plan Lennés verworfen wurde. 13 Bauernhäuser mit Hof und Garten wurden auf diesem Areal errichtet, dem russischen Baustil nachempfunden, jedoch nicht, wie Nikolskoe, nach Originalplänen. Ursprünglich in der Mitte geplant, jedoch dann an den Rand verlegt – auf eine Anhöhe, den Minenberg –, entstand nach einer Verfügung Friedrich Wilhelms

ХРАМЪ СВЯТАГО АЛЕКСАНДРА НЕВСКАГО.

DIE KIRCHE DES HEILIGEN ALEXANDER NEWSKI.

Kulturhistorisch einmalig ist die bis heute erhaltene Kolonie Alexandrowka,
mit welcher der preußische König dem engen Bündnis mit Rußland und den Fa-
milienbeziehungen zu den Romanows ein Denkmal setzte, wie es nur in Pots-
dam entstehen konnte. (Hans Otto Hermann, nach Wolfgang von Motz, 1829.)

eine dem heiligen Alexander Newski geweihte russische Kirche
(deshalb später: Kapellenberg) „als ein bleibendes Denkmal für
den höchstseelig verstorbenen Kaiser aller Reußen Alexander
Pawlowitsch". Um ein wahrhaft lebendiges und orginelles
Gesamtdenkmal zu besitzen, stiftete der König die Siedlung dem
Chor der russischen Sänger, der ein wirkliches Kuriosum in der

175

preußischen Armee darstellte. Hervorgegangen war dieser Chor aus den russischen Kriegsgefangenen, die General Yorck noch vor der Konvention von Tauroggen nach Preußen geschickt hatte und von denen nach einer Stimmprobe einige Dutzend Mann dem preußischen 1. Garde-Regiment als „Russischer Sänger-Chor" attachiert worden waren. Zar Alexander hatte diese Regelung sanktioniert unter der Maßgabe, daß der Chor stets die russische Armee in Preußen zu repräsentieren habe. Als man 1825/ 26 noch zwölf Sänger zählte, ließ Friedrich Wilhelm die Kolonie entsprechend anlegen, wobei er keine Ausgaben scheute. 1827 war die Anlage fertig. Die Häuser wurden den Sängern mitsamt Obstgarten und Kuh geschenkt: dem Feldwebel Wawilov, den Unteroffizieren Jablokov, Wolgov und Timofejev sowie den Gemeinen Serjev, Anisimov, Alexejev, Grigorjev, Gavrillenko, Uschkov, Bokin und Schischkov, von denen die meisten heirateten, in der Regel Frauen aus Potsdam. Das 13. Haus bot dem Kolonieaufseher, dem preußischen Feldwebel Fürgang, Platz; er übte sein Amt bis 1859 aus und wurde dann krankheitshalber pensioniert. 1856 brannte das Haus Nr. 7 ab. Wegen der Bedeutung der Kolonie ließ der König das Gebäude umgehend durch Ferdinand von Arnim rekonstruieren. Als die Besitzer im Laufe der Jahre starben, gingen die Gehöfte überwiegend an die Erben über, in einigen Fällen auch an preußische Soldaten, die sich darum beworben hatten. 1861 befand sich kein einziger russischer Sänger mehr in der Kolonie, die zunehmend einen zivilen Charakter annahm. Namensschilder erinnerten jedoch noch weiter an die ehemaligen Bewohner.

Zu den Besonderheiten der Garnison Potsdam gehörte auch ein maritimer Aspekt. Im Verlauf seines Besuches in England im Jahr 1814 erhielt Friedrich Wilhelm III. von Georg IV. eine kleine Fregatte geschenkt, die noch am Ende desselben Jahres auf der Havel eintraf. Stationiert wurde sie auf der Pfaueninsel; die Besatzung bestand aus drei deutschen Matrosen, die auf den Britischen Inseln ausgebildet worden waren. Nachdem das Schiff, das vor allem für Spazierfahrten der königlichen Familie benutzt wurde, wegen der Witterungseinflüsse und unsachgemäßer Behandlung schon 1828 wieder außer Dienst gestellt werden mußte, traf am 18. Juli 1832 ein neues Schiff, die etwas größere Fregatte „Royal Louise", vor der Pfaueninsel ein. Dort hatte man inzwischen ein Bootshaus errichtet. Weitere Anlegestellen für die Fregatte gab es zunächst nur vor dem Babelsberg und vor dem Schloß Klein-Glienicke; dessen Herr, der feinsinnige Prinz Carl, Kommandeur der 2. Garde-Division, gehörte zu den begeistertsten Nutzern des Schiffes. 1842 entstand schließlich eine Anlegestelle auf Potsdamer Seite, zwischen Glienicker- und Schwanenbrücke, also in der Nähe des Neuen Gartens. In einem kleinen Gebäude fanden die alljährlich zur Schiffsbedienung kommandierten Garde-Pioniere aus Berlin Unterkunft, je ein Unteroffizier und sechs Gemeine. Als ab 1850 dort die ersten Matrosen der gerade entstandenen preußischen Flotte Dienst taten, nannte man fortan die gesamte Anlage Matrosenstation. Sie gab der Garnison einen recht exotischen Farbtupfer, ohne aber je in den Vordergrund zu treten.

Nach 15 Jahren relativer Ruhe wurde infolge der revolutionären Ereignisse im Juli 1830 in Paris und des Aufstandes in Polen das preußische Heer teilmobilisiert. Die Potsdamer Formationen waren zunächst nur soweit davon betroffen, als das gesamte Gardekorps vorübergehend allein für die Provinz Brandenburg zuständig war, denn das III. Armeekorps (Berlin/Brandenburg) war für das an den Rhein verlegte IV. Armeekorps in die Provinz Sachsen eingerückt. Im Sommer 1831, als vier Armeekorps an der polnischen Westgrenze aufmarschierten, wurde das Garde-Füsilierbataillon aus Potsdam an die Oder verlegt und blieb bis Ende Dezember in Frankfurt. Das Garde-Jägerbataillon rückte zuerst nach Schwedt, dann mit je zwei Kompanien nach Bernau und Alt-Landsberg, wo man bis Jahresende verblieb.

Garnison und Vormärz

Inzwischen wurde Preußen in zunehmendem Maße von der fortschreitenden industriellen Revolution erfaßt. Nicht unberührt davon blieben Potsdam und das Militär. Es veränderten sich sowohl die allgemeinen Rahmenbedingungen für die Streitkräfte als auch die Ausrüstung und die Bewaffnung, was spürbar die Dienst- und Lebensbedingungen der Soldaten beeinflußte. Die neuen Dimensionen im Verkehrs- und Kommunikationsbereich etwa machte sich die Armee recht schnell zunutze. Als 1838 zwischen Berlin und Potsdam die erste Eisenbahnverbindung in Preußen eröffnet wurde, beschwerte sich zwar der greise Monarch, daß „alles carrière gehen" soll, worunter „die Ruhe und Gemütlichkeit leidet... Kann mir keine große Seeligkeit davon versprechen, ein paar Stunden früher von Berlin in Potsdam zu sein."

Die Armeeführung aber erkannte in solchen Zeitgewinnen sehr wohl gewichtige Vorteile. Schon im Jahre 1839 übte das Heer die Nutzung dieses neuen Transportmittels. Nach dem Ende der Herbstmanöver in der Gegend um Potsdam, an denen das Gardekorps – seit dem Tode von Herzog Carl (1837) nun unter dem Kommando von Prinz Wilhelm von Preußen – teilgenommen hatte, kam es am 26. September zur ersten größeren Truppenverlegung per Bahn in der preußischen Militärgeschichte: Die Berliner Infanterieeinheiten kehrten auf dem Schienenwege in ihre Garnison zurück. Der Monarch, inzwischen wohl mit einem klareren Blick für die Vorteile der Eisenbahn, besichtigte persönlich das Einsteigen auf dem Potsdamer Bahnhof. Die Garnisonen Berlin und Potsdam, durch das Gardekorps und die herausgehobene Stellung im Königreich ohnehin schon in einer Sonderbeziehung verknüpft, rückten nun auch praktisch einander immer näher.

Schon 1832 war auf Anregung des Generalstabes eine optische Telegraphenlinie zwischen Berlin und Koblenz errichtet worden, die durch Potsdam verlief. Ein Mast auf dem Telegraphenberg gab die Signale vom Schäferberg bei Wannsee zum Fuchsberg in Glindow beziehungsweise in umgekehrte Richtung weiter. Doch als 1846 erste Nachrichten auf einer elektrischen Versuchsleitung zwischen Potsdam und Berlin übermittelt wurden, stellte man die doch recht unzuverlässige optische Telegraphenlinie bald wieder ein.

Auch waffentechnische Neuerungen und Veränderungen in der Ausbildung im preußischen Heer vollzogen sich in engster Verbindung mit der Garnison Potsdam. Das Garde-Füsilierbataillon war 1835 der erste Truppenteil der Armee, der zu Versuchszwecken das neue Perkussionsgewehr erhielt, welches an die Stelle des immer noch verwendeten Steinschloßgewehres trat. 1840 wurde das gesamte 1. Garde-Regiment mit einem kompletten Satz dieser Gewehre ausgerüstet, die wiederum in der Potsdamer Gewehrfabrik hergestellt worden waren. In diesem Zusammenhang wurde ab 1841 häufiger das Bajonettfechten geübt, führte die waffentechnische Neuerung doch zu einem aufgelockerten Gefecht, in dem sich der Einzelkämpfer mehr als zuvor zu bewähren hatte.

Ebenfalls im Jahr 1841 wurden die großen Frühjahrsübungen mit ihren stets aufwendigen Truppenzusammenkünften abgeschafft; statt dessen sollten die einzelnen Einheiten nun unmittelbar an ihren Garnisonsorten allein und somit auch effektiver üben. Die Herbstmanöver, die in hohem Maße der Schulung der Führungsqualitäten des höheren Offizierskorps dienten, behielt man jedoch bei. Sehr augenfällig waren indessen die neuen Uniformen, mit denen sich das äußere Erscheinungsbild der Armee merklich änderte. Statt der engen Montierungen mit dem gewaltigen Tschako trugen die Soldaten nun einen bequemeren Waffenrock und einen Helm, die sogenannte Pickelhaube. Auch die Haar- und Barttracht unterlag nun nicht mehr so strengen Vorschriften.

Im Garnisonswesen erzielte man durch die Einrichtung von Ökonomie-Verwaltungen spürbare Fortschritte. Diese Institutionen beschafften und bevorrateten die Lebensmittel zentral für den gesamten Stationierungsort. Wie in anderen großen Garnisonen führte diese Entwicklung auch in Potsdam zur Errichtung von Speichergebäuden; so entstand schon 1834/35 das soge-

Das Proviantamt am Fuße des Brauhausberges, zwischen Havelufer und Leipziger Straße. Das Magazin mit Mittelturm, das älteste Kornmagazin der Stadt, gestaltete Persius 1843 um, während das große Magazin daneben 1834/35 nach einem Entwurf von Karl Hampel und unter Mitwirkung Schinkels entstand. Im Vordergrund die Eisenbahnlinie Berlin–Magdeburg, die den Lustgarten berührte. (Johann Joseph Destrée, 1848.)
RECHTS: Standortplan des Proviantamtes. Es ist zu beachten, daß die Blickrichtung auf dem Bild von Destrée nach Süden geht, also dem Kartenprinzip entgegensteht.

nannte Getreidemagazin zwischen Havelufer und Leipziger Straße, und 1843 errichtete man ein Kornmagazin direkt daneben. Durch Bevorratung und Lagerwirtschaft gab es immer bessere Möglichkeiten, kurzfristigen Preisanstiegen auf dem Lebensmittelmarkt auszuweichen und größere Beisteuern der Soldaten zur Menagekasse zu vermeiden. Gleichzeitig traten die Ökonomie-Verwaltungen als Großeinkäufer auf und beeinflußten so erheblich die Preisgestaltung auf dem Markt. Auch im 18. Jahrhundert hatte die Armee als Großabnehmer mit ihrer Magazinbevorratung den Getreidepreis in Preußen mitbe-

Übersichtsblatt über die Anlagen des Proviantamts.
Lagepläne.

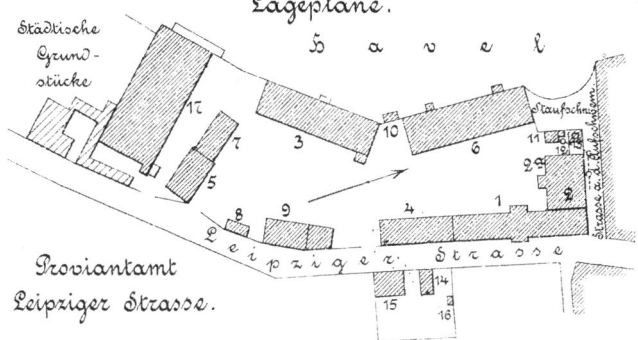

Städtische Grundstücke

H a v e l

Proviantamt
Leipziger Strasse.

1. Kornmagazin № 1
2. altes № neues Kornmagazin № 2
3. Kornmagazin № 3
4. Mehlmagazin № 4
5. Kornmagazin № 5
6. Rauhfuttermagazin № 6
7.   "   "   " 7

8. Schuppen
9. 14 u. 15. Dienstwohnung
10. u. 11. Müllgrube
12. u. 16. Latrinen
13. Spritzenhaus
17. Neue Scheune 12.

Proviantamt Neue Luisen Strasse.

1. Beamten-Wohnhäuser
2. Körnermagazin № 14
2ª Magazin № 13
3. Körnermagazin № 15
4. Mehl u. Zwieback № 16
5. Magazin № 17.
6. Magazin " 18
7. Kohlenschuppen
8. Bäckerei
9. Schuppen
10. u. 12. Müllgrube
11. Latrine.

Proviantamt am Hellerthor (Kanal 1.)

1. Magazin № 8
2.   "   " 9
3.   "   " 10
4.   "   " 11
5. Aufseher-Wohnh.
6. Wächterbude
7. Latrine
8. Müllgrube

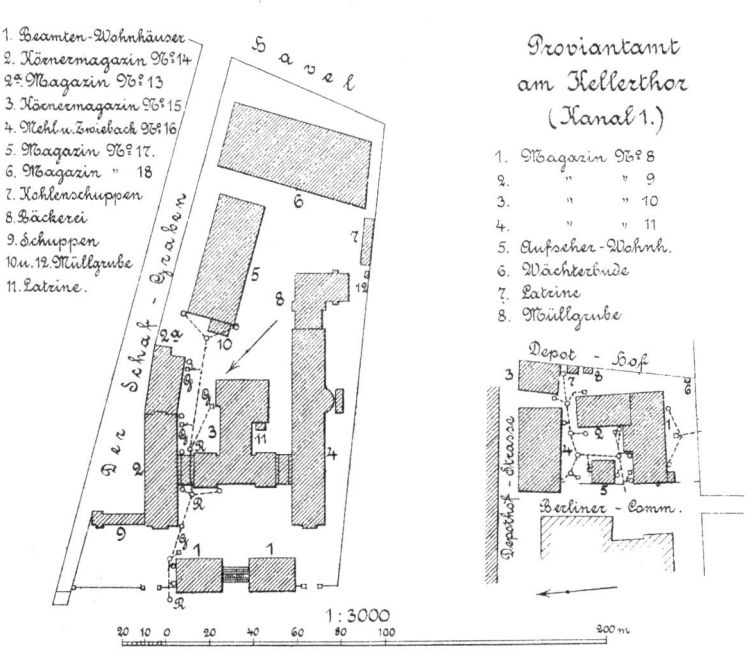

1 : 3000

stimmt. Während dies damals aber noch zentral geschah, bein-
haltete die Abwicklung über die Ökonomie-Verwaltungen eine
Dezentralisierung, die mehr Flexibilität und Vielfalt von Garnison zu Garnison einschloß. Neben Getreide, Kartoffeln und verschiedenen Kohlarten lagerte man nun vorzugsweise trockene
Lebensmittel wie Bohnen, Erbsen, Linsen sowie Reis, Graupen,
Gries und Gewürze ein. Regelmäßige Kontrollen sollten einen
rechtzeitigen Verbrauch gewährleisten, ehe die Nahrungmittel
verdarben. Zahlreiche Maßnahmen dieser Art fielen bereits in die Regierungszeit von König Friedrich Wilhelm IV., der 1840 auf den
Thron gelangt war. Die Bevölkerung begrüßte allgemein diesen
Wechsel und sah mit großen Erwartungen dem Beginn einer
neuen Ära entgegen, die sich in der erhofften Form jedoch nicht
einstellte. Vor allem in der Verfassungsfrage blieb der König hart,
obgleich er sonst nach Wegen für ein gewisses Arrangement mit
der bürgerlichen Opposition suchte und liberale Lösungen in
zahlreichen Bereichen anstrebte. Die Armee und ganz akzentu-
iert das Potsdamer Offizierskorps standen allen Zugeständnis-
sen völlig ablehnend gegenüber. Am deutlichsten artikulierte
diese Haltung der Prinz von Preußen – so der Titel von Prinz Wilhelm, dem präsumtiven Nachfolger des kinderlosen Friedrich
Wilhelm IV. Als Kommandierender General des Gardekorps
profilierte er sich zum Sprecher der Armee und formulierte offen
Widerspruch gegenüber seinem älteren Bruder auf dem Thron.
So kritisierte er nicht nur die Kompromisse des Königs gegenüber dem Vereinigten Landtag, die Presseverordnung oder die
angestrebte Adelsreform. Verächtlich ließ er sich auch über die
neuen Uniformen aus, die für ihn theatralische Kostüme waren;
ihm gefielen auch nicht die neuen Helme und die Form des
Gewehrtragens, die nach seiner Meinung nun weniger elegant
wirkte als vorher. Als Erfolg verbuchte Wilhelm, daß es ihm
gelungen war, für sein Gardekorps die alten Uniformkragen mit
den Garde-Litzen zu retten. Derartige Detailfragen waren für das
antiliberale, fortschrittsfeindliche Offizierskorps, das in jeder
modernen Veränderung eine Erschütterung der alten Ordnung
erblickte, keineswegs marginal, sondern prinzipielle Streitpunk-

te. Auch das Unteroffizierskorps war geistig eng an die Krone gebunden. Es sorgte für Zucht und bedingungslosen Gehorsam der Mannschaften, die aus den Provinzen, sorgfältig ausgesucht, zur Garde kamen. Trotz der bestehenden Wehrpflicht, die von der Grundidee her ein Garant des volkstümlichen Elements in den Streitkräften sein sollte, war aus diesem Kreis nie der Ruf nach einer Verfassung ergangen. Dies verhinderte die tiefe monarchische Ergebenheit der Soldaten, die aus der systematischen Erziehung zu Treue und Traditionsstolz resultierte. Jede Beschäftigung mit politischen Fragen galt als unmoralisch. Auch die geregelten Dienstverhältnisse und die gesicherte Versorgung wirkten stabilisierend auf die Moral der Soldaten, die von zu Hause meist nur ein bescheidenes Lebensniveau gewöhnt waren. Zur Besoldung, ordentlichen Unterkunft, ausreichenden Verpflegung und gesundheitlichen Betreuung gesellte sich schließlich die besondere gesellschaftliche Reputation des Dienstes bei der Garde.

Am Vorabend der Revolution gab es somit nirgendwo Zweifel daran, welche Positionen die Garden einnehmen würden. Während in anderen Garnisonen die Abschirmung der Truppe von zivilen Einflüssen und vom Zeitgeist nicht einfach war, gab es in Potsdam trotz der zahlreichen Bürgerquartiere keine Probleme.

NÄCHSTE DOPPELSEITE: Auf diesem Plan von 1835 ist schon deutlich die städtebauliche Überwindung der alten Stadtgrenze zu erkennen. Wachstumsrichtung und -tempo der Vorstädte wurden durch den Kasernenbau – so in der Berliner und Saarmunder Straße, in der Jägerallee und am Luisenplatz – wesentlich mitbestimmt.

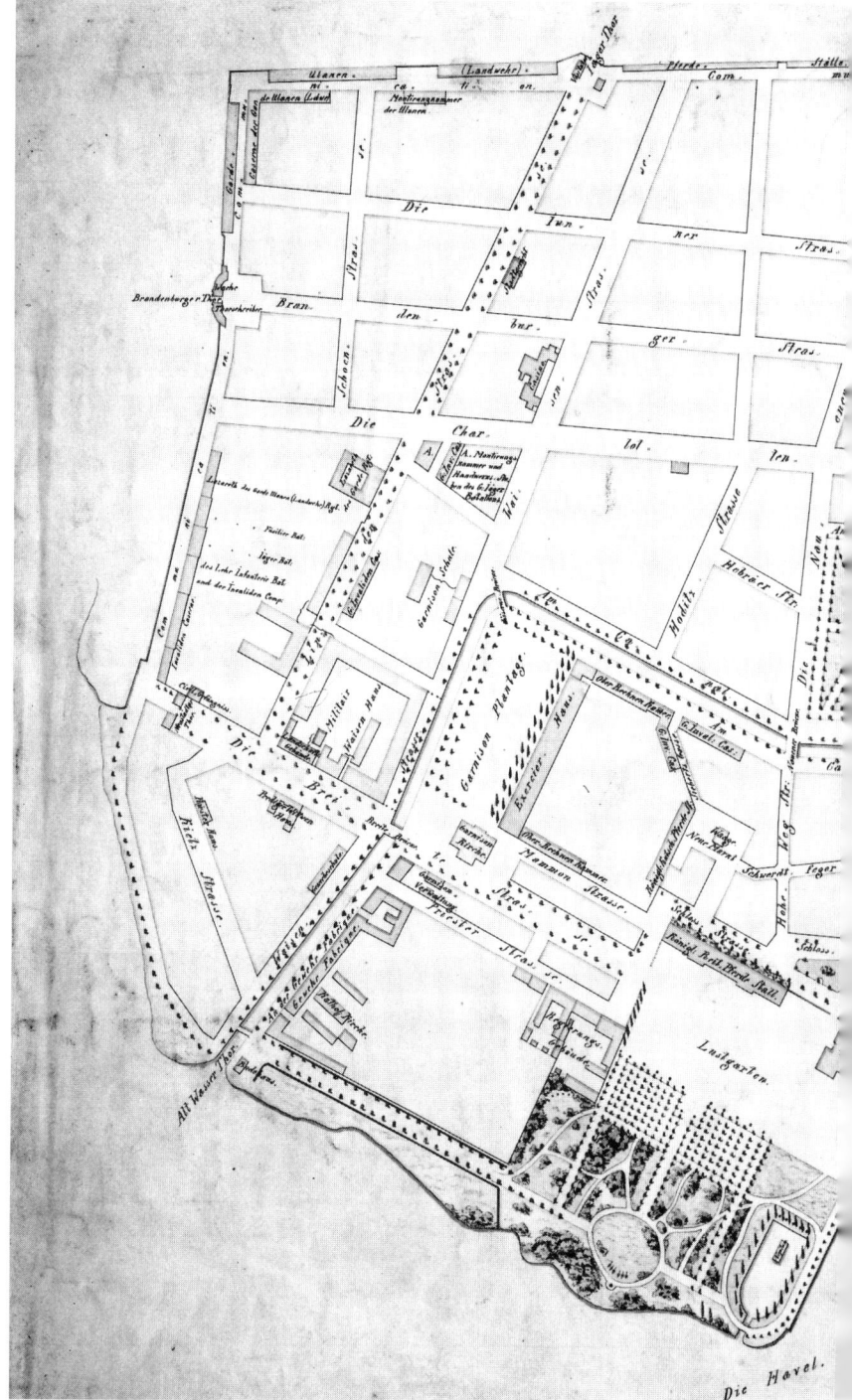

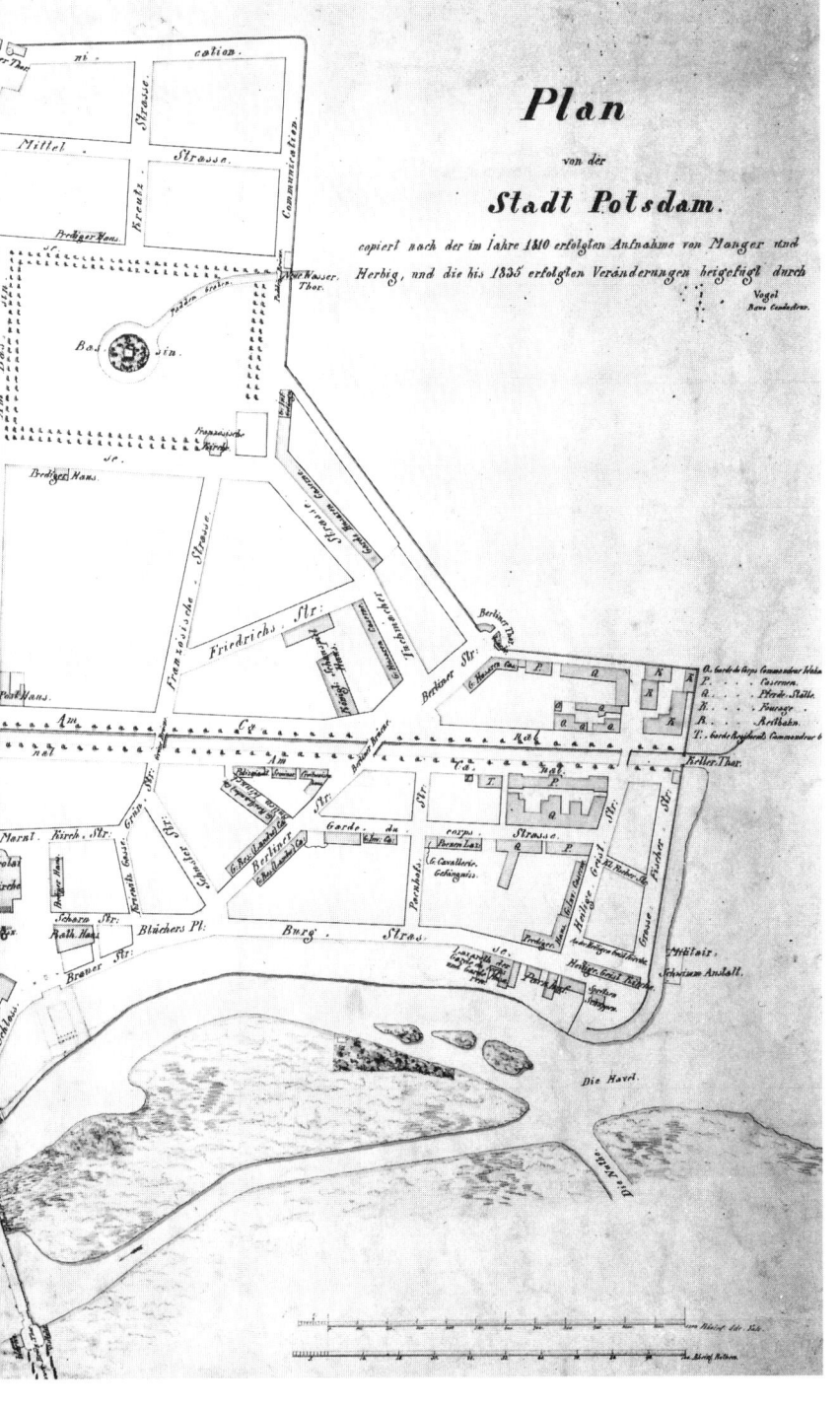

Plan

von der

Stadt Potsdam.

copiert nach der im Jahre 1810 erfolgten Aufnahme von Manger und Herbig, und die bis 1835 erfolgten Veränderungen beigefügt durch

Vogel
Bau Conducteur.

Die Havel.

Soldaten gegen Demokraten

Als die Kunde von den Pariser Barrikadenkämpfen Ende Februar 1848 in Berlin eintraf, ging an die Garde-Regimenter sofort der Befehl, sich „auf erste Order" zum schleunigsten Ausmarsch bereit zu halten. Sogenannte Bataillonsvorstellungen wurden angeordnet, um die Einsatzbereitschaft der Einheiten zu kontrollieren. Das II. Bataillon des Potsdamer Garde-Regiments hatte eine solche am 15. März gerade absolviert, da befahl am Nachmittag des darauffolgenden Tages das Generalkommando in Berlin, daß das Regiment mit zwei Bataillonen sofort per Eisenbahn in die Hauptstadt zu rücken habe. Noch am gleichen Abend bestiegen das II. und das Füsilierbataillon in feldmarschmäßiger Ausrüstung die Züge und verließen gegen 20 Uhr den Potsdamer Bahnhof. 35 Jahre waren vergangen, seit dieses Regiment in die Befreiungskriege gezogen war, um gegen fremde Okkupanten zu fechten. Nun wappnete es sich gegen die Volksmassen im eigenen Land.

Auf dem Potsdamer Bahnhof in Berlin gegen 23 Uhr angekommen, marschierten beide Einheiten gemeinsam via Tiergarten, Brandenburger Tor und Unter den Linden bis zur Friedrichstraße, wo das II. Bataillon in der Kaserne des 2. Garde-Regiments hinter der Weidendammer Brücke Quartier bezog, während die Füsiliere von dem Zeughaus Order erhielten, Unterkünfte in der Kaserne des Kaiser-Alexander-Grenadier-Regiments (Alexander-/Jacob-/Hirtenstraße) zu nehmen. Am 17. März vormittags bezogen die Füsiliere Wache vor dem Schloß, das II. Bataillon hielt sich unter Gefechtsbereitschaft in der Kaserne auf. Der Kriegszustand der verstärkten Berliner Garnison und das Zusammenziehen auswärtiger Truppenteile um Berlin herum – darunter die Garde-Husaren in Moabit – blieben der Einwohnerschaft nicht verborgen; die Stimmung in der Hauptstadt heizte sich so immer weiter auf. In dieser bis zum Zerreißen angespannten Situation genügten am 18. März gegen 14 Uhr die berühmten zwei unkontrollierten, in die Luft abgegebenen Schüsse aus den Reihen des Kaiser-Franz-Grenadier-Regiments auf dem Schloßplatz, um das Pulverfaß zum Bersten bringen. In Windeseile entstanden Dutzende von Barrikaden, hinter denen sich bewaffnete Aufständische verschanzten. Die Krone, den großen Herausforderungen der Zeit ohnehin kaum gewachsen, wurde mit dieser konkreten Situation erst recht nicht fertig. Die militärische Variante zur Konfliktbewältigung schien instinktiv schon festgestanden zu haben, bevor der Aufstand überhaupt ausbrach. Und als er begann, marschierte das Militär sofort.

Das II. Bataillon des Potsdamer Regiments gehörte an jenem Sonnabend zu dem provozierend großen Truppenaufgebot, das seit den Morgenstunden den königlichen Hof vor den versammelten Massen abschirmen sollte. Als Generalleutnant Karl Ludwig von Prittwitz, einst Kommandeur der Potsdamer Fußgarde und in der kritischen Stunde am 18. März zum Oberbefehlshaber der Truppen in und um Berlin ernannt, am Nachmittag den Befehl zum Sturm der Barrikaden gab, rückte das II. Bataillon unter Major von Kleist in der Breiten Straße vor. Die Füsiliere unter Major von Kessel, die nach 14 Uhr zusammen mit anderen Truppen zum Schloß beordert worden waren, kamen auf der Kurfürstenbrücke, in der Kloster- und in der Königsstraße zum Einsatz, wo sie eine Verbindung zum Alexanderplatz herstellten, der vom Leib-Infanterieregiment (Nr. 8) aus Frankfurt (Oder) eingenommen wurde. Zwar besaßen die Aufständischen in Barrikaden- und Häuserkampf einige taktische Vorteile; doch die allgemeine militärische Überlegenheit und ein teilweise brutales Vorgehen, das auch Unbeteiligte nicht verschonte, sicherte den Truppen bis Mitternacht den Sieg.

Was dann geschah, sollte sich als tiefer Schock in das Bewußtsein der Armee, speziell ihrer Führungseliten, eingraben: Als General von Prittwitz aus Sorge vor einem militärischen und moralischen Verschleiß der Truppen im Straßenkampf und in Auswertung der Pariser Julirevolution von 1830 in der Nacht riet, das Zentrum zu räumen und die Stadt von außen einzuschließen, wurde dieser Vorschlag infolge der allgemeinen Führungslosigkeit und durch das Eingreifen des Königs am Morgen des 19. März in einen Befehl zum allgemeinen Abzug sämtlicher Truppen aus Berlin und seiner Umgebung umgewandelt. Diese

187

Haltung entsprach Friedrich Wilhelms IV. eigener Unentschlossenheit, doch lag ihr auch der partielle Versuch zugrunde, den Konflikt nun ohne weitere Eskalation der Gewalt für die Krone zu lösen, was für ihn auch eine persönliche Demütigung vor dem Volk einschloß, wie die Ereignisse des folgenden Tages zeigten. Das Offizierskorps aber, das durch jahrzehntelange Selbstabschottung völlig blind für politische Vorgänge geworden war und das Anliegen des Bürgertums im Vorfeld des Aufstandes gar nicht begriffen hatte, sah sich durch diesen Rückzug ohne wirkliche militärische Niederlage in seiner Ehre zutiefst getroffen. Die Auftritte des Königs vor dem Volk und der Anordnung zum Hissen der „trikolorenen Flagge" Schwarz-Rot-Gold anstelle des preußischen Schwarz-Weiß auf allen Schlössern in Berlin und Potsdam riefen Unverständnis, Empörung und Verbitterung hervor.

Die Potsdamer Truppenteile marschierten in den Vormittagsstunden des 19. März über die Jägerstraße und den Gendarmenmarkt zum Bahnhof, von wo sie auf direktem Wege in die Heimatgarnison zurückkehrten. Die Füsiliere zogen nun in die Communs, die frei waren, da das Lehr-Infanterie-Bataillon aufgrund der politischen Situation nicht zusammentrat. In der Stadt wurden die Soldatenquartiere ohnehin knapp, denn auch zahlreiche Truppen aus der Berliner Garnison kamen in die ruhige und königstreue Residenzstadt an der Havel und in die umliegenden Orte. Nach Potsdam zogen zum Beispiel die 3. und die 4. Eskadron des Regiments Garde du Corps, wobei die 4. Eskadron schon am 11. April wieder nach Charlottenburg zurückkehrte; die Garde-Artillerie erhielt in Caputh und Bornstedt Quartiere. Das Generalkommando unter General von Prittwitz fand seinen provisorischen Sitz in der Potsdamer Kommandantur, Ecke Schloß-/Hohewegstraße.

Potsdam wurde zum gegenrevolutionären Zentrum der Armee und des Adels. Die Offiziere der Garde, unter ihnen der sehr impulsive und bald eine steile militärische Karriere absolvierende Prinz Friedrich Karl, Sohn des auf Schloß Klein-Glienicke residierenden Prinzen Carl, gaben sich „preußischer" als ihr oberster Kriegsherr. Nach dem Berliner Erlebnis vertrat man die Auffassung, das Offizierskorps hätte das Recht und die Pflicht zur Mitgestaltung der Zukunft. Wenn der König die Monarchie nicht hinreichend stütze, wolle dies die Armee tun, die sich in der Vergangenheit auf den Schlachtfeldern um die Krone so verdient gemacht hatte. Friedrich Wilhelm löste fast einen Aufruhr aus, als er am 25. März im Marmorsaal des Stadtschlosses forderte, daß „das Offizierskorps den Geist der Zeit ebenso erfassen möge, wie ich ihn erfaßt habe", und „daß Sie alle von nun an ebenso als treue Staatsbürger sich bewähren mögen, wie Sie sich als treue Soldaten bewährt haben". Gerade mit dieser Taktik rettete der Monarch die Stellung der Armee als uneingeschränktes Instrument der Krone vor dem Zugriff der Revolution. Das Offizierskorps begriff jedoch den Sinn dieses Schachzuges überhaupt nicht und sah darin eine weitere Preisgabe eigener Positionen.

Die Stadt Potsdam bot günstige Voraussetzungen, die Kräfte der Armee zu sammeln und neu zu ordnen. Männer wie Helmuth von Moltke und Albrecht von Roon empfahlen sich als junge Stabsoffiziere hier für größere Aufgaben. In der Stadt kam es nur vereinzelt zu Aktionen von Handwerksgesellen und Arbeitslosen. Die Situation in der Residenzstadt während dieser Tage wurde nicht durch die Revolution, sondern eher durch eine 2145 Mann starke Bürgerwehr zur Aufrechterhaltung von Ruhe und Ordnung charakterisiert, die bereits am 19. März gebildet, vom Stadtkommandanten bewaffnet und in der Folge wiederholt gegen Demonstrationen eingesetzt wurde. Die Potsdamer Truppen wurden auf ganz andere Weise aktiv, sowohl innerhalb der Stadt als auch außerhalb. So verließen am 8. April die 3. und 4. Kompanie des Garde-Jägerbataillons Potsdam zu einem Marsch rund um Berlin mit Station in Köpenick, Strausberg und Alt-Landsberg. Der Zweck dieses Unternehmens bestand darin, die Bevölkerung durch die Militärpräsenz einzuschüchtern und aufständischen Aktionen entgegenzuwirken. Die militärische Führung schätzte diesen Marsch als äußerst erfolgreich ein und startete deshalb einen weiteren, der die 2. Jägerkompanie über Elsholz (bei Beelitz), Zinna und Luckenwalde führte.

Die Frühjahrsübungen fanden 1848 nicht in der sonst üblichen Form statt. Vielmehr schoß man mit dem neuen Zündnadelgewehr, mit dem das 1. Garde-Regiment als einer der ersten preußischen Truppenteile gerade ausgerüstet worden war; es wurde auf Scheiben geschossen. Größeren Aufwand erforderte auch der Wachdienst. So standen nicht nur 110–130 Soldaten vor der Königsresidenz; eine ganze Kompanie hielt zum Beispiel auch ständig die Eisenbahnanlagen besetzt, um den Weg für einen schnellen Truppentransport offenzuhalten. Außerdem wurden auch die kleineren Schloßanlagen bewacht. Die Garde-Husaren patrouillierten vor der Stadt und kontrollierten die Brücken bei Glienicke und Nedlitz.

Am 7. Juni kehrte der Prinz von Preußen, nach den Märzereignissen als die Symbolfigur eines unnachgiebigen antiliberalen Kurses zur Emigration nach England gezwungen, nach Potsdam zurück und nahm wieder Besitz von seinem Schloß Babelsberg. Die Offiziere der Garde, vor denen er noch am selben Tag im Marmorsaal des Stadtschlosses eine Ansprache hielt, empfingen ihn begeistert, sahen sie doch in ihm jene Persönlichkeit, von der sie sich die energische Wiederherstellung der alten Verhältnisse versprachen. Am Abend des 8. Juni veranstalteten sie einen Bootskorso auf der Havel, der von der Militärschwimmanstalt bis zum Schloß Babelsberg führte. Sie sangen: „Prinz von Preußen, tapfer, bieder!" Und der Prinz kam ihnen in einem Boot entgegengefahren. Für die Mannschaften, die ohnehin meist treu zur Krone standen, wurden aus diesem Anlaß in zahlreichen Truppenteilen Feste gegeben, für die Garde-Artillerie zum Beispiel im Gasthof zu Bornstedt. Weitere Ereignisse wie der Sturm des Berliner Zeughauses am 14. Juni, bei dem zum besonderen Ärger der Militärs das Geheimnis des Zündnadelgewehrs offenbart wurde, veranlaßten das 1. Garde-Regiment, zum 1. Juli die Reserven von 1846 und 1847 einzuberufen; die Bataillonsstärke stieg auf 1000 Mann. Gleichzeitig wurden größere Teile der im Frühjahr nach Potsdam kommandierten Truppen in die weitere Umgebung verlegt. Andere waren bereits im April nach Norden zum Korps des Generals Friedrich Graf von Wrangel marschiert; Preußen engagierte sich dort gegen die Dänen im Streit um Schleswig. Von der Potsdamer Stammgarnison nahm an dieser Kampagne ein Detachement der Schulabteilung mit 115 Zöglingen teil, das im Dezember wieder an die Havel zurückkehrte.

Das Potsdamer Militär war während der Revolution 1848 ständig im Einsatz, so die Garde-Jäger mit Streifzügen ins Umland. Gut zu erkennen ist hier die neue, von Prinz Wilhelm kritisierte Uniform, bei der für das Garde-Korps allerdings die Litzen erhalten blieben.

Im Spätsommer, als die Revolution schon längst ihren Höhepunkt überschritten hatte, kam es ausgerechnet in der Potsdamer Garnison zu einem Ereignis, das die Zeitgenossen als „Soldatenaufstand zu Potsdam" bezeichneten. Auch wenn Anlaß und Verlauf diesen Vorfall von den anderen Begebenheiten der Revolution abhoben, zeigte er aber doch, wie tief die sozialen und politischen Spannungen die Gesellschaft ergriffen hatten und daß das innere Gefüge der Streitkräfte gestört war. Als am 12. September eine Sonderlöhnung für jene Soldaten des 1. und des jetzt auch in Potsdam liegenden 2. Garde-Regiments gezahlt werden sollte, die im März in Berlin gekämpft hatten, gab es Rufe wie „Blutgeld", und die Beträge wurden mit Abscheu zurückgewiesen. Einen Major riß man vom Pferd. Die Grenadiere und Füsiliere entrollten auf der Mopke das schwarz-rot-goldene Banner der Republik. 700 Militärangehörige unterzeichneten eine an die Nationalversammlung gerichtete Grußadresse, die im Auftrag einiger Offiziere von dem Potsdamer Schriftsteller Dr. Tropus verfaßt worden war und schwere Anwürfe gegen das reaktionäre Offizierskorps enthielt. Daraufhin wurden 15 Soldaten festgenommen und in die Militär-Arrest-Anstalt in der Garde-du-Corps-Straße Nr. 7–10 gebracht, die dort im Jahr 1838 in einem bereits 1771 für beweibte Militärs erbauten massiven, zweistöckigen Kasernement eingerichtet worden war. Empört zog ein Teil der revoltierenden Soldaten dorthin, wo sich auch Bürger mit ihnen solidarisierten. Ein schnelles Ende dieser Proteste brachte der Einsatz einiger Abteilungen Garde du Corps, die mit blanker Klinge gegen die Revoltierenden vorgingen. Ein Barrikadenbau mißlang ebenso wie der Versuch, sich mit ausgebrochenen Eisenstangen aus dem Kanalgitter gegen die Kavallerie zu wehren. Am 17. September kam es noch einmal zu einer Demonstration von etwa 3000 Menschen auf dem Bornstedter Feld, an der letztmalig auch einige Soldaten teilnahmen. Wenngleich die Potsdamer Revolten die Monarchie nicht erschütterten, trübten sie doch ganz merklich den Glanz Potsdams als zuverlässige, ruhige, königstreue Stadt. Speziell die Soldatenproteste ließen erkennen, daß auch die Garden nicht über längere Zeiträume total von den Entwicklungen in der Gesellschaft abzuschirmen

OBEN: „Soldatenaufstand in Potsdam – Die letzten Stützen der Reaktion wanken" hieß es auf einem zeitgenössischen Flugblatt. Zu Protesten versammelten sich Soldaten auf der Mopke vor den Communs.

LINKS: Aufgebrachte Soldaten und Bürger zogen im Revolutionsjahr 1848 vor die Militär-Arrest-Anstalt in der Garde-du-Corps-Straße. Friedrich Wilhelm IV. vergaß „seinen Potsdamern" diesen Ungehorsam nie.

193

waren, daß auch sie in bestimmten Situationen Anfälligkeiten zeigten. Doch insgesamt waren die Ereignisse in Potsdam eher marginal.

Gegen Jahresende war das politische Kräfteverhältnis so verändert, daß die Krone wieder selbstbewußter auftreten und ihre Armee ins Spiel bringen konnte. Anfang November verließen die letzten Berliner Truppen Potsdam. Sie gehörten zu dem 40 000-Mann-Aufgebot, mit dem General Wrangel am 10. November unter den Klängen des Pariser Einzugsmarsches in die preußische Hauptstadt einrückte und staatsstreichartig die Abgeordneten der im Schauspielhaus tagenden preußischen konstituierenden Versammlung auseinandertrieb. Die Potsdamer Garde-Husaren beteiligten sich an dieser Aktion wieder mit Sicherungsaufgaben und verteilten sich auf die Dörfer Reinikkendorf, Niederschönhausen, Pankow, Heinersdorf und Weißensee. Mutig, doch letztendlich ergebnislos war der Versuch einiger Arbeiter, am Nachmittag des 12. November durch Aufreißen der Eisenbahnschienen bei Nowawes den Transport von Teilen des 1. Garde-Regiments nach Berlin zu verhindern. Eine Demonstration am Abend des gleichen Tages vor dem Potsdamer Stadtschloß wurde vom Militär aufgelöst. Der Elan, mit dem man sich in Preußen zur tiefgreifenden Erneuerung des Staatswesens bekannt hatte, war erschöpft. Monarchie und Bürgertum einigten sich mit der Verfassung vom 5. Dezember auf einen Kompromiß.

Von den Ereignissen des Jahres 1849 wurde Potsdam nur kurz und eher indirekt tangiert. Als die „Operationsarmee in Baden und in der Pfalz" gegen die aufständische Bewegung in Süddeutschland zusammengestellt wurde, versammelte sich in Preußens berühmter Garnison ab dem 8. Mai das Berliner Garde-Landwehr-Bataillon. Die Aufstellung vollzog sich in den Communs. Vom 1. Garde-Regiment traten drei Premier- und fünf Secondelieutenants hinzu. Am 13. Mai rückte die Truppe nach Westfalen, wo preußische Verbände bereits die Erhebungen in Düsseldorf, Elberfeld, Hagen, Iserlohn und Solingen niedergeschlagen hatten. Das aus Potsdam kommende Landwehr-Bataillon gelangte allerdings nur bis Neuhaus im Arnsberger Wald, wo es wegen seines schlechten moralischen Zustandes, der von Offizieren schon während der Aufstellung beanstandet worden war, interniert wurde. Am Feldzug in Süddeutschland beteiligte sich jedoch Prinz Friedrich Karl. Er war gerade erst als Major dem Garde-Husarenregiment zugeteilt worden und sollte dort die 3. Eskadron führen. Statt dessen reiste er nach Baden und focht als Ordonnanzoffizier im Husarenregiment Nr. 9. Auf der anderen Seite der Front stand ebenfalls ein Potsdamer: Johann Maximilian Dortu, Landwehrunteroffizier d. R. Er hatte sich 1848 in der Residenzstadt an der Havel als Demokrat hervorgetan. 1849 diente er als Major in der Badischen Revolutionsarmee und wurde am 11. Juli an der Friedhofsmauer von Wiehre bei Freiburg durch preußisches Militär standrechtlich erschossen. Den preußischen Truppen, die gegen die badischen Revolutionäre kämpften, setzte das Königtum ein Denkmal: Am Fuße des Mühlenberges bei Sanssouci entstand ein Triumphtor, dessen Terrakottareliefs die Rückkehr der siegreichen Truppen aus Süddeutschland zeigen.

Mobilmachung und Heeresreform

Die Armee war durch ihre Haltung und ihre Aktionen während der Revolution nach eigener Auffassung zum ersten Ordnungsfaktor im Staat geworden. Um bei künftigen Konflikten aus klaren Rechtsverhältnissen und Regelungen heraus operieren zu können, entstanden entsprechende Gesetze und Verordnungen über den Einsatz von Militär gegen den „inneren Feind". Sie ermächtigten die Militärbefehlshaber zur Verhängung des Belagerungszustandes und zur Aufhebung verfassungsmäßiger Rechte. Die Stellung der Kommandierenden Generale festigte sich weiter. Eine Vereidigung des Heeres auf die Verfassung fand nicht statt.

Doch nicht diese Problematik beschäftigte die Öffentlichkeit in den Folgejahren. Wie selten in der preußischen Geschichte zuvor stand das Jahrzehnt nach der Revolution im Zeichen der Außen- und Deutschlandpolitik. Das scheinbar so festgefügte Staatensystem des Wiener Kongresses und die Heilige Allianz, deren Mechanismen gerade noch einmal gegen die Aufstände in Mittel- und Südosteuropa mobilisiert worden waren, zerbrachen überraschend schnell zu Beginn der fünfziger Jahre. Neue Mächtestrukturen bildeten sich in Europa heraus. Vor allem mußte nun eine Entscheidung in der Frage nach der deutschen Führungsmacht fallen – Österreich oder Preußen? Wenngleich diese Auseinandersetzung zunächst mit diplomatischen, handels- und zollpolitischen Mitteln ausgetragen wurde, erkannte man in Preußen doch recht schnell, daß die Armee in der Form, wie sie existierte, gegen einen größeren militärischen Konflikt, der ja immer wahrscheinlicher wurde, höchst unzureichend gewappnet war. Preußens stehendes Heer hatte Anfang der fünfziger Jahre eine Friedensstärke von rund 127 000 Mann, war also seit 1816 im Prinzip unverändert, obwohl die Bevölkerung seitdem von 10 auf 17 Millionen gestiegen war. Und selbst nach Mobilisierung der Reserven erreichte man mit 335 000 Kombattanten eine Kriegsstärke, die immer noch fast um die Hälfte unter der des Rivalen Österreich lag, wo 625 000 Soldaten unter die Fahne treten konnten.

1850 offenbarten sich zudem deutliche Mängel in der Armeeorganisation, der Bewaffnung und bei der Nutzung der Eisenbahn. In Folge der Zuspitzung des österreichisch-preußischen Gegensatzes war am 6. November, erstmals nach 35 Jahren, die Mobilisierung für die gesamte preußische Armee angeordnet worden. Das 1. Garde-Regiment erreichte dabei eine Stärke von 3556 Kombattanten, verblieb aber am Ort. Das Garde-Jägerbataillon, dem III. Armeekorps zugeteilt, marschierte im Januar 1851 kurzzeitig nach Perleberg. Für die zusätzlich bereitzustellenden Soldatenquartiere erhielten die Potsdamer keine Serviceentschädigung; ihr letztendlich doch nicht in allen Punkten loyales Verhalten in den Jahren 1848/49 hatte den König so verärgert, daß er sie noch nachträglich dafür bestrafte. Der Konflikt mit Österreich um die preußische Unionspolitik in Deutschland, die gegen den Einfluß Wiens gerichtet war, wurde am 29. November 1850 durch einen Vergleich im mährischen Olmütz ohne Krieg beigelegt – wenngleich zu Bedingungen, die man in Preußen als demütigend empfand: Vor allem hatte Berlin seine Unionspläne aufzugeben, verpflichtete sich zum Armeerückzug aus Baden und Kurhessen und mußte die Militärkonventionen mit einigen deutschen Kleinstaaten kündigen. Um so größer wurde bei Krone und Armeeführung das Verlangen nach einem starken und schnell zu mobilisierenden Heer. Während des Krimkrieges (1854–1856) enthielt sich Preußen jeglichen Engagements aus Gründen, die teilweise im militärischen Bereich und der selbst empfundenen militärischen Schwäche lagen.

Für die preußische Armee zeichneten sich somit tiefgreifende Reformpläne ab, in die die Potsdamer Truppenteile sehr unterschiedlich involviert waren. Schon 1856 trat für das gesamte Heer die dreijährige Dienstzeit, wie sie ursprünglich nach den Befreiungskriegen eingeführt worden war, wieder in Kraft; aus Kostengründen war sie 1820 auf zweieinhalb Jahre und 1833 auf zwei Jahre verkürzt worden. Man erhoffte sich davon eine Straffung der Disziplin und eine Erhöhung der politischen Zuverlässigkeit der Soldaten, für deren Erziehung nun wieder mehr Zeit zur Verfügung stand. Denn erst das dritte Dienstjahr schaffe den „wahren Soldatengeist", wie es damals hieß.

Unter Wilhelm, der ab 1858 seinen unheilbar erkrankten königlichen Bruder vertrat, 1859 die Regentschaft übernahm, und dem am 2. Januar 1861 endgültig der Thron zufiel, wurden die Reformpläne nun mit Nachdruck verfolgt; ihre Realisierung unter der Federführung von Albrecht von Roon, ab Dezember 1859 Kriegsminister, führte eine ernsthafte innenpolitische Krise herbei. Denn die Reform zielte auf eine Erhöhung der Stellenzahl im stehenden Heer bei gleichzeitiger Zurückdrängung der Landwehr in die Funktion einer Heimatschutz-, Besatzungs- und Reservetruppe. Das wurde vom liberalen Bürgertum, das seit 1858 im preußischen Abgeordnetenhaus über die Mehrheit verfügte, abgelehnt, da man keinesfalls die nicht auf die Verfassung vereidigte Armee mit ihrem konservativen Berufsoffizierskorps stärken und die Stellung der Landwehr als wichtiges bürgerliches Wehrinstitut aufgeben wollte. Der schlechte militärische Zustand der Landwehr, wiederum Ergebnis der langjährigen Vernachlässigung durch die Armeeführung, untergrub natürlich die Position der Reformgegner erheblich. Der Krieg im Jahr 1859 zwischen Frankreich und Österreich in Oberitalien, auf den man in Preußen wieder mit einer Mobilmachung reagierte, wurde zu einer ersten Verstärkung des Heeres genutzt. Nach Plänen des Prinzregenten, die dieser am 15. Juli auf Schloß Babelsberg entwarf, entließ man bei der Demobilmachung ab Ende Juli nicht alle zur Landwehr Einberufenen, sondern nur die älteren Jahrgänge, womit Landwehrbataillone erhalten blieben, die in ihrer Stärke denen der Linie entsprachen. In ihren Dienststellungen überalterte Offiziere waren schon zuvor in größerer Zahl entlassen worden.

Die entscheidenden Maßnahmen fielen jedoch in das Jahr 1860. Gegen den Willen des Abgeordnetenhauses erhöhte der Kriegsminister das stehende Friedensheer um 36 Infanterie-, zehn Kavallerie- und neun Artillerieregimenter sowie neun III. Bataillone für die bisherigen Reserveregimenter Nr. 39–40 und das Garde-Füsilierregiment. Man griff dazu auf die Landwehr-Stammbataillone und die aus den (Kriegs-)Ersatzschwadronen hervorgegangenen 5. (Friedens-)Schwadronen der Linienkavallerie zurück. Die Landwehr 1. Aufgebotes war damit vollständig in das mobile Feldheer eingeordnet, was die Aufgabe ihrer Selbständigkeit bedeutete. Es gab keine Landwehrbrigaden mehr, die Landwehrregimenter waren nun direkt in die Brigaden der Linie eingefügt. Beim Potsdamer 1. Garde-Ulanen-(Landwehr-)Regiment, das seinen Zusatz „Landwehr" ohnehin nur noch formal führte, fiel dieser nun einfach weg. Die jährliche Aushebungsquote in Preußen erhöhte sich von 40 000 auf 63 000 Rekruten, womit die Friedenspräsenzstärke des Heeres auf 212 000 Mann stieg. Nur geringfügig stieg die Kriegsstärke der Feldtruppen, nämlich von ursprünglich 335 000 auf 367 000 Mann. Aber die Armee war nun jünger und beweglicher geworden und konnte schneller mobilisiert werden. Die Infanterie wurde vollständig mit Zündnadelgewehren ausgerüstet, und die Artillerie erhielt gezogene Gußstahlgeschütze. Im taktischen Bereich ging man schließlich zum zerstreuten Gefecht über, wenn auch zögernd und unter Beibehaltung von Linienfeuer und Bajonettangriff der Kompaniekolonne, so daß insgesamt der Kriegswert des preußischen Heeres ganz erheblich gesteigert worden war. Die Verleihung der Fahnen an die neuen Truppenteile am 18. Januar 1861, dem 160. Jahrestag der Krönung des ersten preußischen Königs, machte das innenpolitisch hart umkämpfte Reformwerk faktisch unumkehrbar.

Was die Heeresreform der Potsdamer Garnison brachte, symbolisierte gerade das, was das liberale Bürgertum besonders kritisch als royalistische Zutaten der Wehrvorlage anmerkte, woran der Krone aber ganz außerordentlich gelegen war: überdurchschnittliche Vermehrung der Garde-Truppenteile und hohe Aufwendungen für die Kavallerie. Diese Veränderungen dienten nicht zuletzt der Repräsentation; sie stärkten allerdings auch den Anteil der als besonders zuverlässig geltenden Truppen im Heer. Laut A.K.O. vom 7. Mai 1860 wurde in Potsdam das Combinierte Garde-Ulanenregiment formiert, das sich ab 4. Juli 1860 endgültig 3. Garde-Ulanenregiment nannte. Es entstand vor allem aus Abgaben des Regiments der Gardes du Corps (so die offizielle Bezeichnung seit April 1855), des Garde-Kürassierregiments und des 1. Garde-Ulanenregiments: zusammen 57 Unteroffiziere, zwölf Trompeter, 548 Gemeine. Das 18köpfige Offizierskorps setzte sich aus Abkommandierten von insgesamt elf Kavallerieregimentern und einem Infanterieregiment zusammen, wobei die Hälfte vom Gardekorps und der Regimentskommandeur zusätzlich vom Generalstab des Heeres kamen.

Die Formierung des Regiments in Potsdam ging sehr zügig voran und war in ihren Grundzügen bis zum 18. Juni beendet. Während dieser Zeit standen dem Regiment folgende Unterkünfte und Stellungen zur Verfügung:
1. Eskadron: Kasernement Garde-du-Corps-Straße 2, Stallungen in der Jäger-Kommunikation;
2. Eskadron: kleines Kasernement Brandenburger Kommunikation und Kaserne der Garde-Husaren, Stallungen in der Jäger-Kommunikation sowie Bürgerställe nahe Jäger- und Berliner Tor;

3. und 4. Eskadron: Kaserne und Stallungen der 3. und 4. Eskadron des 1. Garde-Ulanenregiments, die ihrerseits zeitweilig in der Umgebung von Potsdam lagen.

Der genannte Aufstellungsbefehl vom 7. Mai hatte festgelegt, daß nach der Formierung des Regiments zwei Eskadronen einen neuen Stationierungsort erhalten sollten. So verließen am 30. Juni die 3. und 4. Eskadron ihre vorübergehenden Quartiere in Potsdam und zogen nach Nauen, wo sie dann 16 Jahre lang in Garnison lagen.

Bei Formationsneubildungen war es seinerzeit durchaus üblich, auf ältere Waffen und Ausrüstungsgegenstände zurückzugreifen, da sie in so großen Stückzahlen nicht immer neu beschafft werden konnten. So war es auch in diesem Fall. Ihre Waffen (Lanzen – nur für Mannschaften – sowie Säbel und Pistolen) erhielten die neuen Garde-Ulanen aus den Beständen der Artilleriedepots zu Berlin und Spandau. Als Uniform trugen sie während der ersten Monate die alten des vormaligen 1. Garde-Landwehr-Kavallerie-Regiments, die aus Graudenz herbeigeholt wurden. Doch schon am 3. August konnten die 3. Garde-Ulanen in ihren neuen, bei anderen Kavallerieregimentern angefertigten Uniformen erscheinen.

Im Zuge der Heeresform erhielt Potsdam nicht nur ein neues Regiment. Die Potsdamer Truppenteile waren auch ihrerseits an der Neuformierung anderer Regimenter beteiligt. Neben den 1. Garde-Ulanen und der Garde du Corps, die Soldaten für das 3. Garde-Ulanenregiment zur Verfügung stellen mußten, gaben die Garde-Husaren einen erheblichen Teil – 196 Unteroffiziere und Gemeine sowie 171 Pferde – an das neue 2. Garde-Dragonerregiment nach Berlin ab. Die spürbaren Lücken wurden erst 1869 durch die Soldaten und Pferde der bei der Mobilmachung gebildeten Ersatzschwadron geschlossen. Stark betroffen war auch das 1. Garde-Regiment. Es mußte einen erheblichen Teil seiner Offiziere für das neuformierte 3. Garde-Regiment, das zunächst in Danzig Garnison fand und später nach Berlin kam, zur Verfügung stellen.

Wegen des durch die Heeresorganisation erheblich gestiegenen Unteroffiziersbedarfs wurde zum 1. Oktober der Etat der

Potsdamer Schulabteilung um vier Offiziere, acht Unteroffiziere und 68 Zöglinge erhöht; gleichzeitig erhielt die Institution einen neuen Namen: „Unteroffiziers-Schulanstalt zu Potsdam". Ab November nannte sie sich dann endgültig Unteroffizier-Schule zu Potsdam. Ihr Verhältnis zum 1. Garde-Regiment blieb unverändert. Allerdings mußte die Potsdamer Schule noch im Dezember desselben Jahres vier Offiziere, 14 Unteroffiziere und 212 Zöglinge als Stamm für die neu zu errichtende Unteroffiziers-Schulanstalt zu Jülich, der zweiten derartigen Einrichtung im preußischen Heer, abgeben. Auch der Unterricht an der Schule war im Laufe der Jahre anspruchsvoller geworden. In einer sorgfältigen Ausbildung der Unteroffiziere sah die Armeeführung eine wichtige Voraussetzung für die Anhebung des allgemeinen Bildungsniveaus in der Truppe. Denn mit Drill und Disziplin allein waren die neuen Entwicklungen im waffentechnischen und taktischen Bereich kaum zu bewältigen. Der Unterricht für die Zöglinge an den beiden Lehreinrichtungen ging über den engen militärischen Rahmen hinaus. Die Potsdamer Schule verfügte über eine gute Allgemeinbibliothek mit mehreren Tausend Bänden – Lehrbücher, geographische Beschreibungen, Romane, Novellen und Gedichtsammlungen.

Auch die Offiziersausbildung im preußischen Heer wurde spürbar intensiviert und verbessert. Eine der neuen Kriegsschulen, die im Rahmen dieser Entwicklung entstanden, kam nach Potsdam; die beiden anderen nahmen in Erfurt und Neisse ihren Lehrbetrieb auf. Die Kriegsschulen lösten die bis dahin bestehenden Divisionsschulen ab. Ihr Besuch war für Portepeefähnriche Voraussetzung, um Offizier zu werden. Nur ein vorausgegangenes Universitätsstudium befreite vom Besuch der Divisions- bzw. Kriegsschulen. An der Potsdamer Schule erhielten die Offiziersaspiranten des Garde-, des II. und des III. Armeekorps Unterricht. Untergebracht war die Schule in den südlich von der Berliner Brücke gelegenen Häusern, welche die Ecken zwischen der Berliner Straße und der Straße Am Kanal einnahmen. Entstanden waren die Kriegsschulen auf Betreiben des Generalinspekteurs des Erziehungs- und Bildungswesens, General Eduard von Peucker. In Klassen von 25 bis 30 Mann

Kadettenhaus in der Teltower Vorstadt. Unter Nutzung der alten Lazarettgebäude des Militärwaisenhauses aus dem 18. Jahrhundert entstanden zwischen 1819 und 1821 neue Unterkunfts- und Lehrgebäude. Blick von der Saarmunder Straße, 1850. Die später nochmals umgebaute Anlage ist heute Sitz der Brandenburgischen Landesregierung.

zusammengefaßt, erhielten die Schüler Unterricht vor allem in Waffenlehre, Taktik, Fortifikation, Terrainlehre und Zeichnen. Die Kriegsschulen sind nicht zu verwechseln mit der Allgemeinen Kriegsschule in Berlin (ab 1859: Kriegsakademie), an der begabte und befähigte Offiziere auf spätere Führungspositionen vorbereitet wurden.

Der Ausbildungsstand des preußischen Offizierskorps wurde beispielgebend für Europa. Auch in den Truppenteilen war man um eine fachliche Weiterbildung bemüht. Wöchentlich einmal trafen sich die Offiziere eines Regiments im Casino zur sogenannten Militärischen Gesellschaft, wo reihum militärwissenschaftliche und kriegsgeschichtliche Vorträge gehalten und anschließend diskutiert wurden. Wenngleich das Niveau dieser Gespräche nicht immer höchsten akademischen Ansprüchen genügte, waren die Offiziere dennoch ständig zur schöpferischen Auseinandersetzung mit den Dingen ihres Fachgebietes aufgefordert. In den Wintermonaten fertigten die jüngeren Offiziere schriftliche Ausarbeitungen zu vorgegebenen taktischen Aufgaben an. Auch die Unterführer und die Soldaten widmeten sich fachlichen Erörterungen und dem Erfahrungsaustausch nach Dienstschluß und frönten keinesfalls nur dem Zechgelage. Für solche Gespräche waren einige Etablissements besonders bekannt, etwa der Grundthoffsche Viktualien-Laden in der Junkerstraße Nr. 7, der bis zum späten Abend geöffnet hatte.

Wilhelm I. war ein König, der sich wieder sachkundig und intensiv um die Angelegenheiten der Regimenter kümmerte, die er regelmäßig besichtigte. Seine große Aufmerksamkeit galt dem militärischen Detail, denn gerade davon hing nach Auffassung des Monarchen der Erfolg in einem künftigen Krieg ab. Das bei solchen Truppenbesichtigungen übliche Rahmenprogramm für die den König begleitenden Generale und Stabsoffiziere wurde hingegen gekürzt und vereinfacht. Waren unter seinen Vorgängern solche Inspektionen, wie auch die Manöver, stets mit Festessen und einem Sektgelage für die geladenen Offiziere und Generale verbunden gewesen, so fielen diese Annehmlichkeiten in den ersten Regierungsjahren Wilhelms fort. Denn nach geltender Staatsordnung mußten solche Diners aus der Privatkasse des Monarchen bestritten werden. Solange aber die Kosten der Krönung noch nicht bezahlt waren, ging der in Geldfragen auch sonst sehr pedantische König recht sparsam mit solchen Dingen um. So richtete er sich mit seinen Besichtigungsterminen nach den Fahrzeiten der Eisenbahn, damit seine Gäste anschließend sofort wieder von Potsdam nach Berlin zurückkehren konnten und er kein Dejeuner reichen mußte. 1862 setzte Wilhelm aus Kostengründen mitten in der Phase der Heeresvergrößerung sogar die Königsmanöver ab und besichtigte statt dessen die

Truppen in ihren Garnisonen. Trotz seines großen Engagements für die Armee gelang dem König keine konsequente Modernisierung der Armee. Der übermäßig der Tradition verhaftete Wilhelm verhalf gerade auf taktischem Gebiet lediglich alten Methoden zu neuer Perfektion. Wirkliche Neuerungen, die einen radikalen Bruch mit althergebrachten Anschauungen und eine Anpassung an moderne waffentechnische Entwicklungen bedeutet hätten, lehnte Wilhelm strikt ab. Der in dieser Beziehung weitsichtigere Prinz Friedrich Karl, der zwischen 1854 und 1857 Kommandeur der Potsdamer Garde-Infanteriedivision war, konnte sich mit seinen fortschrittlicheren Ansichten nicht durchsetzen.

Das Militär prägte in den fünfziger und sechziger Jahren ganz nachhaltig das soziale Klima und das allgemeine Erscheinungsbild von Potsdam. Neben zahlreichen Garde-Regimentern gab es inzwischen wieder eine Reihe von zentralen Einrichtungen der Armee in der traditionsreichen Garnison an der Havel. Der Ort selbst, mit seinen Vorstädten längst hinausgewachsen über die alte Grenze, die einst durch die Stadtmauer markiert war, wurde immer mehr zu einem bevorzugten Wohnort des Adels und der Beamtenschaft. Die durch Lenné geprägte großflächige Gartenlandschaft der Umgebung, das ruhige soziale Klima und die Anwesenheit des Hofes boten gerade diesen sozialen Schichten einen Anreiz, nach Potsdam zu ziehen, das dank der Eisenbahn von Berlin über Steglitz und Zehlendorf schnell zu erreichen war. Neben zahlreichen Schlössern, so der 1860 vollendeten Orangerie am Rande des Parkes von Sanssouci, entstanden in großer Zahl Villen, die höchsten Ansprüchen genügten. Die industrielle Entwicklung kam in Potsdam – anders als im benachbarten Nowawes – über Ansätze nicht hinaus. Zwar gewann die Eisenbahnwerkstatt, die erste ihrer Art in Deutschland, einige Bedeutung. Hingegen war die Gewehrfabrik, das einst bedeutende Potsdamer Unternehmen, schon 1853 nach Spandau verlegt worden, das zu einem wichtigen Standort der preußischen Rüstungsindustrie wurde und Versorgungseinrichtungen der Armee beherbergte.

In den sechziger Jahren errichtete man wieder Kasernen in

Potsdam, teilweise in Form von Neubauten, teilweise auch durch Umbau und Erweiterung vorhandener Gebäude. In einer beinahe ununterbrochenen Phase, die sich bis zur Jahrhundertwende hinzog, wurden die meisten der großen Potsdamer Kasernenkomplexe und andere wichtige Objekte für die Garnison geschaffen, die bis in die Gegenwart das Stadtbild entscheidend mit prägen. Als erstes entstanden neue Anlagen für das 1. Garde-Regiment, das Garde-Jägerbataillon, die Unteroffiziersschule und das 3. Garde-Ulanenregiment.

Das 1. Garde-Regiment erhielt schrittweise die Gebäude der ehemaligen Gewehrfabrik zugewiesen. In den Jahren 1864/65 verband man dafür zunächst die drei südlich der Priesterstraße, am Kanal in einer Flucht gelegenen Häuser miteinander. Am 1. April 1865 konnten sie vom I. Bataillon bezogen werden, das schon 1862 von seinen Bürgerquartieren in verschiedene kleinere Kasernements in der Heiliggeist-, der Garde-du-Corps- und der Elisabethstraße sowie am Berliner Tor verlegt worden war. Allerdings reichte der Platz in der neuen Kaserne zunächst nur für drei Kompanien, so daß die 4. Kompanie in das ansonsten von der Stammkompanie der Lehr-Infanterie-Bataillone als Winterquartier genutzte Kasernement in der Neustädter Kommunikation ziehen mußte. Gleichzeitig nahm das Füsilierbataillon die nun freigewordenen Kasernements des I. Bataillons in Besitz. Damit waren zwei Drittel des Regiments in Kasernen untergebracht; lediglich das II. Bataillon verblieb noch für einige Zeit in Bürgerquartieren, und zwar im sogenannten Holländischen Karree. Schon 1860 kam das Offizierskorps des 1. Garde-Regiments in den Besitz des Hauses Mammonstraße 4, später als „Regimentshaus" bezeichnet. Nach Abschluß der notwendigen Umbauten wurde es zum ersten Mal am 17. Oktober 1860 als Casino genutzt; die offizielle Einweihung fand allerdings erst am 22. März 1861 statt. Bis dahin hatte das Regiment über keine eigene Offiziers-Speiseanstalt verfügt, wie es bei vielen anderen Regimentern des Heeres inzwischen üblich war. Die Offiziere aßen statt dessen im großen Casino in der Waisenstraße, zeitweise auch in „Voigts Blumengarten", einem Lokal vor dem Nauener Tor. Für die Kontaktpflege innerhalb des Offizierskorps wurde dieser Umstand stets als Mangel angesehen. Deshalb stiftete der König 1857 für die Offiziere seines Regiments 11 000 Taler, so daß am 2. Mai der Kauf dieses bis 1859 in Privatbesitz befindlichen Grundstückes einschließlich des Hauses möglich wurde. Der tägliche gemeinsame Mittagstisch und die sonstigen Begegnungen im Casino trugen zum intensiven persönlichen Kennenlernen und zum gegenseitigen Ausgleich bei, waren also wichtige Impulsgeber für die Herausbildung der Kameradschaft unter den Offizieren. Sie war ohnehin eine problematische Angelegenheit. Vergleicht man aber die Verhältnisse im preußischen Offizierskorps zum Beispiel mit denen im damaligen russischen Heer, verdienen die preußischen Einrichtungen zumindest im Hinblick auf die militärische Effizienz einige Beachtung. In Rußland gab es nämlich, mit Ausnahme von Petersburg, weder Mittagstisch noch Casinoleben, und die Abstufungen zwischen den Offizieren waren erheblich. Sie ergaben sich allein schon aufgrund der sehr unterschiedlichen Ausbildungswege, welche die Offiziersanwärter durch Vorauswahl nach gesellschaftlichen Kriterien von vornherein auf differenzierte, streng voneinander abgegrenzte und die Leistungsbereitschaft wenig fördernde Karrierelaufbahnen festlegten.

Am 1. Oktober 1864 erhielt das Garde-Jägerbataillon die sogenannte Große Kaserne in der Elisabethstraße 1–16 zugewiesen. Es handelte sich dabei um jenen Gebäudekomplex, der im 18. Jahrhundert als Kaserne für das II. und III. Bataillon Garde, von 1823 bis 1842 dann als Unterkunft für die Garde-Husaren gedient hatte. Nach einer zwischenzeitlichen Nutzung unter anderm als städtisches Krankenhaus und als Spinnerei wurde es Anfang der sechziger Jahre kurzerhand umgebaut und den Garde-Jägern übergeben.

Durch die Umwandlung der ehemaligen Schulabteilung in eine Unteroffiziersschule und die damit verbundene Personalaufstockung war die vorhandene Kaserne in der Jägerallee zu klein geworden. Die Lehreinrichtung umfaßte nunmehr rund 500 Unteroffiziersschüler, Füsiliere genannt, sowie 22 Offiziere, zwei Sanitätsoffiziere, einen Zahlmeister, 60 Feldwebel, Sergeanten und Unteroffiziere, 16 Spielleute, 18 Ökonomiehandwerker, einen Büchsenmacher, einen Kassenwärter und zwei Zivillehrer. Deshalb erweiterte man im Jahre 1865 das Hauptgebäude nach Norden; zwei Jahre später folgten auf dem Hof noch eine massive Turnhalle und ein Feuerlöschgeräteschuppen. In der Kaserne waren die Unteroffiziersschüler in großen Stuben (Reviere genannt, vier pro Kompanie) untergebracht. Außerdem gab es eine Kommandeurwohnung, fünf weitere Wohungen für Offiziere sowie Wohnungen für den Zahlmeister, für vier verheiratete Feldwebel und einen verheirateten Unteroffizier, schließlich vier Schulsäle, einen Bibliothekssaal, ein Unteroffizier-Versammlungszimmer und eine Revierkrankenstube. Die Küchen und Kantinenräume für Unteroffiziere und Mannschaften befanden sich im Keller, während die Offiziere im Parterre speisten.

Besonders beengt waren die Wohnverhältnisse beim 3. Garde-Ulanenregiment, vor allem durch die noch zu beschreibende Bildung der 5. Eskadron im Jahre 1867. Um Disziplin, Ausbildung und Gesundheitszustand nicht langfristig zu gefährden, baute man bis 1868 eiligst eine auf drei Eskadronen berechnete Kaserne in der Jägerallee, schräg gegenüber der Unteroffiziersschule. Doch zogen am 1. Oktober 1868 nur die 1. und 2. Eskadron ein; die 5. Eskadron nahm zunächst im Gebäude Jägerkommunikation 11/12 Quartier.

Die nun immer größere Maßstäbe annehmende Unterbringung der Truppen in Kasernen blieb nicht ohne Auswirkungen auf das militärische Versorgungs- und Verpflegungswesen. Während in den Bürgerquartieren die Selbstverpflegung üblich war, wurden in den Kasernen zentrale Versorgungsstellen, die sogenannten Menage-Anstalten, eingerichtet. Unter Anleitung eines Unteroffiziers bereiteten einige Soldaten die Speisen zu. Manchmal wurden zu Hilfsarbeiten, etwa zum Putzen der Rüben und Kartoffeln, auch Frauen eingestellt. Diese Veränderungen waren nur möglich, weil 1858 die Naturalverpflegung in der preußischen Armee eingeführt worden war; das heißt, die Soldaten erhielten neben ihrer Geldlöhnung nun auch Naturalien, die bei den kasernierten Truppen zentral besorgt und zubereitet wurden. Seit 1865 reichte man Kaffee statt der morgendlichen Suppe. Nachdem 1867 bei der 4. Kompanie des 1. Garde-Regiments eine Marketenderie eingerichtet worden war, fand diese als sehr praktisch empfundene Neuerung bald in der ganzen Garnison Nachahmung: Hier konnten die Soldaten ihre zusätzlichen Lebensmittel, aber auch Putzzeug, Papier und ähnliches kaufen, und zwar billiger als in den Geschäften der Stadt, da die Erzeugnisse größtenteils steuerfrei waren, beziehungsweise die Preise gesenkt wurden.

Gleichzeitig erhöhten sich die Geldeinnahmen der Soldaten, was wiederum das Lebensniveau anhob und zur Steigerung der militärischen Einsatzbereitschaft beitrug. Ein Gemeiner erhielt seit 1867 drei Taler und 15 Silbergroschen pro Monat, ein Gefreiter vier Taler, ein Unteroffizier bis zu acht Talern und 15 Silbergroschen. Die Abstufungen wuchsen progressiv: Einem Regimentskommandeur zahlte der König ein Jahresgehalt von 2400 Talern!

1869 gab man schließlich Soldbücher aus, die die Soldzahlung übersichtlicher gestalteten und Formulare für die Aufnahme in Garnisons- und Feldlazarette enthielten; die Männer erhielten außerdem Blechmarken als Erkennungsmittel im Felde, die um den Hals auf dem bloßen Leib getragen wurden.

Übersichtlicher geworden war im Laufe der Jahrzehnte auch der Soldatenalltag in der Garnison. An die Stelle ermüdenden Drills trat eine mannigfaltigere Ausbildung, die höhere physische und geistige Anforderungen an die Militärangehörigen stellte, aber auch deren Initiative und Selbständigkeit mehr als zuvor förderte. An normalen Ausbildungstagen rückten die Truppen morgens vor die Tore zum Bataillons- oder Regimentsexerzieren, von wo sie am Mittag – oft unter klingendem Spiel – in die Stadt zurückkehrten. Am Nachmittag waren die Turnplätze stark besetzt, während für einzelne Abteilungen Schießen angeordnet war. Wer dienstfrei hatte, konnte im Sommer die Militärschwimmanstalt bei der Heiligegeistkirche besuchen, was meist aber ebenfalls in kleineren Verbänden geschah. An kalten Wintertagen wurde die Ausbildung vorrangig in dem großen Exerzierhaus, in anderen Hallen oder in Kasernenstuben durchgeführt. Die sogenannten Rekrutenvorstellungen, die gerade in Potsdam nicht selten vom König persönlich und sonst vom Divisionskommandeur abgenommen wurden und bei denen der individuelle Ausbildungsstand nachzuweisen war, fanden in der Regel im Februar statt. Zu Ostern konnten viele Rekruten nach Hause fahren; die in der Garnison Verbliebenen nahmen am Scheibenschießen teil oder entspannten sich bei Geselligkeiten. Die meisten anderen Festtage dienten allerdings sehr direkt der monarchisch-patriotischen Erziehung der Soldaten, etwa der Geburtstag des Königs und obersten Kriegsherrn oder Schlachtengedenktage aus der Zeit der Befreiungskriege. Beliebt waren in diesem Zusammenhang Kompanie- und Bataillons-Soldatenbälle, teils ohne und teils mit Tanzvergnügen respektive der Teilnahme von Bräuten. Sehr oft fanden diese Veranstaltungen in den Ausflugslokalen statt, zum Beispiel im „Bornstedter Krug" oder im „Elysium" vor dem Nauener Tor, wo es auch eine Kegelbahn gab und Theatervorstellungen stattfanden.

Die neuen Rekruten trafen jeweils im Oktober/November in der Garnison ein, während andere nach Beendigung ihrer Dienstzeit nach Hause entlassen wurden. Auch die meisten Angehörigen des Lehr-Infanterie-Bataillons verließen zu diesem Zeitpunkt Potsdam, während der Stamm Winterquartiere bezog und sich auf die neuen Ausbildungsaufgaben ab 1. April des folgenden Jahres vorbereitete. Die ausexerzierten und zu Gefreiten beziehungsweise zu Unteroffizieren ernannten Zöglinge der Unteroffiziersschule, im Durchschnitt etwa 130, wurden in die einzelnen Regimenter der Armee versetzt. Es konnte aber auch geschehen, daß eine größere Zahl von Absolventen die Schule verließ, wie etwa 1869, als mit Hilfe eines aus Potsdam abkommandierten Stamms eine neue Unteroffiziersschule in Weißenfels, die vierte des Heeres, gebildet wurde. Der Kommandeur der neuen Einrichtung kam ebenfalls aus Potsdam, Major Herwarth von Bittenfeld vom 1. Garde-Regiment zu Fuß. Ein ständiger Wechsel der Offiziere zwischen Truppenkommando, Stabsdienst und Lehraufgaben war in der preußischen Armee schon im 19. Jahrhundert üblich und trug wesentlich zur fachlichen Befähigung und universellen Beherrschung aller Anforderungen des Offiziersberufes bei.

Die Zeit der Einigungskriege

Die Heeresreform zog sich in Teilen bis 1864 hin. Zu deren Vollendung riskierte die Krone gar einen Verfassungskonflikt, indem sie auf den parlamentarischen Widerstand der Liberalen gegen die Reform mit einer Suspendierung der Rechte des Parlaments reagierte, das die Gelder nicht bewilligen wollte, und selbst die notwendigen Steuern einforderte. Am Ende präsentierte sich die Armee mit deutlich gesteigerter Kampfkraft. Über viele Jahre hatte sich Preußen wegen seiner militärischen Schwäche bei fast allen internationalen Konflikten zurückhalten müssen – nicht nur 1850 mit Österreich und 1859 im Oberitalienischen Krieg, sondern vor allem 1854 beim Einmarsch Rußlands in die Donaufürstentümer, der das Ende der Heiligen Allianz bedeutete und mit dem Krimkrieg eine neue europäische Kräftekonstellation entstehen ließ. Während zum Beispiel von englischer Seite schon Spott und Zweifel an der preußischen Großmachtstellung kamen, war der neue Ministerpräsident Otto von Bismarck, der „verrückte Junker", entschlossen, das nun wieder handlungsfähige Heer gegebenenfalls auch einzusetzen. Mit drei kurz aufeinander folgenden Kriegen, die in ihrem jeweils konkreten Anlaß und ihrer unmittelbaren Zielstellung sehr differenziert gelagert waren, errang Preußen die dominierende Stellung in Deutschland, schaltete Österreich endgültig als Konkurrent aus und setzte unter seiner Hegemonie und unter Ausschluß Wiens die nationalstaatliche Einigung durch.

Die Potsdamer Truppenteile waren an allen drei Kriegen beteiligt, wenngleich in sehr unterschiedlicher Intensität. Von dem Feldzug im Jahr 1864 gegen Dänemark, bei dem es um das Schicksal der Herzogtümer Schleswig, Holstein und Lauenburg ging, waren unmittelbar nur die Garde-Husaren betroffen, so bei den Operationen in Jütland und der Eroberung der Düppeler Schanzen. Die Garde-Jäger gehörten zu einem Detachement, das die Insel Rügen besetzte und gegen etwaige dänische Landungsversuche schützen sollte. Im Verlaufe des Krieges übernahm Prinz Friedrich Karl den Oberbefehl über die verbündete

Armee Preußens und Österreichs und löste den 80jährigen Generalfeldmarschall von Wrangel ab.

Zog gegen Dänemark nur ein Teil des preußischen Heeres ins Feld, so wurde am 3. Mai 1866 in dem von Bimarck provozierten Krieg gegen Österreich und die deutschen Mittelstaaten die gesamte Armee mobilisiert. Am 25. Mai traf in Potsdam das 3. Garde-Regiment, das zusammen mit dem 1. Garde-Regiment und dem Garde-Jägerbataillon die 1. Garde-Infanteriebrigade bildete, ein. In Bürgerquartieren und in den Communs untergebracht, übte das 3. Garde-Regiment mit den beiden Potsdamer Truppenteilen im Brigadeverband zusammen auf dem Bornstedter Feld. Nach einer Besichtigung durch König Wilhelm I. am 29. Mai im Lustgarten rückten die Garde-Jäger und das 3. Garde-Regiment fünf Tage später bei drückender Hitze zu Fuß ins Feld, während das 1. Garde-Regiment erst am 14. Juni per Eisenbahn folgte. Die Potsdamer Kavallerieregimenter führten ihre Mobilmachung größtenteils in den umliegenden Dörfern durch, von wo sie direkt ins Feld rückten.

Die Potsdamer Truppenteile fochten größtenteils im Verband der 2. Armee, die sich an der Neiße zwischen Brieg und Patschkau unter Kronprinz Friedrich Wilhelm versammelte und eine Stärke von 115 000 Mann erreichte. So gehörten das 1. Garde-Regiment und die Garde-Jäger zusammen mit den Garde-Husaren zur 1. Garde-Infanteriedivision, während das 3. Garde-Ulanenregiment als Truppenkavallerie zur 2. Garde-Infanteriedivision gekommen war. Das 1. Garde-Ulanenregiment und die Garde du Corps befanden sich bei dem der 1. Armee (93 000 Mann unter Prinz Friedrich Karl in der Lausitz) zugeteilten Kavalleriekorps; später stieß das Regiment Garde du Corps zur Reservekavallerie des Gardekorps. Somit waren alle Potsdamer Formationen an der Schlacht bei Königgrätz beteiligt. Das preußische Heer setzte seine militärische Überlegenheit voll ein und entschied sowohl die Schlacht als auch den ganzen Krieg für sich.

Nach einer Siegesparade am 20. September 1866 in Berlin marschierten drei Tage später die Potsdamer Formationen mit Wilhelm I. an der Spitze wieder in ihre Garnison ein. Der Jubel in Potsdam war groß, Preußen war nun die dominierende Macht in

Prinz Friedrich (III.) Wilhelm von Preußen (1831–1888) eiferte auf militärischem Gebiet seinem drei Jahre älteren Vetter Prinz Friedrich Karl nach. Nach einem Universitätsstudium in Bonn führte er für zwei Jahre die 6. Kompanie des 1. Garde-Regiments, war 1856 Regimentskommandeur daselbst und brachte es 1870, zusammen mit Friedrich Karl, zum Generalfeldmarschall. Auf dem Bild als Generalmajor und Kommandeur der 1. Garde-Division auf dem Bornstedter Feld (Wilhelm A. Meyerheim, 1858).

Deutschland. Unter seiner Führung entstand der Norddeutsche Bund, und auch die süddeutschen Staaten näherten sich Preußen an. Mit nüchternem Blick auf ein künftiges militärisches Zusammengehen reformierten sie ihre Streitkräfte nach preußischem Vorbild. Nach dem Krieg gegen Österreich kam es noch im Verlauf des Jahres 1866 zu einigen Formationsänderungen in den Potsdamer Truppenteilen. Diese sind im Zusammenhang mit der erneuten Verstärkung des preußischen Heeres (drei neue

Generalkommandos, 16 Infanterieregimenter, zwei Jägerbataillone, 16 Kavallerieregimenter usw.) und der Eingliederung der Streitkräfte des Norddeutschen Bundes zu sehen.

So kam es zum Beispiel bei der Garde du Corps infolge der Demobilmachung am 25. September einerseits zur Auflösung der Ersatzeskadron, die im Zuge der Mobilisierung entstanden und dann während des Feldzuges zur Versorgung des Regiments in Potsdam verblieben war. Doch gleichzeitig entstand eine 5. Eskadron (150 Stellen stark) aus Abgaben aller Kompanien und den Resten der Ersatzeskadron; die Formierung begann in Potsdam und fand ihre Fortsetzung in Charlottenburg. Schon am 5. November wurde diese mit den zeitgleich gebildeten 5. Eskadronen der drei Garde-Ulanenregimenter (zwei davon also in Potsdam) zum neuen 13. Ulanenregiment (den späteren „Königsulanen", Hannover) vereinigt. Die Garde-Husaren stellten ihre 5. Eskadron zur Bildung des 9. Dragonerregiments (Hannover, später Metz) zur Verfügung, ebenso wie die Garde-Kürassiere und die beiden Garde-Dragonerregimenter in Berlin. Die Garde-Jäger gaben eine beträchtliche Anzahl ihres Personalbestandes zur Aufstellung der beiden neuen Jägerformationen ab: 12 Oberjäger und 78 Jäger zum Jägerbataillon Nr. 10 in Goslar, einen Oberjäger und 29 Jäger zum Jägerbataillon Nr. 11 in Marburg. Das 1. Garde-Regiment war dagegen nur begrenzt von Abgaben betroffen, nämlich acht Offiziere (einen Oberstleutnant, zwei Hauptleute, zwei Premierlieutenants und drei Secondelieutenants).

Der Zweck solcher Abgaben bestand darin, schnell einen möglichst großen Stamm erfahrener Soldaten zur Verfügung zu haben, um die sich dann nur noch eine bestimmte Zahl ungedienter Rekruten einzufinden brauchte. Das Einreihen der neuen Rekruten in bereits bestehende, gut funktionierende Truppenkörper geschah stets schneller und reibungsloser, als mit ihnen den ohnehin komplizierten Prozeß einer Formationsneubildung zu vollziehen.

Das Regiment Garde du Corps erhielt im Herbst 1866 noch eine Verstärkung durch acht Unteroffiziere, 35 Mannschaften und 45 Pferde der kurhessischen Garde du Corps, die im Zusammenhang mit den politischen Veränderungen nach dem Ende des Deutschen Krieges aufgelöst wurde. Diese aus zwei Eskadrons bestehende Truppe führte ihre Ursprünge bis auf das Jahr 1619 zurück. Wegen der Ähnlichkeit der Uniformen behielten die ehemaligen Kurhessen die ihren und tauschten nur den kurhessischen Löwen gegen den preußischen Adler. Gemäß A.K.O. vom 10. November 1866 errichteten sämtliche Garde- und Linienkavallerieregimenter aus eigenen Abgaben erneut fünf Eskadronen. Dadurch wurde es bei einem zukünftigen Konflikt möglich, die sowieso schon geringen Mobilmachungszeiten der preußischen Armee durch Wegfall der Formierung von Ersatzschwadronen abermals zu verringern; denn die Kavallerieregimenter sollten weiterhin mit vier Eskadronen ins Feld rücken und eine fünfte als Ersatzeskadron am Garnisonsort zurücklassen. Bei der Garde du Corps, deren Unterbringung sich ja auf drei Orte verteilte, wurde für die 5. Eskadron (als 9. und 10. Kompanie) Potsdam gewählt. Wegen Platzmangels teilte man die Mannschaften der 9. Kompanie auf die Unterkünfte der ersten vier Kompanien auf, während die 10. Kompanie Bürgerquartiere erhielt. Die Pferde der 9. Kompanie fanden in dem bereits im Jahre 1800 zunächst als Reitbahn errichteten, seit dem Bau einer neuen Reitbahn 1839 zwischenzeitlich als Magazin dienenden Gebäude Platz, die der 10. Kompanie in den ehemaligen Ulanenställen am Nauener Tor. Auch die 5. Eskadron des 3. Garde-Ulanenregiments, das ebenfalls noch auf mehrere Garnisonsorte verteilt war, erhielt Potsdam zugewiesen und bezog die kleine Kaserne in der Jägerkommunikation Nr. 11–12. Insgesamt erhöhte sich der Friedensetat der preußischen Armee bis zum Jahr 1867 auf 264 500 Mann; zusammen mit den Truppen des Norddeutschen Bundes waren es sogar 278 000.

Nach einigen Jahrzehnten relativer Ausgeglichenheit und Zurückhaltung wurde in der Regierungszeit Wilhelms I. wieder deutlich das Bestreben erkennbar, Potsdam als den herausragenden bedeutungsvollsten Standort des preußischen Heeres zu behandeln. Militärische Zeremonielle, die in ihrer Symbolik der Armee in ihrer Gesamtheit galten, führte man in erneut wachsender Zahl und mit größerer Publizität in jener Garnison durch, die einst von Friedrich Wilhelm I. gegründet und in unvergleichlicher Art gefördert worden war. Mit Hilfe dieser Traditionen, auf die man sich unter Wilhelm nun stärker als zur Zeit der vorangegangenen Monarchen – bis zurück zu Friedrich Wilhelm II. – besann, wurde Potsdam zu einer Art Kultstätte des preußischen Heeres. So bestimmte Wilhelm I. in einer A.K.O. vom 12. September 1866, daß in der Potsdamer Garnisonkirche, die 1856 grundlegend renoviert und durch den Eingängen vorgelagerte Hallen sowie eine kleine Taufkapelle im westlichen Treppenraum etwas erweitert worden war, alle im Feldzug von 1866 erbeuteten Fahnen und Standarten „für ewige Zeiten als ein Denkmal des Ruhmes Meines siegreichen Heeres" aufzubewahren seien. Zur Weihe der Fahnenbänder für die Teilnahme am Feldzug gegen Österreich, die die Potsdamer Formationen am Neujahrstag 1867 erhielten, befahl der Monarch namentlich eine Anzahl von Generalen und höheren Offizieren sowie sämtliche Ritter des Ordens „Pour le mérite" von 1864 und 1866 sowie die Inhaber des Militär-Verdienstkreuzes nach Potsdam. Beim Festakt in der Hof- und Garnisonkirche nahmen sie unten im Kirchenschiff Platz. Deputationen aller Regimenter saßen auf den Emporen; vorn an der Brüstung waren dekorierte Mannschaften plaziert. Wilhelm, der in Begleitung von Kronprinz Friedrich und Prinz Friedrich Karl von der Königsloge aus an der Veranstaltung teilnahm, verband dieses Ereignis mit der Feier seines 60jährigen Militärdienstjubiläums. Am 3. Juli 1867 erhielten im Lustgarten sämtliche Fahnen der neuen Formationen des preußischen Heeres ihre Weihe. Das 1. Garde-Regiment zu Fuß und das Regiment Garde du Corps wurden dabei als jeweils erstes Regiment der preußischen Infanterie bzw. Kavallerie besonders herausgestellt, indem Vertreter dieser Truppenteile exponierte Aufgaben übertragen bekamen. Der Transport der Fahnen und Standarten der Truppenteile der Garnison, die sämtlich ihren Platz im Stadtschloß hatten, war ein Privileg der Leibkompanie des 1. Garde-Regiments; in einem feierlichen Akt wurden die Banner von einem Detachement über die Fahnentreppe in den Lustgarten getragen, von dort bei Bedarf an einen anderen Zielort und anschließend auf gleiche Art zurückgeführt.

Auch andere Anlässe wurden zur Selbstdarstellung der Armee genutzt. Zum Beispiel das 50jährige Gründungsjubiläum des 1. Garde-Ulanenregiments, das am 14. April 1869 begangen wurde und eine große Resonanz in der Öffentlichkeit fand. Es begann mit einem Regimentsappell am Morgen auf dem Kasernenhof der 3. Eskadron vor dem Brandenburger Tor, dem sich in der Kaserne ein Offiziersfrühstück anschloß. Für aktive und ehemalige Wachtmeister wurde ab 2 Uhr ein Festdiner in Laub's „Cafe Sanssouci" gegeben; das Offiziers-Diner folgte ab 5 Uhr im Saal des Casinos in der Waisenstraße, wozu auch der Kronprinz erschien. Der große Ball für die Gemeinen, der um 7 Uhr abends in der mit Fahnen, Bannern, Wappen und Waffen geschmückten Zentralhalle begann, endete erst in den frühen Morgenstunden. Im Hinblick auf die Interessen der Potsdamer Bevölkerung veranstaltete das 1. Garde-Regiment seit 1869 auch wieder sein öffentliches Schießfest. Es war auf Veranlassung von Friedrich Wilhelm III. entstanden und stets am 3. August im Katharinenholz durchgeführt worden, wo es sich höchster Beliebtheit der Einwohnerschaft erfreute. Als diese Tradition unter Friedrich Wilhelm IV. nicht fortgeführt wurde, bildete das Schulfest der Garnisonschule alljährlich am Großbeerentag, dem 23. August, einen gewissen Ausgleich, jedoch kcinen Ersatz. Deshalb wurde unter Wilhelm I. die alte Tradition wieder aufgenommen, so daß die Potsdamer aufs neue in das Katharinenholz ziehen konnten, nun jedoch schon am 3. Juli. Militärische Feste genossen damals ein hohes gesellschaftliches Ansehen, in Potsdam erst recht.

Zwischen 1865 und 1870 entstand auf dem Bassinplatz eine neue katholische Kirche, die sowohl von der zivilen als auch von der Garnisongemeinde genutzt wurde. Für die katholische Garnisongemeinde war es der dritte Bau in der Stadt: Der 1722 auf dem Gelände der Gewehrfabrik stehenden, aus Fachwerk gebauten und recht einfachen Kirche folgte an gleicher Stelle 1737/38 eine zweite, ebenfall aus Fachwerk, doch schon größer und stabiler; sie versah über 120 Jahre ihren Dienst und mußte weichen, als auf dem Gelände der Gewehrfabrik eine Kaserne gebaut wurde. Die dritte Kirche nun war ein massiver Backsteinbau mitten in der Stadt, für den der Architekt Wilhelm Salzen-

berg den Entwurf lieferte. Diese Kirche fiel vor allem durch ihre
Größe, zumal in der unmittelbaren Nachbarschaft zum Holländischen Viertel, auf, ohne daß mit ihr eine originäre Bereicherung des Potsdamer Stadtbildes gelungen wäre, das sich seit dem
Tod von Friedrich II. innerhalb der alten Umfriedung nur punk-
tuell verändert hatte.

Den letzten Krieg um die nationalstaatliche Einigung Deutschlands führte Preußen 1870/71 an der Spitze des Norddeutschen
Bundes gegen Frankreich, wo Kaiser Napoleon III. auf besondere Weise und aus einer gewissen innenpolitischen Zwangslage
heraus gegen die deutsche Einigung wirkte. An diesem Krieg, in
dem der Norddeutsche Bund zusammen mit Bayern, Württem-
berg und Baden knapp 1,2 Millionen Mann einschließlich Besat-
zungs- und Ersatztruppen aufzubieten vermochte, nahmen wiederum alle Potsdamer Formationen teil. Die Mobilmachung
begann am 16. Juli. Sie verlief geordnet, ohne Hektik und war
schnell abgeschlossen. Ein Marsch auf der Straße brachte die
Truppen von Potsdam nach Berlin, wo sie auf die Bahn verladen
und vom Anhalter Bahnhof aus meist über Halle und Bebra nach
Frankfurt am Main oder über Nordhausen nach Kassel transpor-
tiert wurden. Von dort ging es dann – teils zu Fuß, teils per Bahn –
an die Front.

Die preußischen Garden bildeten zusammen mit Verbänden aus
Brandenburg, Sachsen, Hannover und Holstein die 2. Armee, die
anfangs von Prinz Friedrich Karl geführt wurde. Das 1. Garde-
Regiment, die Garde-Jäger und die Garde-Husaren gehörten
wieder zur 1. Garde-Infanteriedivision; Garde du Corps und die
beiden Garde-Ulanenregimenter waren als 1. Brigade in der
Garde-Kavalleriedivision vereinigt. Sie alle fochten bei Metz,
Sedan und vor Paris. Die beiden Garde-Ulanenregimenter nahmen an einer Expedition in die Normandie teil. An der blutigen
Schlacht bei Gravelotte/St.-Privat waren das 1. Garde-Regiment
und das Garde-Jägerbataillon beteiligt, die Garde-Jäger auch an
der Erstürmung von Ste.-Marie-aux-Chênes. Die Verluste waren
aufgrund des Festhaltens an überlebten taktischen Formen, vor
allem der Kompaniekolonne, und infolge der Wirkung des französischen Chassepotgewehres teilweise erschreckend hoch. Mit

217

todesverachtender Disziplin standen die Kolonnen der Garde am 18. August vor St.-Privat aufrecht im französischen Schnellfeuer. Den durch die mit Hinterladern ausgerüstete Gardeartillerie schließlich herbeigeführten preußischen Sieg – sie legte das Dorf in Schutt und Asche – bezahlte die Garde mit fast einem Drittel ihrer Infanterie. Das 1. Garde-Regiment verlor am 18. August vor St.-Privat 1101 Mann, also über ein Drittel seiner damaligen Feldstärke. Speziell unter den Offizieren waren die Verluste prozentual noch höher: Von 56, die an der Schlacht teilnahmen, fanden 35 den Tod. Das Garde-Jägerbataillon verlor 19 Offiziere, einen Arzt und 431 Mann. Die Moral der Truppe und die Stimmung in der Heimat blieben davon unberührt, da das Kriegsziel allgemein anerkannt wurde. Akzeptiert wurde auch, daß Krone und Armeeführung den Krieg gegen Frankreich in eine Kontinuitätslinie zu den Ereignissen von 1813 bis 1815 stellten. Wilhelm I. hatte das Eiserne Kreuz neu gestiftet und als Stiftungstag den 19. Juli 1870 gewählt, den 60. Todestag der in Preußen noch immer hochverehrten Königin Luise und den Tag der französischen Kriegserklärung. Die Euphorie in Deutschland war gewaltig. In Potsdam etwa erfreute sich das vordem völlig unbekannte Lied „Die Wacht am Rhein" allergrößter Beliebtheit und war nun bei allen Gelegenheiten zu hören. Weitgehend unbeachtet blieben dagegen die Schattenseiten des Krieges, die vielen Toten und das Leid. Und nicht die Spur von Kritik gab es zum Beispiel am rücksichtslosen Einsatz preußischer Truppen gegen Franktireurs, die nach dem totalen Versagen der französischen Armee, der Gefangennahme Kaiser Napoleons III. und der Proklamierung einer neuen Regierung der nationalen Verteidigung in Paris ihr Land durch einen verdeckten Krieg zu schützen suchten.

Zwei Ereignisse aus der 1871er Chronik der Potsdamer Regimenter stehen gleichnishaft für die Funktion der preußischen Armee in dieser zweiten Phase des Krieges, als das reguläre französische Heer schon längst geschlagen war: Am 18. Januar bildeten Abordnungen aller Formationen, in erster Linie der Garden, den großen Rahmen für die Proklamation Wilhelms I. zum deutschen Kaiser. Er habe sich angesichts der Uniformen wie im

Potsdamer Lustgarten gefühlt, bemerkte ein Teilnehmer. Als wenig später in Paris die proletarische Kommune in Gegnerschaft zur republikanischen Regierung in Versailles entstand und die Versailler Truppen militärisch gegen die Aufständischen vorgingen, gehörte das 1. Garde-Regiment zu jenen deutschen Einheiten, die in der Endphase dieses Kampfes durch Abriegelung der französischen Hauptstadt vom 23. bis 28. Mai 1871 den Regierungstruppen Rückendeckung gaben. So kehrten die Potsdamer Truppenteile erst im Sommer nach Deutschland zurück. Teils in Jüterbog, teils in Brandenburg endeten die Transporte mit der Bahn, von wo es per Fußmarsch in die Heimatgarnison ging. Am 13. Juni war feierliches Einrükken, vom Bornstedter Feld her zum Lustgarten. Nach großen Feierlichkeiten in Berlin begann am 19. Juni die Demobilmachung. Viele der Toten des Krieges blieben in Gräbern auf den Schlachtfeldern, einige überführte man in die Heimat. Der an der Spitze des 1. Garde-Regiments am 18. Oktober 1870 vor St.-Privat gefallene Oberst Victor von Röder, der Sohn des 1844 gestorbenen Generallieutenants von Röder, einst selbst Kommandeur dieses Regiments, fand seine letzte Ruhestätte auf dem Bornstedter Kirchhof. Auf dieser alten Anlage erhielten seit Ende des 18. und Beginn des 19. Jahrhunderts bedeutende Künstler und Wissenschaftler ihre Grabstellen: Manger, Lenné, Persius und die Familie des Hofgärtners Sello. Vor allem aber ruhen dort zahlreiche Beamte und Angehörige der Hofgesellschaft, „denn was in Sanssouci stirbt, wird in Bornstedt begraben", formulierte Fontane später etwas respektlos. Nach dem Kirchenumbau von 1855 bis 1857, als August Stüler im italienischen Stil eine einstöckige Basilika schuf, wurde der Kirchhof sukzessive auch eine Begräbnisstätte für Offiziere, ohne jedoch den Charakter eines Militär- bzw. Garnisonfriedhofes anzunehmen.

Garnison und Kaiserreich
(1871–1914)

Nach der Reichseinigung

Der militärische Sieg über Frankreich und die Gründung des Deutschen Reiches hinterließen tiefe Spuren. Das Militär verkörperte jetzt eine Haltung und einen Lebensstil, die bald – wenngleich übertrieben, so doch nicht ganz grundlos – den Deutschen ganz allgemein zugeschrieben wurden. „Die unglaublichen Erfolge der deutschen Waffen", schrieb ein englischer Diplomat schon im Januar 1871 nach einem Besuch des deutschen Feldlagers von Metz, „und die daraus folgende absolute Macht der deutschen Nation in Europa werden dazu beitragen, den deutschen Nationalcharakter zu verändern, und nicht notwendigerweise zum Guten. Arroganz und Überheblichkeit sind die Eigenschaften, die sich unter solchen Bedingungen vermutlich in einer teutonischen Rasse entwickeln werden ..." Die Armee sah sich wieder einmal als wichtige Institution der Gesellschaft bestätigt. Durch ihr spezifisches Verhältnis zur Krone, das in der Kommandogewalt des Kaisers seinen prägnanten Ausdruck fand, sicherte sie mit ihrer bloßen Existenz den Vorrang monarchisch-aristokratischer Strukturen vor Parlament und Demokratie. Angesichts der in Preußen weitverbreiteten Furcht vor einem Verlust der eigenen Identität im neuen großen Deutschland betrachtete man das Heer auch als wichtiges Gegenmittel gegen eine „Germanisierung" Preußens. Die Folge war eine allgemeine Militarisierung der Gesellschaft, der erstaunlich wenig Widerstand entgegengesetzt wurde.

Beherrscht wurde die Armee auch weiterhin vom junkerlich-aristokratischen Offizierskorps. In allen Garnisonen begegnete man dem „preußischen Leutnant": pedantisch, überheblich, schikanös. Tief war seine Verachtung der Bürgerwelt, des „Zivilen" schlechthin. Wenn nach der Reichsgründung dennoch ein politisches Bündnis zwischen Adel und Bürgertum entstand – in bürgerlichen Kreisen ließ man sich durch die Siege von 1864, 1866 und 1870/71, im Lichte des neu erwachenden Nationalismus und nicht zuletzt aus Furcht vor einer Unruhe in der Arbeiterschaft und vor den Sozialisten in den Bann der Krone ziehen –, so berührte dies die Verhältnisse bei der Garde kaum. Zwar war die Kluft zwischen Adel und Bürgertum fortan in Preußen weniger tief, als allgemein angenommen wurde und als es gerade in anderen Ländern der Fall war. Seit der Roonschen Heeresreform strebten bürgerliche Anwärter in großer Zahl in das Reserveoffizierskorps. Als im Rahmen der bald einsetzenden Heeresvergrößerung der Geburtsadel zahlenmäßig nicht mehr allein den Bedarf an aktiven Offizieren decken konnte, und deshalb auch immer mehr Vertreter des „Gesinnungsadels" zugelassen wurden, blieben die Garde-Regimenter, die jeden Brückenschlag zum Bürgertum strikt ablehnten, den bürgerlichen Offiziersanwärtern dennoch fast vollständig verschlossen. Die Offiziersranglisten der Potsdamer Regimenter wiesen zudem noch eine überdurchschnittliche Häufung von Namen ausgewähltester Adelsgeschlechter auf. Väter, Söhne und Enkel waren immer wieder um Einstellung in die Garde bemüht, so daß bestimmte Namen immer wieder in den Ranglisten auftauchten: Alvensleben und Kleist, Röder und Kessel, Natzmer und Finckenstein, Schlieffen und Waldersee, Bismarck und Puttkamer. Der Dienst bei der Garde galt als besonderes Privileg, und der höhere Adel war hier unter sich. Gerade in den Potsdamer Truppenteilen kam man in unmittelbaren Kontakt mit den Hohenzollern-Prinzen, die nach der Tradition Friedrich Wilhelms III. im Alter von zehn Jahren als Leutnant in das 1. Garde-Regiment zu Fuß eintraten und ihre Offizierslaufbahn meist in diesem oder einem anderen Potsdamer Truppenteil absolvierten. Prinz Friedrich Wilhelm, der spätere Kaiser Friedrich III., hatte beim 1. Garde-Regiment zum Beispiel die 6. Kompanie geführt und war kurzzeitig auch Kommandeur dieses Truppenteils, Prinz Wilhelm, sein ältester Sohn, wurde Kommandeur des I. Bataillons. Schließlich konnte der Dienst bei einem Garde-Truppenteil auch das Sprungbrett für eine besonders steile Karriere in anderen Linienregimentern sein. Es begannen sich in den Potsdamer Ranglisten auch die Namen nichtpreußischer Adelsgeschlechter des Deutschen Reiches zu mehren. Die Namen von zwei Regimentskommandeuren wurden später weit über die Grenzen Deutschlands hinaus bekannt, wenn auch in anderem Zusammenhang: Zwischen 1876 und 1881 führte Alfred Graf von Schlieffen, der spätere Chef des Großen Generalstabes, als Oberstlieutenant das 1. Garde-Ulanenregiment; Prinz Wilhelm von Preußen, der spätere Kaiser Wilhelm II., stand nach seiner Kommandeurzeit beim I. Bataillon der Fußgarde von 1886 bis 1888 an der Spitze des Garde-Husarenregiments.

Gerade für jüngere Offiziere, die zur Garde strebten, boten die Verhältnisse in der Garnison Potsdam zusätzlich einige wichtige Vorteile. Während Berlin, das von den Milliarden, die Frankreich als Kriegsentschädigung zahlen mußte, besonders profitierte, folgenschwere gesellschaftliche und soziale Umschichtungen zu bewältigen hatte, blieb die Situation im eher ruhigen Potsdam aus Sicht der Militärs berechenbar und solide. Fremdeinflüsse wurden kanalisiert. Man blieb unter sich. Verführungen gab es weder durch vorauseilende Geistesströmungen noch durch modische Formen des Amüsements. Das Potsdamer Theater war brav, die Restaurants ungefährlicher als in der Hauptstadt. Die geistige Szene wurde eher von konservativen Korporationen geprägt, etwa dem Potsdamer Geschichtsverein, an dessen Spitze der bei Hofe sehr angesehene Louis Schneider stand. Schneider, der das Haus Neue Königsstraße 113/Ecke Behlertstraße bewohnte, hatte auch das bekannte und sehr einflußreiche Militärjournal „Der Soldaten-Freund. Illustrierte Zeitschrift für faßliche Belehrung und Unterhaltung des preußischen Unteroffiziers" gegründet. Krieger- und Traditionsvereine boten dem län-

Prinz Friedrich Karl (1828–1885), talentierter und erfolgreicher aber auch kritischer Militär. Im Feldzug 1864 löste er den überforderten und schon sehr alten Wrangel als Oberbefehlshaber der Verbündeten Armee ab. Nach 1871, als er zusammen mit Prinz Friedrich Wilhelm die sonst für Angehörige des Hauses Hohenzollern nicht übliche Ehre der Ernennung zum Generalfeldmarschall erreicht hatte, zog sich Friedrich Karl zunehmend in das Privatleben zurück.

gerdienenden Unterführerkorps Begegnungsmöglichkeiten, auch nach dem Ausscheiden aus dem aktiven Dienst, wenn die ehemaligen Unteroffizere, Korporale und Feldwebel meist in eine gesicherte Beamtenlaufbahn eingetreten waren.

Tonangebend in der gehobenen militärischen Gesellschaft von Potsdam war Prinz Friedrich Karl, der noch während des Krieges gegen Frankreich gemeinsam mit dem Kronprinzen als erster Angehöriger des Hauses Hohenzollern zum Generalfeldmarschall ernannt worden war. Seinen Wohnsitz hatte er seit 1857 im Jagdschloß Glienicke, nachdem er das Marmorpalais im Neuen Garten für den Kronprinzen hatte räumen müssen. Bevorzugter Aufenthaltsort Friedrich Karls war jedoch das idyllisch gelegene Jagdschloß Dreilinden (ursprünglich: Neu-Zehlendorf), das Fontane so meisterlich beschrieb. Mehrmals in der Woche versammelte sich dort die „Dreilindener Tafelrunde", zu der der Schloßherr vorrangig Offiziere der Potsdamer und der Berliner Garnison lud. Bei gutem Essen und ausgezeichneten Weinen hatte das Gespräch immer wieder die Geschichte zum Inhalt, die des Alten Rom ebenso wie die Brandenburg-Preußens. Eine Einladung zur Tafelrunde galt als besondere Ehre. Verkehrsmäßig war das Schloß für die Gäste am günstigsten mit der Eisenbahn zu erreichen; am Bahnhof Wannsee standen Pferdegespanne bereit, und von dort konnte man abends wieder in die Garnison zurückkehren.

Ebenso wie für die Offiziere galten auch für die Unteroffiziere und den Mannschaftsersatz der Garde besondere Einstellungsbedingungen. Vor allem wurde politische Zuverlässigkeit verlangt. Wer mit der Sozialdemokratie sympathisierte oder ihr gar angehörte, dem war die Garde absolut verschlossen. Außerdem durfte man nicht mit dem Strafgesetz in Berührung gekommen sein, sollte über gewisse geistige Voraussetzungen verfügen und das vorgeschriebene Garde-Maß aufweisen: 1,80 Meter Größe für die Infanterie (sonst im Heer: 1,54 Meter), bei der Leibkompanie des 1. Garde-Regiments gar 1,90 Meter. Kavalleristen, vor allem Husaren, konnte dagegen von kleinerem Wuchs sein. Für die Einstellung bei der Garde nahm man zunächst Freiwillige, die fast vollständig den Bedarf an Jägern und Reitern deckten; bei der Infanterie (wie auch bei der Artillerie) kamen aber schon mehr Wehrpflichtige zum Einsatz. Von ihrer sozialen Herkunft überwogen Bauernsöhne, vor allem bei der Kavallerie, wo Vorkenntnisse im Umgang mit Pferden verlangt wurden. Es gab, auch bei der Garde-Infanterie nur wenige Arbeiter unter den Soldaten; man zweifelte daran, daß sie die nötige Gottesfurcht mitbrachten und fürchtete das Einschleppen sozialistischen Gedankengutes. Außerdem waren die Bauernburschen vom Lande kräftiger und besser genährt. Das Heer wurde sowohl für einen Krieg nach außen als auch für einen Einsatz im Innern des Reiches vorbereitet. Dem Gardekorps oblag für den „inneren Fall" der Schutz der kaiserlichen Residenzen und anderer wichtiger Objekte in und um Berlin sowie in Potsdam. Unbedingter Gehorsam und strengste Disziplin bildeten dafür die Voraussetzung, was man durch Drill und straffe Ordnung zu erreichen gedachte. Diesem Ziel diente unter anderem das wesentlich verschärfte, an überholten Rechtsgrundsätzen festhaltende Militär-Strafgesetzbuch von 1872. Der Drill, den der Kaiser für einen erstrangigen Erziehungsfaktor hielt, prägte nach dem Krieg weiterhin die Situation im Heer. Hinzu kam das Festhalten an überlebten taktischen Formen wie der Kompaniekolonne und der Linienaufstellung, die den deutschen Truppen im Krieg gegen Frankreich gerade erst riesige Verluste beschert hatten. Partiell war sogar eine Rückwärtsentwicklung in der Gefechtsauffassung zu beobachten, so daß die Truppen auf dem Bornstedter Feld teilweise vorrückten wie zur Zeit der Befreiungskriege: Geübt wurde das Deployieren aus der Kolonne und das Vorgehen mit entfalteten Bataillonen unter den Klängen des Avanciermarsches. Die unteren und mittleren Offiziersränge, die diese Entwicklung skeptisch beurteilten, litten unter einem Beförderungsstau, da die älteren Offiziere lange Zeit in ihren höheren Stellungen verblieben. So wurde das Lieutenantsdasein oft auf mehr als zehn Jahre ausgedehnt, und den Kompaniechef hielten die Verhältnisse nicht selten noch länger in seiner Dienststellung fest. Die große Liberalität, mit der bei der Garde die Urlaubsangelegenheiten der Hauptleute gehandhabt wurden, gab strebsamen Premierlieutenants oft die Möglichkeit, schon vorzeitig über Wochen und Monate Kompanien zu führen und im Felddienst auszubilden.

Die militärische Ausbildung war – über das ganze Jahr verteilt – in vier Abschnitte gegliedert: Rekrutenausbildung (Exerzieren, Schießen), Kompanieausbildung (Exerzieren, Schützengefecht, Felddienst sowie Turnen/Schwimmen), Bataillons- bzw. Regimentsausbildung (auf dem Truppenübungsplatz, meist Bornstedter Feld) und Manöver (Feldübungen im Bestand des gesamten Gardekorps, meist in der Nähe von Potsdam). Zu einem wichtigen Ereignis entwickelten sich die Frühjahrsparaden, zu denen der Kaiser stets persönlich erschien. Daneben spielte der Wachdienst eine große Rolle, der in Potsdam wegen der Vielzahl der zu bewachenden Schlösser sehr aufwendig war. Das Leben der Soldaten wurde durch die Existenz von immer mehr Kasernen beeinflußt. Hier war die Aufsicht durch Vorgesetzte entschieden intensiver als in den Bürgerquartieren, die in verringerter Anzahl aber noch weiter bestehen blieben. Bei der Kavallerie wurde schon um 4 Uhr zum Wecken geblasen, da die Pferde zu versorgen waren; bei den anderen Truppen begann der Tag um 6.30 Uhr mit dem „Raustreten". Der Vormittag gehörte dann gänzlich der militärischen Ausbildung, der Nachmittag dagegen nur teilweise, denn dann wurde geflickt, geputzt und gereinigt. Die Verpflegung war spürbar besser und reichlicher geworden: Täglich gab es, verteilt auf drei Mahlzeiten, 180 Gramm Fleisch oder 120 Gramm Räucherspeck, 250 Gramm Hülsenfrüchte oder 1,5 Kilogramm Kartoffeln, 40 Gramm Fett, 10 Gramm gebrannten Kaffee und schließlich alle vier Tage ein 6-Pfund-Brot. Eine solch reichliche Kost führte dazu, daß sich viele ansonsten wenig Bemittelte beim Militär zumindest „versorgt" fühlten, was sich dann langfristig in irgendeiner Weise fördernd auf das persönliche Verhältnis zum Armeedienst auswirkte. Jede Woche wurde die Leibwäsche gewechselt, aller vier Wochen die Bettwäsche. Die Armeeführung hatte all diese Maßnahmen zur Sicherung einer hohen physischen Einsatzbereitschaft und zur Vermeidung von Krankheiten angeordnet.

Nach der Reichsgründung von 1871 war ein weitgehend einheitliches deutsches Heer entstanden. Der König von Preußen

Kaiser Wilhelm I. schreitet eine Front im Lustgarten ab. Der Symbolwert Potsdams für die preußische Armee nahm während seiner Regierungszeit spürbar zu.

besaß als Kaiser und Bundesfeldherr den Oberbefehl über die gesamten Streitkräfte im Krieg und – mit Ausnahme Bayerns – im Frieden. Die 1873 insgesamt 420 000 Mann starke Streitmacht war in 18 Armeekorps gegliedert. Das Reichsmilitärgesetz von 1874 bestimmte, daß Friedensstärke (ein Prozent der Gesamtbevölkerung) und Heeresetat für jeweils sieben Jahre festgelegt wurden (Septennat). 1881 stieg die Friedensstärke auf rund 450 000 Mann (einschließlich Offiziere), 1888 auf 488 000 Mann. Die Militärgesetze von 1887 und 1888 leiteten die erste große Rüstungswelle im kaiserlichen Deutschland und eine neue Etappe im europäischen Wettrüsten ein. Die junkerlich-großbürgerliche Führung des Deutschen Reiches verfügte nun über eine gewaltige Streitmacht, mit der sie sich in der Lage fühlte, ihre innen- und außenpolitischen Ziele zu verfolgen. Mit Hilfe des Sozialistengesetzes von 1878 hoffte sie unter anderem, auch dem drängenden Antimilitarismus der deutschen Sozialdemo-

Immer neue und größere Kasernen entstanden in Potsdam. Hier das Wohngebäude des 3. Garde-Ulanenregiments, das sehr modernen Ansprüchen genügte.

kratie begegnen zu können. Und nach außen wuchs infolge der Zuspitzung in den Beziehungen zu Rußland und des deutschen Militärbündnisses mit Österreich-Ungarn von 1879 die Bereitschaft zum Zweifrontenkrieg.

Die Garnison Potsdam blieb von den Formationserweiterungen des Heeres zunächst verschont. Allerdings war man intensiv mit der Errichtung immer neuer Kasernen beschäftigt, wobei der Neubau gegenüber der Rekonstruktion oder Erweiterung vorhandener Substanz den Schwerpunkt bildete. Der allgemeine wirtschaftliche Aufschwung des Landes, aber auch die von Frankreich im Ergebnis des letzten Krieges gezahlte Kriegsentschädigung in Höhe von fünf Milliarden Francs (1,5 Milliarden Taler) bildeten eine günstige Voraussetzung dafür, daß diese

228

Bauten schnell und den modernsten Erkenntnissen der Hygiene und Gesundheitspflege entsprechend entstehen konnten. Schon 1876 zogen die 3. und 4. Schwadron des 3. Garde-Ulanenregiments, das im Potsdamer Jargon die „Stobigen" genannt wurde und in der Folgezeit zum Rennreiterclub der preußischen Armee avancierte, von Nauen nach Potsdam um. Quartier fanden sie in der inzwischen erweiterten Kaserne in der Jägerallee, deren Komplex eine Fläche von über sieben Hektar einnahm. Das fünfstöckige Wohngebäude aus rohem Backstein lag an der Straßenfront und bot Platz für insgesamt 720 Mann; in der Regel waren ein Unteroffizier und zehn Gemeine in einer Stube untergebracht. Außerdem gab es auch einige Offizierswohnungen. Im rechten Turmbau hatte man zu ebener Erde eine Offiziers-Speiseanstalt mit separatem Billard-, Frühstücks-, Spiel- und Rauchzimmer eingerichtet; über eine kleine Freitreppe gelangte man direkt in den angrenzenden Offiziersgarten. Der Mannschaftsspeisesaal befand sich dagegen im Kellergeschoß, wo auch eine kleine Badeanstalt Platz gefunden hatte. Den größten Teil des Kasernengeländes nahmen die fünf Stallgebäude (für jede Eskadron je ein Stall für 148 bzw. 149 Pferde), zwei Reitbahnen in massiver Bauweise sowie diverse Reitplätze ein. Die Toilettenräume befanden sich in dieser Kaserne noch außerhalb des Wohngebäudes, etwa 200 Schritt vom Mittelturm entfernt hinter den Ställen.

Zur gleichen Zeit war das Gelände der ehemaligen Gewehrmanufaktur für das 1. Garde-Regiment weiter ausgebaut worden. Das II. Bataillon konnte deshalb im Jahr 1878 seine Bürgerquartiere verlassen und in die neue Kaserne einziehen.

1877 erhielt die Kriegsschule ein neues, moderneres Domizil in der Waisenstraße Nr. 30–34, auf der westlichen Straßenseite, zwischen Bäcker- und Spornstraße. In den Gebäuden Nr. 31–33 hatte sich bis zum Jahre 1859 die Garnisonsschule befunden, deren Betrieb dann aber eingestellt wurde. Als die Kriegsschule einzog, wurden die beiden Obergeschosse der Häuser 30–33 als Unterkünfte für die Fähnriche hergerichtet, während die Offiziere im Erdgeschoß, zur Straße hin, Wohnungen bekamen. Zwar gab es Platz für 123 Fähnriche (in Zimmern zu zwei bis sieben

Mann), doch betrug die Kursstärke im Durchschnitt nur etwa 90 Mann. Im Haus Nr. 34 hatte der Direktor seine Diensträume (Erdgeschoß) und seine Wohnung (1. Obergeschoß); im 2. Obergeschoß war die Bibliothek untergebracht. Sämtliche Lehrgebäude – alle neu errichtet – befanden sich auf dem Hof, ebenso Turnhalle, Geschützschuppen, Pferdestall und Reitplatz. Das zumeist uniformierte Lehrpersonal der Schule wurde ständig ausgewechselt. Stets nur für wenige Jahre wurden Premierlieutenants oder Capitains dorthin kommandiert, hatten vorher Truppen- oder Stabsstellungen gehabt und wurden auch anschließend wieder in die militärische Praxis entlassen. Doch der Dienst an den Kriegsschulen erfreute sich bei karrierebewußten Offizieren keiner hohen Wertschätzung, höchstens eine Lehraufgabe an der Kriegsakademie wurde als anspruchsvolle Tätigkeit gewertet. Colmar Freiherr von der Goltz, der spätere Generalfeldmarschall, einer der eifrigsten, wenngleich umstrittensten preußischen Offiziere und Organisator des türkischen Heeres, formulierte, als er 1871 nach Potsdam versetzt wurde, seine Ablehnung in einer für die Anstalt beinahe vernichtenden Form. Die Aussicht, mehrere Jahre dort ausharren zu müssen, wirkte auf ihn fast traumatisch. „Die Lehrer, die fünf Jahre hier sind, haben sich zu alten Pedanten entwickelt und ihre Gesundheit zugesetzt ... Alles was mit der Kriegsschule zusammenhängt, macht einen unglaublich spießbürgerlichen Eindruck. Menschen und Dinge sehen heruntergekommen aus. Man spricht von nichts anderem als von Marktpreisen, Wohnungspreisen und Zulagen. Auch der Direktor pries mir schon bei der ersten Begrüßung die letzteren. Ich bekomme für 600–700 Lehrstunden im Jahr bare 200 Taler, habe dann aber keine Zeit, mich irgendwie mit andern Dingen zu beschäftigen. In dieser Atmosphäre müßte ich ersticken", lautete sein Fazit.

In den achtziger Jahren begann der fast zeitgleiche Neu- und Ausbau weiterer Kasernen. Ab 1885 entstand auf freiem Gelände am östlichen Fuße des Ruinenberges, südlich vom Bornstedter Feld, ein vollständiger Kasernenkomplex für das 1. Garde-Ulanenregiment. Ursprünglich nur für eine Eskadron vorgesehen, kamen ab 1887 noch zwei Seitenflügel zum Hauptbau hinzu, so daß die Anlage am 21. September 1889 vom gesamten Regiment bezogen werden konnte. Das drei Stockwerke hohe Wohngebäude bot Platz für 689 Mannschaften und Unteroffiziere, fünf Lieutenants sowie einen Arzt. Es gab 16 Wohnungen für verheiratete Unteroffiziere, eine Wohnung nebst Schreibstube für den Kaserneninspektor und zwei Wärterwohnungen. Im Kellergeschoß befand sich eine Badeanstalt mit 20 Brausen und einem Badezimmer; die Kapazität war so berechnet, daß pro Person 20 Liter Warmwasser (26 °C) zur Verfügung standen und somit 100 Mann in einem Durchgang duschen konnten. Ebenfalls im Kellergeschoß lag der Mannschaftsspeisesaal, die Speiseanstalt für Offiziere dagegen im Erdgeschoß. Den größten Teil des über acht Hektar großen Geländes nahmen Ställe und Reitplätze ein.

Ab 1884 wurde der Kasernenkomplex des 1. Garde-Regiments zu Fuß noch einmal erweitert. Es handelte sich um ein Gebäude in der Priesterstraße, das sich unmittelbar an den alten Bau für Leib-, 2. und 3. Kompanie (Am Kanal) anschloß und nun die 4., 9. und 10. Kompanie aufnahm. Ein weiteres Gebäude entstand an der Südseite des Geländes (Am Wall) für die 11. und 12. Kompanie. Damit waren nun alle drei Bataillone zentral kaserniert. Die Mannschaftsstuben boten in der Regel Platz für zehn Soldaten, doch mußten in einigen Fällen auch 20 Soldaten und mehr eine Stube teilen. Wegen der Größe des Regiments, aber auch wegen der zeitlich versetzten Entstehungsphase der Kasernenanlage existierten je zwei Mannschaftsspeisesäle und Unteroffizierskasinos. Waschanstalten gab es für jedes Bataillon extra, wogegen die Badeeinrichtung (15 Doppelbrausen) für das gesamte Regiment im Kellergeschoß des Wirtschaftsgebäudes untergebracht war.

Die Garde-Jäger erhielten 1884 eine zweite, aus zwei umgebauten ehemaligen Privathäusern bestehende „kleine Kaserne" in der Elisabeth-/Ecke Berliner Straße. Sie diente vornehmlich Verwaltungszwecken. Außerdem bot dieser dreistöckige, unterkellerte Bau auch Platz für eine Büchsenmacher- und eine Schneiderwerkstatt sowie für Montierungs- und Materialkammern des Bataillons. Das Offizerskasino, das in dem südlichen Teil der alten Kaserne in der Elisabethstraße untergebracht war, besaß inzwischen ein repräsentatives Interieur. Paraderaum war das Billardzimmer, das mit prächtigen Geweihen, darunter Geschenke fürstlicher Personen, und mit Trophäen von Schützenfesten geschmückt war. Bei Schießwettbewerben der Offiziere aller Jägerverbände und bei Schützenwettbewerben des Heeres schnitten die Potsdamer in der Regel ausgezeichnet ab, denn das Beherrschen militärischer Fertigkeiten war Voraussetzung für den Dienst in der Garde, bei dem allerdings Offiziersanwärter aus exklusiven Adelsgeschlechtern bevorzugt wurden.

Die Garde-Husaren erhielten ein besonders prächtiges Offizierskasino, das in den Jahren 1886/87 errichtet wurde, also zu der Zeit, als Prinz Wilhelm das Regiment führte. Gestaltet im neugotischen Stil, fand es seinen Platz in einer idyllischen Gartenanlage neben der Kaserne, getrennt durch die Schiffbauergasse. Geldschenkungen des greisen Kaisers und anderer Fürstlichkeiten ermöglichten die großzügige Planung und repräsentative Ausgestaltung. Bekanntheit im gesamten preußischen Heer erlangte die historische Husarengalerie im Speisesaal, die von Premierlieutenant von Geyr nach dem Vorbild der Wustrauer Zieten-Husaren-Galerie und der Sammlung altpreußischer brauner Husaren zu Zedlitz bei Lüben im dortigen Speisesaal eingerichtet worden war. Durch Kauf und Geschenk waren Portraits berühmter Husarenführer zusammengetragen worden. Neben den obligatorischen Darstellungen von Hans-Joachim von Zieten und Gebhard Leberecht von Blücher – dieser gleich zweimal, als Bellingscher roter Husar (ein Geschenk noch des Prinzen Carl) und in Generalsuniform – fanden sich unter anderm Bilder von Wilhelm Sebastian Belling (Kommandeur eines erstklassigen Husarenregiments der alten Armee), Hartwig Carl von Wartenberg (fiel als vierzigjähriger General 1757 bei Alt-Bunzlau) und Friedrich Wilhelm von Kleist (ein Meister des Kleinkriegs und im Umgang mit leichten Truppen, Onkel des späteren Feldmarschalls Graf Kleist von Nollendorf). Aber auch Friedrich Wilhelm von Seydlitz war vertreten, den man allgemein als Kürassier kennt, doch der zuvor als Rittmeister und Eskadronchef im Husarenregiment von Natzmer gedient hatte.

Wachstum bis zur Jahrhundertwende

Die Ereignisse des Jahres 1888 blieben nicht ohne Auswirkungen auf die Garnison Potsdam. Es war das berühmte Drei-Kaiser-Jahr: Wilhelm I. starb am 9. März im Alter von knapp 91 Jahren. Sein Sohn, Kronprinz Friedrich Wilhelm, litt bereits an einer unheilbaren Kehlkopfkrankheit, so daß er nur 99 Tage als Kaiser Friedrich III. regieren konnte. Mit dem 29jährigen Wilhelm II. trat am 15. Juni des Jahres ein unsteter, exaltierter und überaus militärbegeisterter Herrscher sein Amt an, unter dem die Armee wie nie zuvor in Preußen-Deutschland expandierte und die allgemeine Militarisierung der Gesellschaft folgenschwer vorangetrieben wurde. „So gehören wir zusammen, Ich und die Armee", lautete seine erste Botschaft als Kaiser an die Streitkräfte. Schnell konnte sich Wilhelm II. zu einigen notwendigen Maßnahmen entschließen, die sein Großvater viele Jahre vor sich hergeschoben hatte. Um den Altersdurchschnitt in den hohen Rängen der Armee zu senken, verabschiedete er eine größere Zahl von älteren Generälen, mit denen Wilhelm I. aus seiner eigenen militärischen Laufbahn heraus persönlich verbunden gewesen war. Unter Wilhelm II. wurde auch das Exerzierreglement, das aus dem Jahre 1847 stammte und spätestens seit den Einigungskriegen einer dringenden Neufassung bedurfte, endlich überarbeitet – allerdings sehr unzureichend. Wieder einmal hatte das Gefühl des Sieges den nüchternen Blick für tiefgreifende Erneuerungen in der Armee verstellt. Der Konflikt zwischen Erneuerern und Bewahrern ging quer durch das Gardekorps; General von Schlichting, der Kommandeur der 1. Garde-Infanteriedivision, zu der das 1. Garde-Regiment zu Fuß und das Garde-Jägerbataillon gehörten, engagierte sich sehr für ein modernes Reglement und verfaßte wesentliche Passagen der Gefechtsvorschriften, während der Kommandierende General des Korps, Generaloberst Alexander von Pape, mit verklärtem Blick auf die in den Kriegen 1864, 1866 und 1870/71 angeblich bewährte Vorschrift, starrsinnig fragte: „Wozu also eine neue?"
Seit den Einigungskriegen befand sich das Reich in einer

ungünstigen außenpolitischen Konstellation, die Bismark noch durch komplizierte Diplomatie zu beherrschen verstand, der man jedoch unter dem neuen Kaiser zunehmend durch permanente Heeresvergrößerungen zu begegnen suchte. 1893 zum Beispiel wuchs das Heer auf einen Schlag um rund 60 000 Mann, die Dienstzeit sank (außer bei der Kavallerie und Feldartillerie) von drei auf zwei Jahre, um die Zahl der ausgebildeten Rekruten rasch anzuheben; das Septennat wurde durch das Quinquennat (Fünf-Jahre-Rhythmus für Heeresvermehrungen) ersetzt. Paradox aber war gerade in dieser Situation der bewußte Verzicht auf die militärische Ausbildung des gesamten Wehrpotentials, woran man auch noch lange festhielt, als sich die außenpolitische Situation für Deutschland weiterhin verschlechterte und die potentiellen Gegner über zahlenmäßig weit stärkere Armeen verfügten.

Noch weniger als seine Vorgänger hielt es Wilhelm II. im ungeliebten, weil unbotmäßigen Berlin. Potsdam dagegen war ganz nach seinem Geschmack. Es blieb verschont von der großen Industrialisierung und von der Bevölkerungsexplosion, die in vielen Großstädten stattfand. Potsdam bewahrte seinen Charakter als Stadt des Hofes und des Militärs. Wilhelm erwählte das Neue Palais, das durch Einbau einer Heizungsanlage nun auch ganzjährig genutzt werden konnte, zu seinem bevorzugten Wohnort. Der innerlich eigentlich unsichere Kaiser, der mit seinen pausenlosen theatralischen Auftritten eher eine Schwäche überspielen wollte, hatte sich als Prinz fast ausschließlich dem militärischen Beruf gewidmet. Bei seinen Regimentern, im Offizierskreis fühlte er sich wohl. Vor allem zum 1. Garde-Regiment fühlte er sich hingezogen. Bei keinem anderen Truppenteil war er so oft und regelmäßig Gast der Offizierstafel im Casino. Hier, wo ein betont lakonisch-schneidiger Ton herrschte, pflegte er seine Geburtstage zu feiern. Häufig auch besuchte er kurzerhand das Regimentshaus, wo man sich von 9 bis 14 Uhr zur Frühstückstafel einfand, nach dem Gottesdienst in der benachbarten Garnisonkirche.

Wilhelm II. führte die Tradition der Potsdamer militärischen Zeremonien ungebrochen fort. Ein großes Ereignis war alljähr-

lich der Großgörschen-Tag am 2. Mai, mit dem an die Feuertaufe
der neu formierten Garde-Infanterie im Jahre 1813 erinnert wurde. Der Kaiser besichtigte öffentlich die im Lustgarten angetretenen Bataillone des Regiments und nahm anschließend das Früh-
stück mit den Offizieren im Regimentshaus ein, worüber die
Presse des Reiches ausführlich berichtete. Besonders gefeiert
wurden auch die Jahrestage der Schlachten des Krieges 1870/71.
Das Stiftungsfest des Lehr-Infanterie-Bataillons – das bereits
erwähnte Schrippenfest – und der feierliche Zusammentritt dieser Formation in jedem April hatten seit der Gründung des Deutschen Reiches und der damit verbundenen Eingliederung zahlreicher deutscher Landeskontingente in die preußische Armee
noch eine Aufwertung erfahren, und man nutzte gerade die Zu-
sammenkunft von Abgesandten aus den verschiedenen Formationen des Reiches, um die Geschlossenheit und Kraft der
gesamten Armee zu demonstrieren. Allgemeine Beachtung fanden auch die Rekrutenvereidigungen in Potsdam, die im Herbst
stattfanden. Am 23. November 1891 formulierte der Kaiser vor
den jungen Soldaten seine später oft zitierten Worte: „... denkt
daran, daß die deutsche Armee gerüstet sein muß gegen den
inneren Feind sowohl als auch gegen den äußeren ... Ihr habt
mir Treue geschworen, das – Kinder meiner Garde – heißt, ihr
seid jetzt meine Soldaten, ihr habt euch mir mit Leib und Seele
ergeben: Es gibt für Euch nur einen Feind und der ist mein Feind.
Bei den jetzigen sozialistischen Umtrieben kann es vorkommen,
daß ich Euch befehle, eure eigenen Verwandten, Brüder, ja
Eltern niederzuschießen, was je Gott verhüten möge, aber auch
dann müßt ihr meine Befehle ohne Murren befolgen."
  Die besondere Neigung des Kaisers galt den Paraden, deren
Zahl deutlich zunahm. Man sprach damals von der Potsdamer
Art des Parademarsches, bei der die Beine aus dem Hüftgelenk
hochgeworfen wurden, was bei den hochgewachsenen Männern
der Fußgarde mit ihren charakteristischen Grenadiermützen
besonders auffiel und beim Publikum den größten Beifall auslöste. Der „Soldaten-Freund" schrieb zu den Potsdamer Frühjahrsparaden im traditionellen Lustgarten vor dem Schloß: „Wenn
auch die Haupt- und Residenzstadt Berlin den Vorzug hat, zwei-

mal im Jahr Schauplatz zweier großer Paraden zu sein, so ist dennoch vielleicht eine Parade in Potsdam noch interessanter als in Berlin...Wenn die preußische Armee als die erste der Welt angesehen werden kann, wenn die Garde als Elite derselben betrachtet werden muß, so ergibt sich daraus der Schluß von selbst, daß eine Parade der preußischen Gardetruppen die Vollendetste ist, was man an soldatischer Tüchtigkeit und militärischem Glanz auf der Welt sehen kann." Bei aller zeitgenössischen Kritik an den Paraden fühlte sich der größte Teil der Deutschen von dieser Form militärischer Selbstdarstellung angesprochen und repräsentiert. Voller Begierde blickte das längst entliberalisierte Bürgertum nach Potsdam, denn die Garden waren den bürgerlichen Offizieren auch weiterhin verschlossen. Der Adel blieb die formgebende Kraft des preußisch-deutschen Offizierskorps und der Garde; von den bürgerlichen Offizieren wurde das nicht nur hingenommen, sie imitierten auch auf lächerliche Weise die antiquierten Verhaltensformen des Adels und lieferten so den Stoff für den Spott im In- und Ausland.

Unter Wilhelm II. expandierte die Garnison Potsdam noch einmal ganz erheblich. Weitere Truppen und Stäbe kamen in die Stadt. Und es wurden neue Militärbauten errichtet, die die Funktionalität des Militärstandortes abermals erhöhten. Die neunziger Jahre wurden zu jenem Jahrzehnt, in dem sich die Infrastruktur der Garnison am intensivsten veränderte.

Seit seiner Zeit bei den Garde-Husaren, denen mit A.K.O. vom 19. Juni 1888 die Bezeichnung Leib-Garde-Husarenregiment verliehen worden war, begeisterte sich der Kaiser besonders für die Kavallerie. Noch in seinem ersten Regierungsjahr verfügte er die Vereinigung des exklusivsten Kavallerieregiments des Heeres, der Garde du Corps, in der Mustergarnison Potsdam. Wie alle Kavallerieregimenter der Armee zählte es damals 26 Offiziere, 78 Unteroffiziere, 21 Trompeter, 568 Gemeine und 668 Pferde; seit Juli 1888 war die Kompanieeinteilung abgeschafft, so daß nur noch die Eskadronsgliederung blieb. Die Berliner und Charlottenburger Eskadronen wurden in Potsdam untergebracht, so daß nun vier komplette Kavallerieregimenter in dieser Garnison stationiert waren. Der Umstand, daß sowohl das jeweils erste

Regiment der preußischen Infanterie und Kavallerie hier lagen, bildete – nach damaligem Verständnis – ein wichtiges Kriterium für die exklusive Stellung Potsdams unter den preußischen bzw. deutschen Garnisonstädten. 1891 fiel die Entscheidung für den Neubau eines angemessenen Kasernenkomplexes für das Regiment der Garde du Corps. Bis 1893 entstand zwischen Behlert-, Manger-, Wollner- und Neuer Königsstraße auf einem über fünf Hektar großen Gelände eine moderne Anlage für die 2. und 4. Eskadron (Kaserne A, Neue Königsstraße) sowie für die 3. und 5. Eskadron (Kaserne B, Behlertstraße). Es handelte sich hierbei um zwei vierstöckige Gebäude identischer Bauart im Neorenaissance-Stil mit Verzierungen aus pfälzischem Sandstein. Den Haupteingang in der Neuen Königsstraße schmückten zwei Statuen (zwei Gardereiter, die ihre Pferde führen), die von der ehemaligen Kaserne der 4. Eskadron aus Charlottenburg herbeigeholt worden waren. Steinerne Adlerhelme am Portal der Kaserne A sowie weitere Gestaltungselemente vermittelten beim Eintritt in das Gebäude den Eindruck einer mit Waffen geschmückten Vorhalle, womit die besondere Stellung der Garde du Corps in der preußischen Armee auch äußerlich verdeutlicht wurde. Kaserne A bot Quartier für zwei Offiziere und einen Sanitätsoffizier, zwei Wachtmeister, 263 Mannschaften und Unteroffiziere (darunter drei Verheiratete), einen Kaserneninspektor und einen Kasernenwärter. In Kaserne B lagen zwei Offiziere, zwei Wachtmeister, zwei Fähnriche, 265 Mannschaften und Unteroffiziere (davon ebenfalls drei Verheiratete) sowie ein Büchsenmeister. Die hellen und gut belüfteten Mannschaftsräume boten in den meisten Fällen zehn Plätze, manchmal auch zwanzig. Unteroffiziere bezogen kleine Stuben, die sie allein bewohnten.

Die Leibeskadron erhielt ebenfalls im Jahre 1893 eine neue Unterkunft. Sie entstand am Kanal an Stelle der alten Kaserne von 1753, wodurch der alte Knobelsdorff-Bau verschwand. Das neue Wohngebäude entsprach weitgehend den Häusern in der Behlert- und Neuen Königsstraße. Die Portalinschrift „Leib-Esquadron 16. Juni 1753 – 16. Juni 1893" symbolisierte die 140jährige Traditionskontinuität, die bis auf Friedrich II. zurückging, der die Garde-Reiter nach Potsdam geholt hatte. Da der große Kasernenbau an der historischen Stelle am Kanal nur von einer Eskadron belegt war, fanden hier auch zahlreiche Einrichtungen des gesamten Regiments Platz: Geschäftszimmer und Zahlmeisterstube, Telegraphenstube, Lanzen-, Gala- und allgemeine Montierungskammer, Sattlerwerkstatt und Schneiderei. Die Dienstwohnung des Kommandeurs und die Offiziers-Speiseanstalt blieben an alter Stelle in den aus dem 18. Jahrhundert stammenden Gebäuden in der Straße Am Kanal Nr. 2/3. Die Offiziers-Speiseanstalt, in deren Haus sich bis 1820 noch das Regimentslazarett befunden hatte, erhielt im Jahre 1897 jedoch noch einen Anbau an der Nord- und Westseite, womit nun auch diese Anlage eine repräsentative Gestalt annahm.

Einige Veränderungen ergaben sich bezüglich der Bewaffnung und Bekleidung. Das gesamte Regiment war seit dem 13. Mai 1888 mit Karabinern M/71, Unteroffiziere und Trompeter mit Revolvern M/79 ausgerüstet; einige Schützen, seit 1884 pro Eskadron ein Zug, hatten schon vorher einen Karabiner besessen. Seit dem 1. Oktober 1888 trug das Regiment wie sämtliche Kürassiere der Armee Lanzen. Die Kürasse legte man seitdem nur noch zu Paradezwecken an, die Epauletten der Offiziere nur zum Parade- und Gesellschaftsanzug, da es seit 1866 silberne Achselstücke gab. Die altbrandenburgischen Stiefel mit ihrem charakteristischen Schaft, der vorn über das Knie verlängert war, ersetzte man durch hohe, steife Stiefel.

In den neunziger Jahren nahm die Zahl der Soldaten in Potsdam noch einmal ganz erheblich zu. Es war vor allem Artillerie, die diesen Zuwachs ausmachte. Die Verstärkung der Feldartillerie bildete einen Schwerpunkt bei den Heeresverstärkung in den

OBEN: Kaserne der Leibeskadron des Regiments der Garde du Corps, Am Kanal 68; 1945 zerstört und später durch ein Wohnhaus ersetzt. Bei dieser Abbildung handelt es sich um eine Bau-Ausführungszeichnung des Militär-Bauamtes II in Potsdam vom 15. Februar 1896.
UNTEN: Im Vordergrund die Dienstwohnung des Kommandeurs des Regiments der Gardes du Corps (Am Kanal Nr. 3), rechts daneben das Tor zur Offiziers-Speiseanstalt (Am Kanal Nr. 2). Beide Gebäude haben in unterschiedlicher Gestalt den letzten Krieg überstanden, wogegen Mauer und Toreingang nicht mehr existieren.

neunziger Jahren. Für Potsdam bedeutete das die Rückkehr einer Waffengattung, die die Garnison ein knappes Jahrhundert zuvor verlassen hatte.

Zuerst, am 6. Oktober 1890, kam die neu geschaffene reitende Abteilung des 2. Garde-Feldartillerie-Regiments in die Stadt. Dieses Regiment war mit drei fahrenden Abteilungen (à drei Batterien mit je vier Geschützen vom Typ der überalterten Feldkanone C 73/Kaliber 8,8 cm) seit seiner Gründung 1872 in Berlin untergebracht, in den Kasernen am Kupfergraben und am Oranienburger Tor. Die neu geschaffene reitende Abteilung setzte sich aus zwei reitenden Batterien zusammen. Die erste stammte vom 1. Garde-Feldartillerie-Regiment (Berlin) und fand Unterbringung in der Potsdamer Kaserne, Brandenburger Kommunikation 11–13. Die zweite reitende Batterie gab das (1. Brandenburgische) Feldartillerie-Regiment „General-Feldzeugmeister" Nr. 3 (Brandenburg) ab; da die Pferdeseuche ausgebrochen war, traf es jedoch erst im März 1891 in Potsdam ein, wo es die Kaserne Neustädter Kommunikation 2/3 zugewiesen bekam. Pferdeställe standen vor allem in der Jägerkommunikation (1893 abgebrannt) und in kleinerer Zahl beim Neustädter Tor (Beyerscher Holzhof) zur Verfügung, wo sich auch der gemeinsame Geschützschuppen und der Exerzierplatz befanden.

Im preußischen Heer war es zu jener Zeit allgemein üblich, daß immer nur ein Feldartillerie-Regiment einer Feldartillerie-Brigade eine zusätzliche reitende Abteilung besaß. Als man auch beim zweiten Regiment der Garde-Feldartillerie-Brigade eine reitende Abteilung schuf, begann ein Prozeß, in dessen Verlauf während der neunziger Jahre bei fast allen Feldartillerie-Regimentern des Heeres reitende Abteilungen entstanden. Die Uniformierung war allgemein gleich: dunkelblaue Waffenröcke und schwarze Helme mit abgerundetem Vorderschirm; bei der reitenden Artillerie trug man statt Infanteriehosen solche der Kavallerie und außerdem Kavalleriesäbel. Als persönliche Schußwaffe hatten sämtliche Feldartilleristen lediglich Pistolen, was sich später im Weltkrieg fatal auswirken sollte.

Da von Anfang an der Plan bestand, das gesamte 2. Garde-Feldartillerie-Regiment nach Potsdam zu verlegen, wurde 1892 mit dem Bau eines völlig neuen Kasernenkomplexes am nördlichen Stadtrand, an der Nedlitzer Straße (noch vor der Brücke, 3,4 Kilometer vom Stadtzentrum entfernt) begonnen. Am 24. Juli 1895, nach Beendigung der Sommer-Schießübungen, ging die II. fahrende Abteilung nicht mehr nach Berlin zurück, sondern zog dort ein. Im Anschluß an die Herbstmanöver nahmen im selben Jahr dort auch der Regimentsstab, die I. fahrende und die reitende Abteilung Quartier, während die III. fahrende Abteilung in die Kaserne Brandenburger Kommunikation 6–8 verlegt wurde. Damit befand sich nun auch ein vollständiger Artillerietruppenteil in der Garnison Potsdam.

Besondere Beachtung verdient in diesem Zusammenhang der Kasernenneubau, da es sich um die modernste und größte Einrichtung ihrer Art im damaligen Potsdam handelte und beispielhaft für das gesamte Reich war. Die Gesamtfläche betrug etwa zwölf Hektar beiderseits der Landstraße, wovon etwa 9,5 Hektar auf das östliche Gelände mit den wichtigsten Objekten entfielen. Die vier Wohngebäude – wie alle Gebäude als Backsteinrohbau in gotisierendem Stil errichtet – bestanden aus Keller-, Erd-, zwei oberen und einem Dachgeschoß, die bewohnten Etagen hatten eine Höhe von 3,80 Metern. Die Stuben – je nach Größe für fünf bis elf Soldaten – waren alle mit Kippfenster und speziellen Lüftungsschächten (Öffnung in der Wand, durch Eisenjalousie verschließbar) und Türen mit verdeckbaren Lüftungsschlitzen versehen. In den Erdgeschossen fand man außerdem noch je eine Revierkrankenstube, eine Schreibstube und zwei Kloseträume, in den beiden oberen Stockwerken je eine Wohnung für einen Lieutenant und einen Wachtmeister sowie eine Flickstube, eine Schreibstube und ebenfalls zwei Kloseträume. Die zwei Wirtschaftsgebäude beherbergten jeweils getrennt Küchen und Speisesäle für Mannschaften und Unteroffiziere, Duschraum und Waschküche, Marketenderräume, diverse Abstellzimmer und einen Trockenboden. Im Stabsgebäude befanden sich neben fünf Wohnungen für Verheiratete eine Telegraphen- und eine Poststube sowie einige Handwerksräume und eine Arrestzelle. Durch das gesamte Kasernengelände führten breite, gepflasterte Straßen und Wege. Auf dem kleineren, westlich der Landstraße gelegenen Grundstück erbaute man zunächst eine Offiziers-Speiseanstalt sowie zwei Wohngebäude für verheiratete Truppenangehörige.

Als gegen Ende der neunziger Jahre fast alle Feldartillerie-Regimenter vierte reitende Abteilungen besaßen und die militärische Führung gleichzeitig den Plan verfolgte, jeder einzelnen Infanteriedivision eine eigene Feldartillerie-Brigade zur Verfügung zu stellen, wurden die nun schon sehr großen Feldartillerie-Regimenter geteilt. Aus dem vormaligen 2. Garde-Feldartillerie-Regiment entstanden am 1. Oktober 1899 auf diese Weise das 2. und das 4. Garde-Feldartillerie-Regiment (25 Offiziere und 533 Unteroffiziere/Mannschaften bzw. 24 Offiziere und 589 Unteroffiziere/Mannschaften), die beide zusammen die 2. Garde-Feldartillerie-Brigade bildeten. Das erstgenannte Regiment umfaßte zwei fahrende Abteilungen zu je drei Batterien (mit je vier Geschützen, das heißt mit den neuen Feldkanonen C 96/Kaliber 7,7 cm aus Kruppschem Nickelstahl), das letztgenannte eine fahrende und eine reitende Abteilung (ebenfalls je drei Batterien). Bis zum Oktober des folgenden Jahres wurden die Stallungen und Geschützschuppen etwas vergrößert, auf dem westlichen Grundstück kam ein Dienst-Wohngebäude hinzu.

Seit dem Herbst 1893 stand für die Garde-Jäger, die bereits die Große Kaserne in der Elisabethstraße 1–16 und die Kleine Kaserne in der Elisabethstraße 28–29/Ecke Berliner Straße nutzten, eine dritte Kaserne zur Verfügung. Sie war durch den Umbau und die Vereinigung der 1772 unter Friedrich II. errichteten Kaserne der ehemaligen reitenden Artillerie in der Berliner Kommunikation 3 (im 18. Jahrhundert: Türkstraße 13) und des im Jahr 1756 für das damalige Regiment Garde gebauten Kasernements Berliner Straße 20–21 und Berliner Kommunikation 1–2 (Türkstraße 11–12) entstanden. Zugewiesen wurde die neugeschaffene Anlage der 1. Kompanie. Die massiven, nicht unterkellerten Gebäude

OBEN: Lage der verschiedenen Kasernengebäude des Garde-Jägerbataillons in der Gegend am Berliner Tor.
UNTEN: Das aus dem 18. Jahrhundert stammende Berliner Tor. Rechts davon lagen die Kasernen der Garde-Jäger. Teile davon finden sich noch heute, wogegen das Tor 1945 zerstört und nicht wieder aufgebaut wurde.

Lageplan der Kasernen des Garde-Jäger-Bataillons.

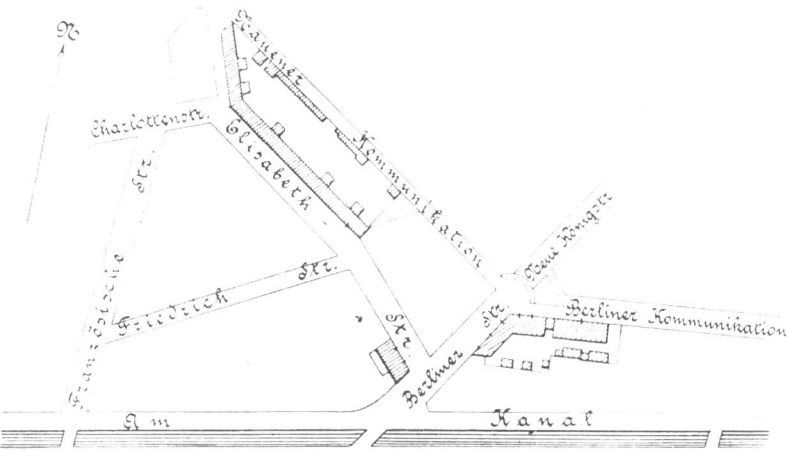

behielten ihre Höhe von drei Stockwerken bei. Während die Unterkunftsräume in den beiden oberen Etagen eingerichtet wurden, fanden die Mannschaftsküche und die Waschküche parterre Platz. Für die Badeanstalt errichtete man einen Zwischenbau. Latrinen und Stallgebäude lagen auf dem kleinen Hof. Wesentliche Veränderungen vollzogen sich auch beim Lehr-Infanterie-Bataillon. Schon 1890/91 entstand mit der Auguste-Victoria-Kaserne (benannt nach der Gemahlin Wilhelms II.) ein drei Hektar großer Unterbringungskomplex für diesen Truppenteil. Hier, an der Straße von Potsdam nach dem Dorf Eiche, unweit vom Neuen Palais, brachte man nun jene drei Kompanien unter, die periodisch in den Sommermonaten zusammentraten, weshalb man sich auch für drei leichte Mannschaftsbaracken (Wandstärke: ein bis anderthalb Steine) und eine etwas massivere Offiziersbaracke (zwei Steine) entschieden hatte. Die Mannschaften wohnten in Stuben bis zu 19 Schlafstellen. Insgesamt bot jede Baracke Platz für einen Feldwebel, 15 Unteroffiziere und 171 Gemeine. Die Stammkompanie verblieb in den benachbarten Communs, also in der Nähe des Kaisers, der sich sehr häufig im Neuen Palais aufhielt. Das Lehr-Infanterie-Bataillon versah jetzt auch häufiger Wachdienste in den kaiserlichen Anlagen. Vor allem jedoch spielte es eine große Rolle für die einheitliche Ausbildung aller deutschen Heereskontingente nach den Reglements der preußischen Infanterie; nur Bayern verfügte seit 1871 noch über einige Souveränität auf militärischem Gebiet.

1894 wurde verfügt, daß das Lehr-Infanterie-Bataillon nun jeweils im September für die Dauer eines ganzen Jahres zusammentreten sollte, um so den Erfordernissen eines modernen Krieges, der wetterunabhängig zu jeder Jahreszeit geführt wurde, gerecht zu werden. Für die gerade errichtete Kaserne bedeutete das allerdings, daß sie schnell für den Winterbetrieb hergerichtet werden mußte. Deshalb versah man die zweigeschossigen Bauten mit Doppelfenstern und stellte eiserne Füllöfen auf, in den Unteroffiziersstuben und bei den Offizieren jedoch Kachelöfen.

Seit 1896 wurden für die Monate April bis September zusätzlich noch zwölf Unteroffiziere und 155 Mannschaften zum Bataillon versetzt. Sie fanden Unterkunft in dem Anbau eines

Mit der Paradeaufstellung des Lehr-Infanterie-Bataillons wurde jedes Jahr das „Schrippenfest" eingeleitet. Im Hintergrund die gewaltigen Communs, die die längste Zeit als Kaserne dienten und heute Teil der Universität sind.

Komplexes aus vier Wellblechbaracken nördlich der Auguste-Victoria-Kaserne. Dabei handelte es sich um reine Sommerwohnungen, die ihren hochgradig provisorischen Charakter nicht verbergen konnten: innen nur leicht isoliert, Schiebefenster wie in Eisenbahnabteilen, pro Baracke zwei Räume für 19 oder 20 Mann einschließlich je drei Unteroffiziere. Der mit Sand und Kies aufgefüllte Hof diente als Exerzierplatz. Die militärische Führung des Kaiserreiches war in dieser Phase der Überrüstung schon nicht mehr in der Lage, durchweg solide Kasernenbauten für das schnell wachsende Heer zu errichten, sondern mußte öfter zu Provisorien greifen. Zwar blieben die Wellblechbaracken für die Garnison Potsdam eine Ausnahme. Doch angesichts des in unmittelbarer Nachbarschaft immer pompöser gefeierten „Schrippenfestes", das Wilhelm II. als Feiertag für sämtliche deutsche Heeresverbände verstanden wissen wollte und bei dem keine Ausgaben gescheut wurden, fiel der Wellblechkomplex in seiner Dürftigkeit extrem ins Auge.

Während der Jahre 1893–1897 hatte Potsdam eine 13. und 14.

Kompanie des 1. Garde-Regiments aufzunehmen. Je 201 Mann stark (einschließlich acht Offiziere), kamen sie jedoch nicht auf dem Gelände der ehemaligen Gewehrfabrik unter, sondern im Kasernement Neustädter Kommunikation 2/3. Es handelte sich hierbei um jene zwei Kompanien, die das IV. (Halb-)Bataillon bildeten – eine Einrichtung, die in fast allen deutschen Regimentern damals entstand und sich recht schnell als Fehlentwicklung erwies. Die Verkürzung der Dienstzeit zwang dazu, den noch verbliebenen Spielraum optimal für die militärische Ausbildung zu nutzen. Gewisse Aufgaben, wie etwa das Stellen von besonderen Kommandos und der Wachdienst wurden dabei als störend empfunden und sollten deshalb vorrangig von jenen Halbbataillonen erfüllt werden, worunter nun allerdings wieder deren Ausbildungsgrad extrem litt. Die militärische Führung selbst schätzte den Einsatzwert der Halbbataillone als sehr gering ein; bei größeren Übungen verwendete sie diese meist zur Markierung des Feindes oder zur Aufstellung von Flaggentruppen. Durch A.K.O. vom 31. März 1897 wurde das IV. (Halb-)Bataillon des 1. Garde-Regiments aufgelöst. Die Soldaten der anderen (Halb-)Bataillone dienten in den Folgejahren sozusagen als Fundus bei der Aufstellung neuer Regimenter. Im Zuge dieser Formationsneubildung entstand auch ein 5. Garde-Regiment mit Spandau als Hauptgarnison; Teile dieses zunächst nur zwei Bataillone starken Truppenteils, so die gesamte 4. Kompanie, lagen bis 1898 in Potsdam, in der Neustädter Kommunikation 2/3.

Zwei weitere Formationen, die in den neunziger Jahren nach Potsdam in Garnison kamen, trugen mit ihrem besonderen Charakter ganz nachhaltig zu einer weiteren Aufwertung des elitären, höfisch-militärischen Standortes Potsdam bei. Am 1. April 1894 wurden die Leib-Gendarmerie Seiner Majestät des Kaisers und Königs und die Leibwache Ihrer Majestät der Kaiserin und Königin von Berlin nach Potsdam verlegt. Diese Truppe, kurz Leib-Gendarmerie genannt, fiel weniger durch ihren militärischen Stellenwert als durch ihre exklusive Nähe zum Hof ins Gewicht. Die insgesamt drei Offiziere und 50 Unteroffiziere bzw. Mannschaften bezogen die Kaserne am Luisenplatz 9, die zuletzt von der 3. Eskadron der Garde du Corps benutzt worden war, ehe man die großen Kasernenbauten in der Neuen Königs- und Behlertstraße fertiggestellt hatte. Der Kommandeur der Leib-Gendarmerie erhielt das Gebäude auf dem Grundstück Luisenstraße 21, nach der Umbenennung Alte Luisenstraße 73. Errichtet worden war das eher bescheidene Haus 1844 durch Stallmeister Brandt mit einem königlichen Zuschuß von 2500 Talern; 1872 wurde die gesamte Anlage von der Heeresverwaltung gekauft und für militärische Zwecke hergerichtet. Das Wohngebäude diente bis zum Umbau für den Kommandeur der Leib-Gendarmerie als Werkstatt für das 1. Garde-Ulanenregiment, die überdachte Bahn wurde von den Ulanen zum Reitdienst und das Stallgebäude als Krankenstall verwendet. Die Kaserne selbst bedurfte keiner wesentlichen Umbauten, da sie von Anfang an als Unterkunft für Kavallerieformationen gedient hatte. Bei der relativ kleinen Truppe ergab sich eine wesentlich großzügigere Belegungsdichte als üblich, was allerdings auch den Dienstgraden bei der Leib-Gendarmerie entsprach. Denn während sich die Leibwache der Kaiserin aus Gemeinen zusammensetzte, die in Mannschaftsquartieren wohnten, bestand die Leib-Gendarmerie des Kaisers ausschließlich aus Vizewachtmeistern und Sergeanten.

In ihrer Entstehung ging die Leib-Gendarmerie auf das 1820 erstmals gebildete Garde-Reserve-Kommando zurück, das – ähnlich wie die im gleichen Jahr geschaffene Institution der Armee-Gendarmen der einzelnen Korps – Ordonnanzen für Generale und im Krieg Stämme für die Stabswachen zu stellen hatte. Aus dem Garde-Kommando zweigte man später eine gesonderte berittene Truppe ab, die sich seit 1843 Leib-Gendarmerie nannte und seitdem grüne Uniform mit Kürassierhelm trug. 1889 kam zur Leib-Gendarmerie des Kaisers, die die Stärke von einem Zug hatte, noch ein zweiter Zug für die Kaiserin hinzu. Diese Leibwache der Kaiserin trug zum Schloßdienst noch eine Gala-Unifrom nach „altpreußischem Schnitt" im Rokoko-Stil: Rock und Hose weiß, Kragen, Brustrabatten, Aufschläge und Schoßfutter karminrot, versilberte Knöpfe, lose herunterhängendes Achselband, schwarzer, verzierter Hut (Dreispitz) mit Federstutz und Kokarde, weiße Perücke mit Zopf und alt-

247

preußische Kürassierstiefel. Das Äußere der Leib-Gendarmerie entsprach der exorbitanten, völlig überzogenen Stellung dieser Truppe in der Armee, deren Kommandeur – ein General – als Generaladjutant Seiner Majestät zum unmittelbaren Gefolge des Kaisers gehörte.

Wilhelm II., der durchaus einen Sinn für die Erfordernisse der Zeit hatte und im Gegensatz zu seinem Großvater auch enge Kontakte zur Industrie unterhielt sowie Naturwissenschaften und Technik förderte, kam andererseits mit der stürmischen Veränderung und Modernisierung der Gesellschaft nicht zurecht. Dieser Orientierungslosigkeit suchte er durch vielfältige Fluchten aus der Realität Herr zu werden: Seine Neigung zu kostümballhaften Uniformierungen gehörte ebenso dazu wie der übertriebene Hang zur militärischen Tradition Preußens. Wilhelm II. war von der Notwendigkeit überzeugt, sein Reich und das Kaisertum charismatisch repräsentieren zu müssen. Er tat dies mit prächtigen Paraden, Revuen, Ansprachen, Denkmalsenthüllungen, Empfängen, Reisen – und nicht zuletzt durch Auftritte solcher Sondertruppen wie der Leib-Gendarmerie.

1895 bekam das zum 1. Juni jenes Jahres versuchsweise aus Kommandierten gebildete Meldereiterdetachement des Gardekorps die Stadt Potsdam als Garnison zugewiesen. Mit diesem Detachement (zwei weitere waren zunächst beim I. und VI. Armeekorps entstanden, Königsberg und Straßburg) sollte die Divisionskavallerie vor allem von Meldereiterdiensten entlastet werden. Das Potsdamer Detachement, das aus vier Offizieren, 127 Unteroffizieren/Mannschaften bestand, war anfangs dem Leib-Garde-Husaren-Regiment zugeteilt. Zum 31. März 1897 erfolgte die Umbenennung dieser Truppe in Detachement Jäger zu Pferde. Die Männer trugen grüne Waffenröcke und geschwärzte Stahlhelme und waren mit Kavalleriesäbeln und Revolvern ausgerüstet. Als im Zuge der Heeresvergrößerung von 1899 das Detachement am 25. März etatmäßig wurde und in die offizielle Struktur des Heeres einging, fiel die Zuordnung zu den Leib-Garde-Husaren weg, und es erhielt die Bezeichnung Eskadron Garde-Jäger zu Pferde. Die neue Uniform bestand aus einem graugrünen Koller mit hellgrünem Kragen, Aufschlägen und Vorstößen, dazu gelbe Litzen mit hellgrünem Spiegel, weißer Kirseyhose und dunkel angebräunten Kürassier-Stulpenstiefeln; der bisherige Helm wurde beibehalten, erhielt zur Parade aber einen weißen Haarbusch, bei Trompetern einen roten. Der Ausbildung lag ein Sonderprogramm zugrunde, in dem Dauerritte und die Ausführung von Erkundungsaufträgen die Schwerpunkte bildeten. Ein praktischer militärischer Gefechtswert ergab sich daraus aber nicht, besaß man doch nicht einmal Karabiner. Deshalb existierten diese im Heer inzwischen sehr zahlreich vorhandenen Eskadrons Jäger zu Pferde, entsprechend ihrer ursprünglichen Aufgabe, nur rund zwei Jahre; danach taten sie allgemeinen Kavalleriedienst und erhielten die allgemeine Kavalleriebewaffnung (Karabiner und Lanze; letztere seit 1888 von den Kürassieren, aber auch den Leib-Garde-Husaren, seit 1889 von den Dragonern und seit 1890 schließlich von den übrigen Husaren getragen). Sechs Jahre nach Bildung der etatmäßigen Eskadronen faßte man diese dann zu Jäger-Regimentern zu Pferde zusammen und teilte sie als Divisionskavallerie den neu entstehenden Verbänden zu; die Potsdamer Eskadron kam zum neu gebildeten 2. Jäger-Regiment nach Langensalza. Während ihrer gesamten Potsdamer Zeit lagen die Garde-Jäger zu Pferde in der Kaserne Brandenburger Kommunikation 11–13 (zuvor übergangsweise Unterkunft der III. Abteilung des 2. Garde-Feldartillerie-Regiments) sowie zusätzlich ab 1898 im Komplex Neustädter Kommunikation 2/3, nachdem die 4. Kompanie des 5. Garde-Regiments nach Spandau verlegt worden war.

Ein wichtiges Ereignis für die Garnison Potsdam war die Einweihung des neuen Garnisonlazaretts am 1. Oktober 1894. Die Errichtung neuer Armeekrankenhäuser bildete in den neunziger Jahren einen Schwerpunkt der militärischen Bautätigkeit im Reich und hing unmittelbar mit der Entstehung eines Massenheeres zusammen, das besondere Anforderungen stellte. Zwischen 1890 und 1900 baute man 29 große Lazarette, darunter sechs bei Truppenübungs- und Schießplätzen. Das Projekt des Potsdamer Lazaretts, das in dieser Liste zu einem der ersten gehörte und aus 15 massiven Einzelgebäuden bestand, wurde in vierjähriger Bauzeit am nördlichen Stadtrand auf einem fünf Hektar großen Grundstück realisiert, das der Militärfiskus zwischen dem Königsweg und dem Bornstedter Feld gepachtet hatte. Zwei Krankenblocks und fünf Krankenbaracken boten Platz für insgesamt 309 Betten. Im sogenannten Ostblock, zweistöckig angelegt, befand sich neben den Krankenzimmern für 81 Patienten auch der Operationssaal mit danebenliegendem Verbandszimmer. Der ebenfalls zweistöckige Westblock bot Platz für 84 Patienten – für innerlich Kranke, wie man damals sagte, während im Ostblock die äußerlich Kranken lagen.

Der gesamte Komplex war nach äußerst modernen Gesichtspunkten angelegt. Die Krankensäle boten relativ viel Raum und waren optisch ansprechend gestaltet, bei Offizieren allerdings mehr als bei Mannschaften. Die Betten hatten – auch die für Soldaten – Drahtmatratzen. Besonders viel Wert war auf ausreichende hygienische Ausstattung gelegt worden. Maximal zehn Kranke teilten sich ein Waschbecken, maximal 21 eine Badewanne. Die Toiletten neuester Bauart befanden sich alle im Innern der Gebäude und waren von den Fluren aus zugänglich. Sämtliche Krankengebäude hatten Anschluß an eine zentrale Dampfheizung. Die Beleuchtungsanlage für innen und außen wurde mit Elektroenergie betrieben. Das Lazarett war an die städtische Gasleitung sowie Kanalisation angeschlossen, für die in Potsdam 1887 eine erste Kläranlage und 1895 eine zweite erbaut wurden. Außerdem verfügte das Lazarett über ein eigenes Wasserhebewerk mit Dampfbetrieb sowie eine eigene Dampfwäscherei und eine eigene Desinfektionsanstalt.

Die Eröffnung des zentralen Garnisonlazaretts ermöglichte die Schließung der drei bis dahin vorhandenen, inzwischen aber überalterten Lazarette aus dem 18. Jahrhundert. Das Garnisonlazarett in der Neustädter Kommunikation 8–12 (Belegungsstärke: 118 Mann) ging in das Eigentum des benachbarten Militärwaisenhauses über und wurde teilweise Kinderhaus (Nr. 8/9), teilweise Turnhalle (Nr. 10/11) beziehungsweise zu einer Kapelle umgebaut (Nr. 12). Das kombinierte Kavallerielazarett der Garde du Corps und der Leib-Garde-Husaren (Burgstraße 29) – zur Aufnahme von 60 Kranken eingerichtet – ging in Privatbesitz über. Und das alte Lazarett des 1. Garde-Regiments (Lindenstraße 25) mit 87 Betten wurde zu einem Verheirateten-Wohnhaus für dieses Regiment. Bei diesem Lazarett-Neubau war allerdings die Erhöhung der Bettenkapazität nicht das auffälligste Merkmal, denn der Hinzugewinn betrug ja lediglich 44 Betten. Viel mehr ins Gewicht fielen der moderne Ausstattungsgrad des neuen Komplexes, die Möglichkeit zur zentralen Nutzung des Fachpersonals und sämtlicher Geräte sowie die ruhige, parkähnliche Gestaltung der Anlage am Stadtrand, was dem Behandlungs- und Genesungsprozeß und damit der schnellen Rückführung der behandelten Militärpersonen in ihre Truppe diente.

In den neunziger Jahren wurden die Arbeiten an der Infrastruktur und am Aussehen der alten Potsdamer Garnison im wesentlichen abgeschlossen. Danach kam es nur noch zu punktuellen Ergänzungen. Das Charakteristische und städtebaulich Beherrschende waren die großen Kasernen der Gardeformationen, die mit den militärischen Prunk- und Zweckbauten des 18. Jahrhunderts – Garnisonkirche und Militärwaisenhaus, Stadttore und friderizianische Kasernements – ein in sich geschlossenes Ensemble bildeten. Wenn später von der Garnisonstadt Potsdam die Rede war, so meinte man in der Regel jene Garnison, wie sie sich an der Wende vom 19. zum 20. Jahrhundert darbot.

Allerdings gehörte zur Garnison mehr als nur die großen, repräsentativen Bauten, die dem Betrachter jedoch zuerst auffielen. Die Gesamtheit der Garnison ergab sich erst aus der Vielzahl von unterschiedlichsten Einrichtungen. Wichtig für die Funktionalität eines Militärstandortes war zum Beispiel, daß in ausreichendem Maße Anlagen für die Ausbildung der Soldaten zur Verfügung standen. Der große Exerzierplatz im Lustgarten reichte dafür schon lange nicht mehr aus und diente inzwischen fast ausschließlich als repräsentatives Areal für Paraden, Revuen und Appelle. Auch der Lange Stall in der Mammonstraße blieb immer häufiger feierlichen Anlässen – etwa Rekrutenvereidigungen – vorbehalten, seit die Truppenteile in ihren Kasernen über eigene Exerzier- und Reithallen verfügten. Exerzierplätze gab es innerhalb und außerhalb der Stadt:

1. Die Plantage hinter der Hof- und Garnisonkirche. Sie war 180 Meter lang, 75 Meter breit und wurde vor allem vom 1. Garde-Regiment genutzt.
2. Der Bassinplatz, ein Viereck von 114 mal 109 Meter, diente den Garde-Jägern.
3. Der „kleine Exerzierplatz" an der Saarmunder Chaussee. Er maß 460 mal 280 Meter und stand allgemein der Garnison zur Verfügung.
4. Das Bornstedter Feld, der traditionelle Übungsplatz der Garnison am Stadtrand. Er verfügte über eine Fläche von 233 Hektar. Auf dem westlichen und südwestlichen Teil, mit Rasen bewachsen, übte die Infanterie, auf dem anderen, meist sandigen Gelände, traf man vor allem die Kavallerie und Artillerie.

Neben den Exerzierplätzen gab es noch eine ganze Reihe von Schießständen. Die Mehrzahl, 16 Schießstände, befand sich im Potsdamer Forst: vier für das Garde-Jägerbataillon, drei für die Unteroffiziersschule, je zwei für das 1. Garde-Regiment, das Regiment der Gardes du Corps, das 1. und das 3. Garde-Ulanenregiment sowie eine besonders lange Schießbahn von 1200 Metern für besondere Schießübungen aller Truppen der Garnison. Die Leib-Garde-Husaren nutzten zwei Schießstände im Stolper Forst. Im Katharinenholz schließlich standen acht Bahnen zur Verfügung – sechs für das 1. Garde-Regiment und zwei für das Lehr-Infanterie-Bataillon.

Die modernen Waffen und das Bestreben, in größeren Formationen zu üben, hatten zur Folge, daß immer mehr große Truppenübungsplätze außerhalb der Garnisonen eingerichtet wurden. Für die Potsdamer Einheiten erlangte der Platz in der Döberitzer Heide große Bedeutung, der zwischen 1894 und 1900 zu einem riesigen Übungsareal für das gesamte Gardekorps ausgebaut wurde. Schon im 18. Jahrhundert war das Gelände gelegentlich für Manöver genutzt worden. Nun aber entstanden ein Kasernenlager, zwei Scheindörfer für Zielübungen und andere Einrichtungen. Während die Berliner, Charlottenburger und Spandauer Truppen die Heerstraße, die zu diesem Zeitpunkt gebaut wurde, als monumentalen Anmarschweg benutzten, zogen die Potsdamer Truppen über die Nedlitzer Chaussee nach

Döberitz. Der alte Truppenübungsplatz bei Jüterbog blieb dem III. Armeekorps vorbehalten, wogegen das nach der Jahrhundertwende angelegte Trainingsgelände bei Zossen vom Gardeund vom III. Korps gemeinsam genutzt wurde.

Zur Garnison gehörten auch zahlreiche Versorgungseinrichtungen, die der Garnisonsverwaltung unterstanden. 1889/90 war in Verbindung mit den Magazinen zwischen der Neuen Luisenstraße und dem Havelufer, südwestlich vom Schafgraben, die Garnisonsbäckerei errichtet worden, die über eine Kapazität von 3000 Broten täglich verfügte. Die Magazine selbst waren schon 1862 von der Königlichen Seehandlung an den Militärfiskus abgetreten und als Proviantamt eingerichtet worden. Zusammen mit dem Komplex in der Leipziger Straße und einer umgebauten ehemaligen Reitbahn des Regiments der Garde du Corps am Kellertor verfügte die Garnison über drei Proviantämter; aus praktischen Erwägungen lagen sie alle an der Havel und waren für Lastkähne erreichbar.

Bereits 1880/81 hatte man nordöstlich der Husarenkaserne, auf dem ehemaligen Gelände eines Holzhofes, die Garnisonwaschanstalt gegründet. Im Gegensatz zum 18. Jahrhundert, als die Uniform noch Eigentum der Soldaten war, wuschen sie nun ihre Bekleidungsstücke nicht mehr selbst, sondern wurden im festgelegten Rhythmus mit sauberer Bekleidung versorgt. Nach einer kleineren Epidemie (Typhus, Cholera), die 1892 Teile der Garnison erfaßt hatte, wurde die Waschanstalt noch im selben Jahr derart umgebaut, daß man während der Sommermonate statt des hygienisch nicht einwandfreien Havelwassers das Wasser aus einem eigens dafür gebohrten Brunnen verwenden konnte. Auch gab es inzwischen zwei Militärschwimmanstalten am Havelufer; während die neuere hinter der Husarenkaserne dieser Truppe und den Garde-Jägern zur Verfügung stand, wurde die ältere des 1. Garde-Regiments von der übrigen Garnison genutzt.

Im Gegensatz zum 18. Jahrhundert, als die Magazine für das Schießpulver in den Palisadenzaun, der die Stadt zur Havel hin abschirmte, integriert waren, befanden sich die Pulverhäuser aus Sicherheitsgründen nun außerhalb der Stadt. In zwei einstöckigen Fachwerkbauten in der Teltower Vorstadt, die schon im Jahre 1845 nordwestlich vom neuen Friedhof errichtet wurden, bewahrte man gut bewacht und hinter einer Umzäunung das Schießmaterial für die Infanterie und Kavallerie auf. Die Feldartillerie legte 1894/95 zwischen Nedlitz und Fahrland, etwa 300 Meter von der Chaussee entfernt, ein eigenes Pulverhaus an. Zum Transport der Munition, zahlreicher Ausrüstungsgegenstände und verschiedenen Geräts besaß jede Formation eine festgelegte Anzahl bespannter Fahrzeuge; dies traf auch für jene Formationen zu, die erst im Falle der Mobilisierung gebildet wurden. Während die Feldartillerie ihre Fahrzeuge in Wagenschuppen auf dem Kasernengelände unterbrachte, standen die der anderen Formationen in besonderen Wagenhäusern bereit, für das 1. Garde-Regiment zum Beispiel 33 Fahrzeuge, für die Garde du Corps 25. Insgesamt 197 Fahrzeuge waren in fünf verschiedenen Wagenhäusern untergebracht: vor dem Berliner Tor an der Schiffbauergasse, an der Südgrenze der 3. Garde-Ulanen-Kaserne, südlich des Weges von der Jägerallee nach Bornstedt, östlich der Leib-Gendarmerie-Kaserne und südwestlich des Reitplatzes an der Garde-du-Corps-Straße.

1898 wurde die Kommandantur in der Schloßstraße 7/Ecke Hohewegstraße, ein prachtvolles noch aus dem 18. Jahrhundert stammendes Haus, innen umgebaut. Die Geschäftszimmer für die städtische Kommandantur und für das Kommando der 1. Garde-Infanteriebrigade wurden nun völlig getrennt. Der Kommandeur der Brigade war zwar zugleich auch Stadtkommandant, doch beide Dienstbereiche unterschieden sich deutlich voneinander, weshalb eine räumliche Trennung durchaus zweckmäßig war.

Ein Jahr zuvor hatte man die Häuser Garde-du-Corps-Straße 1–5, in denen bis 1847 Teile des Garde-Reserve-Infanterieregiments untergebracht waren und die ab 1856 als Landwehr-Zeughaus gedient hatten, zum Sitz des Bezirkskommandos umgebaut. Die Bezirkskommandos, von denen es um die Jahrhundertwende in Deutschland 295 gab (ihre Zahl stieg später noch auf 317), und die jeweils etwa 33 000 Reservisten nachzuweisen bzw. zu kontrollieren hatten, spielten eine äußerst wichtige Rolle für die Organisierung des laufenden Personalersatzes der Truppenteile und für die Mobilmachung. Eine schnelle und fehlerlos ablaufende Mobilmachung bildete nämlich eine entscheidende Voraussetzung für den schnellen Aufmarsch auf dem Kriegsschauplatz, wovon sich die Armeeführung gravierende Vorteile gegenüber dem potentiellen Gegner versprach.

Schon längst über seine ursprüngliche Anlage hinausgewachsen war das Militärwaisenhaus. Das Gontardsche Karree zwischen Waisen-, Sporn-, Linden- und Breiter Straße beherbergte aber immer noch die zentrale Einrichtung, das Knabenhaus. Ende des 19. Jahrhunderts bot es 600 Jungen Unterkunft und Ausbildung; sie bildeten ein Bataillon, gegliedert in vier, gleich starke Kompanien. Neben den Schlafsälen befanden sich in den von Gontard geschaffenen Gebäuden auch der Speisesaal, wo an 36 langen Tischen und auf 72 einfachen Bänken sämtliche Zöglinge Platz fanden, sowie die Schulräume, die Vorrats- und Bekleidungskammern, die Küche, die Waschsäle und die Wohnungen des Personals. Dem Haupteingang in der Lindenstraße gegenüber befand sich die Militärschule. Sie war 1845 gegründet worden, um zunächst 20 und später bis zu 100 Knaben nach Vollendung des 14. Lebensjahres durch Erlernen des militärischen Berufes einen Verbleib am Militärwaisenhaus zu sichern. Mit Religionslehre, Deutsch, Militärschreibwesen, Mathematik, Naturkunde, Geschichte, Geographie, Schreiben, Zeichnen, Stenographie und Telegraphie sowie Exerzieren, Turnen, Dienstunterricht, Fechten, Schießen, Kartenzeichnen und -lesen, Übungen im Gelände sowie Schwimmen wurden die Schüler, die eine allgemeine Infanterieuniform trugen, auf die untere Berufssoldaten- oder Militärbeamten-Laufbahn vorbereitet. Die Musikschule war schon 1869 eingegangen. Die dritte Unterabteilung des Militärwaisenhauses, das sogenannte Kinderhaus, fand durch die Auflösung des Lazaretts in der Neustädter Kommunikation ein eigenes Domizil; die Häuser Nr. 8 und 9 boten 80 Kindern zwischen sechs und neun Jahren Wohn- und Schulräumlichkeiten. Allen drei Abteilungen gemeinsam stand ein Stabsoffizier als Direktor vor, der in der Breiten Straße separat eine Dienstwohnung zur Verfügung hatte. Den militärischen Dienst in der Anstalt leitete ein Hauptmann, dessen Stellung als Führer

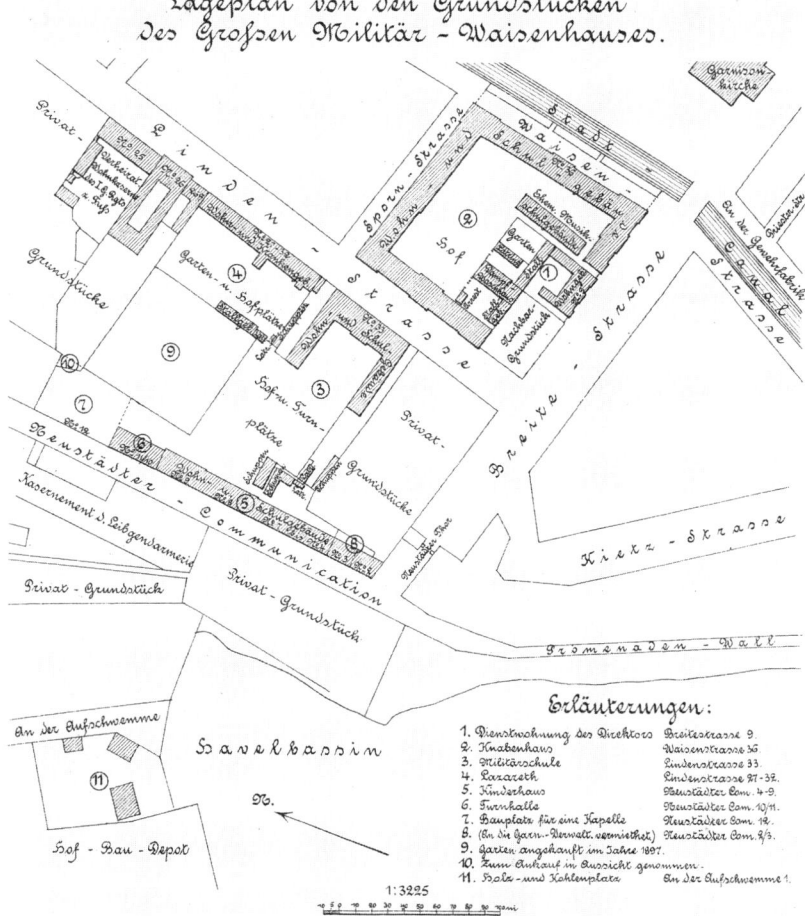

Lageplan von den Grundstücken des Großen Militär - Waisenhauses.

Erläuterungen:

1. Dienstwohnung des Direktors — Breitestrasse 9.
2. Knabenhaus — Waisenstrasse 35.
3. Militärschule — Lindenstrasse 33.
4. Lazareth — Lindenstrasse 31 - 32.
5. Kinderhaus — Neustädter Com. 4 - 9.
6. Turnhalle — Neustädter Com. 10/11.
7. Bauplatz für eine Kapelle — Neustädter Com. 12.
8. (An die Garn.-Verwalt. vermiethet.) — Neustädter Com. 8/3.
9. Garten angekauft im Jahre 1897.
10. Zum Ankauf in Aussicht genommen.
11. Holz- und Kohlenplatz — An der Aufschwemme 1.

1:3225

Das Gebäude des Militärwaisenhauses umfaßte weit mehr als nur die an sich schon große, von Gontard errichtete Anlage. Einst über ganz Potsdam bis hin zur Teltower Vorstadt verteilt, konzentrierte man im 19. Jahrhundert die verschiedenen Einrichtungen im südlichen Abschnitt der Lindenstraße. RECHTS: Dieser nüchterne Anblick der Hofseite des Militärwaisenhauses bot sich nicht jedem Betrachter und unterschied sich erheblich von den meisterlich gestalteten Straßenfassaden.

der Militärschule der eines Kompaniechefs entsprach. Ihm waren zwei Lieutenants, zwei Vizefeldwebel und acht Sergeanten beigegeben. Das Knabenbataillon und das Kinderhaus unterstanden dem Anstaltspfarrer; der Unterricht lag in der Hand von zwei wissenschaftlichen Oberlehrern, 14 Elementarlehrern, einem Musiklehrer und fünf Predigtamtskandidaten. Der militärische Dienst im Knabenbataillon, den der Hauptmann überwachte, wurde von einem Lieutenant und einem Vizefeldwebel geleitet. Jeder Kompanie war ein Sergeant zugeteilt.

Das Waisenhaus-Lazarett in der Lindenstraße 27–32, nördlich der Militärschule, blieb von der Zentralisierung des Militärgesundheitswesens in Potsdam unberührt und somit dem Waisenhaus als eigene Einrichtung erhalten. Mit 70 Betten war die Kapazität des Hauses auch keineswegs zu groß, denn der Krankenstand unter den Kindern war trotz der grundlegenden Verbesserungen im Vergleich zum 18. Jahrhundert immer noch sehr hoch. Zwischen 1899 und 1901 erhielt das Militärwaisenhaus auf dem Grundstück Neustädter Kommunikation eine eigene Kirche mit 1000 Plätzen; bis zu diesem Zeitpunkt hatten die Zöglinge die Gottesdienste in der benachbarten Garnisonkirche besucht.

Die nach der französischen Besetzung gebauten Stallungen im Bereich der ehemaligen Stadtmauer, die lange Zeit von den 1. Garde-Ulanen benutzt wurden, legte man in den neunziger Jahren nieder, teilweise brannten sie auch ab. Die Beseitigung dieser schon lange als Schandfleck betrachteten, aber immer wieder benötigten Anlagen wirkte sich günstig auf den Anblick aus, den die Hohenzollern- und die Kaiser-Wilhelm-Straße boten. 1897 besichtigte der Kaiser eingehend die Hof- und Garnisonkirche. Offensichtlich erschien sie ihm zu schlicht und zu einfach im Innern. Jedenfalls verfügte er eine vollständige Neugestaltung des Kirchenraumes und übertrug die Leitung dem Kreisbauinspektor Friedrich Laske. Um die Sicht zur Kanzel zu verbessern, entschloß dieser sich zu einer Veränderung der ursprünglichen Sitzreihen. Er ordnete die nun aus goldgelb getöntem Zypressenholz gefertigten Bänke wie in einem Amphitheater an – im Halbrund und mit Erhöhung. Neue Fenster mit grüngelb-gemustertem Glas, zwei neue Kronleuchter aus Goldbronze, reich verzierte Gitter vor dem Altarraum und Brüstungen, die mit den Namenszügen preußischer Könige und mit Bibelversen geschmückt waren, sowie die ausgetauschte Orgel verliehen dem Kircheninnern ein neubarockes, pompöseres Gesicht. Hatte der militärische Schmuck bis zum Umbau eher ein bescheidenes Beiwerk abgegeben, so bildete er auf den ausdrücklichen Wunsch Wilhelms II. fortan den dominierenden Zierat. Die eroberten Fahnen waren nun nicht mehr senkrecht an den äußeren Wänden befestigt, sondern standen schräg mitten im Raum, in Fahnenkörben auf zwei Etagen an den Pfeilern: 117 französische Trophäen, 25 Fahnen und eine Standarte der dänischen Armee sowie sieben österreichische Feldzeichen, deren Fahnentuch nun sehr wirkungsvoll im freien Faltenwurf herabhing. Darüber hatte man Medaillen mit den Namen der geschlagenen Schlachten angebracht. Als am vierten Adventssonntag 1898 der erste Gottesdienst in der umgebauten Kirche abgehalten wurde, erschien vor dem Haupteingang in der Breiten Straße die Leibkompanie des 1. Garde-Regiments zu Fuß mit allen Fahnen und Standarten der Potsdamer Formationen.

Ruhe vor dem Sturm

Zu Beginn des neuen Jahrhunderts war der Unterschied zwischen Potsdam auf der einen und Berlin mit seinen expandierenden Nachbarstädten auf der anderen Seite immer deutlicher geworden. Wer vom ruhigen Regierungssitz der Provinz Brandenburg aus mit der Eisenbahn in Richtung Hauptstadt fuhr, konnte schon nach einer halben Stunde in eine völlig andere Welt treten. Dort herrschte geschäftige, produktive Unruhe. Industriereviere und Banken, Presseviertel, Warenhäuser und Vergnügungsbezirke waren untrügliche Hinweise darauf, daß Berlin ebenso wie Charlottenburg und Wilmersdorf, wie Schöneberg und Lichtenberg in der Hand der Herren eines neuen Zeitalters war – der Fabrikanten und Bankiers, Ingenieure, Künstler und Wissenschaftler. Und dazu kam ein Massenheer von Arbeitern. Selbstbewußt setzten begüterte Unternehmer ihre Villen als Schlösser der neuen Zeit in die Landschaft. Der Kaiser samt Regierung, Adel und Militär vermochte sich in der Kapitale von bald mehr als zwei Millionen Einwohnern immer schwieriger zu behaupten. Wie anders dagegen sah man es in Potsdam, wo das bedächtige Wachstum eines ganzen Jahrhunderts die vom Soldatenkönig und Friedrich II. so stark geprägte Stadt nur wenig verändert hatte. Moderne Fabrikanlagen und große Geschäftshäuser, die in Berlin die alten Palais und barokken Bürgerhäuser verdrängt hatten, gab es in Potsdam nicht; anonyme Mietskasernen für das Industrieproletariat wurden kaum benötigt. In Potsdam konnte der Adel noch seine längst vergangene Rolle als erster Stand im Staate spielen. Die soziale Struktur schien festgefügt und ließ politische Eruptionen kaum erwarten. Im Jahre 1900 lebten in der Havelstadt rund 53 000 zivile Personen, was einem Wachstum der Einwohnerzahl um etwa 40 Prozent seit der Reichseinigung entsprach. Berlin hatte die Zahl seiner Bewohner in diesem Zeitraum mehr als verdoppelt, Charlottenburg fast verzehnfacht, von 20 000 auf 192 000. Noch extremere Wachstumsraten hatten zum Beispiel Rixdorf (von 8000 auf 102 000), Wilmersdorf (von 1662 auf 38 000), Lichtenberg (von 4700 auf 58 000), Schöneberg (von 4500 auf 107 000) und Steglitz als „größtes Dorf des Deutschen Reiches" (von 1899 auf 33 000) aufzuweisen. Selbst Spandau, der dritte große Garnisonsort der Region, zog mit seiner Einwohnerzahl langsam an Potsdam vorbei.

Die Potsdamer Wirtschaft wurde zu Beginn des 20. Jahrhunderts mehr denn je seit ihrer Belebung durch Friedrich Wilhelm I. wieder vom Dienstleistungsbereich beherrscht; es dominierten die kleinen Gewerbetreibenden und die Handwerker. Besonders verbreitet waren Gartenbau und Blumenzucht, eine Folge der zahlreichen Parks und Villenanlagen in der Stadt. Um 1900 zählte man 225 Gärtner in Potsdam. Noch zahlreicher waren die Schneider – 342 an der Zahl und die Schuhmacher – 308. Es gab 208 Schankwirtschaften und 30 Gasthöfe, 80 Bäkker, 55 Schlächter, zehn Brauereien, 32 Bierverleger, 22 Destillationen, 86 Zigarren- und Tabakhändler, 44 Delikatessenhandlungen, 55 Weinhändler und 22 Fischer bzw. Fischhandlungen. Hinzu kamen 20 Buchbinder, acht Buchdrucker und 15 Buchhandlungen, 70 Ärzte, sechs Apotheker, 57 Barbiere und Friseure, 99 Materialwarengeschäfte sowie 22 Böttcher, elf Drechsler, zwölf Glasermeister, 24 Handschuhmacher, elf Korbmacher, elf Kürschner, 27 Sattler, acht Kupferschmiede, 31 Maurermeister, 15 Dachdecker, 72 Tapezierer, 49 Dekorateure und Stubenmaler, 37 Schlosser, 19 Schmiede, acht Stellmacher, 124 Tischler, 30 Töpfer, 16 Möbel- und 22 kleine Wäschefabrikanten, zehn Schiffbauer und 34 Gesindevermieter. Darüber hinaus verdienten sich 16 Fremdenführer, 124 Fuhrherren, zwölf Gesanglehrer für privaten Unterricht, 55 Lohndiener und Kellner sowie 39

Köche und Kochfrauen ihren Unterhalt. Dagegen hatte Potsdam nur zwei nennenswerte Industriebetriebe, die Eisenbahnwerkstatt in der Teltower Vorstadt mit 750 Beschäftigten und die Schlösser'sche Maschinenfabrik mit 160 Arbeitern. Ideale Bedingungen für die Garde!

Wenig berührt von den rasanten Entwicklungen zu Beginn des Jahrhunderts lief das eingeübte Potsdamer Garnisonsleben ab. Es sollten bald zwei volle Jahrhunderte sein, seit täglich die Wachtparade stattfand: Stets um 12.45 Uhr, bei gutem Wetter im Lustgarten, bei schlechtem Wetter im Langen Stall, seit Vereinigung des 1. Garde-Regiments jedoch auf dem Kasernengelände, wurde unter dem Kommando des Platzmajors bzw. des Offiziers du jour eine Truppe in Kompaniestärke vergattert. Sie trat dann für 24 Stunden als Wachmannschaft unter den Befehl des Stadtkommandanten. Waren auch zahlreiche Wachposten im Laufe der Zeit weggefallen, vor allem an den Stadttoren, so blieb als wichtigster Posten der auf der Hauptwache des Stadtschlosses erhalten, seit 1892 jedoch nicht mehr obligatorisch unter Führung eines Offiziers; die Räume waren noch die alten, direkt neben dem Fortunaportal.

Mit gewohnter Akribie wurde jahraus-jahrein in den Geschäftszimmern der Truppenteile gearbeitet. Zu jedem 1. April, dem Beginn des Mobilmachungsjahres, hatte der Adjutant die Mobilmachungs-Vorarbeiten fertigzustellen, die Terminkalender abzuschließen und die Kalender der unterstellten Einheiten zu kontrollieren. Bei der Aufstellung der für das jeweils neue Jahr gültigen Mobilmachungs-Ranglisten ging es immer wieder um eine optimale Verteilung und Durchmischung von aktiven Offizieren, Offizieren des Beurlaubtenstandes und zur Verfügung stehender Inaktiver bei den vorhandenen und bei den aufzustellenden Formationen. Die Beibehaltung teilweise antiquierter Formen des Geschäftsverkehrs und die nur zögerlich erteilte Erlaubnis zur Benutzung der Schreibmaschine sorgten für unnütze Überlastungen der Regimentsschreiber, die etatmäßig Feldwebel waren. Besonders aufwendig war der Geschäftsverkehr beim 1. Garde-Regiment zu Fuß. Obgleich es in der Kaserne auf dem Gelände der ehemaligen Gewehrfabrik zusammengefaßt war, ließ man das Regimentsgeschäftszimmer zusammen mit dem Kommandeurshaus am alten Platz, auf dem Grundstück Am Kanal 67, direkt neben der Gardes-du-Corps-Kaserne (Am Kanal 68), wohl auf das neue Medium des Fernsprechers vertrauend, der in den achtziger Jahren allmählich eingeführt wurde.

Das Potsdamer Offizierskorps genoß die Vorzüge des Standortes und ließ sich ansonsten von der Zeit tragen. Natürlich debattierte man intern über die politisch-strategische Situation des Deutschen Reiches, die sich sukzessive verschlechterte. Für die andauernde diplomatische Erfolglosigkeit machte man vor allem den Fürsten Bernhard von Bülow verantwortlich, seit 1900 Reichskanzler und preußischer Ministerpräsident. Wenig gut zu sprechen waren die selbstbewußten Offizierskreise auch auf den Chef des Großen Generalstabes, Helmuth von Moltke d. J. Gerade ihn, der 1906 dieses Amt von Generaloberst Alfred Graf von Schlieffen übertragen erhielt, machte man später verantwortlich für die mißglückte Umsetzung der strategischen Planungen Schlieffens für einen Zweifrontenkrieg. Während Schlieffen zwar die Möglichkeit einer solchen Kriegsführung mit kurzen und erfolgreichen Feldzügen an jeweils einer Front in sein Kalkül gezogen hatte, bei der Beurteilung der Erfolgsaussichten aber dennoch stets skeptisch blieb, betrachtete Moltke die Siegchancen allzu leichtfertig.

Die leicht kritische Haltung in der Potsdamer Offiziersgesellschaft beruhte vor allem auf der gesicherten gesellschaftlichen Stellung der einzelnen Herren als Angehörige des gehobenen und höchsten Adels. Kritik am Kaiser aber war auch hier nicht gestattet; dessen Schwächen trafen auf Nachsicht. Mit Stolz genoß man das Privileg der Garde, sich nach Ernennung zum Leutnant persönlich bei Wilhelm melden zu dürfen. Wenn vor Beginn der Hoffeste im Berliner Schloß die gesamte Hofgesellschaft beim Kaiser zur sogenannten Cour erschien, folgten den Generalen und Admiralen vor allen anderen Offizieren die des Regiments der Gardes du Corps und des 1. Garde-Regiments, was ihrer herausgehobenen Stellung – auch in dieser Reihenfolge – in der Armee und bei Hofe entsprach.

In Potsdam legte man größten Wert auf den regelmäßigen Verkehr in guter Gesellschaft, wofür die zahlreichen Familien von Beamten und verabschiedeten Offizieren viel Gelegenheit boten. Gesellschaftliche Gewandtheit und gute Umgangsformen wurden hoch bewertet. Das Zivilkasino in der Waisenstraße, in dem jeder Potsdamer Offizier Mitglied sein mußte und Beiträge zu entrichten hatte, veranstaltete Bälle und andere Geselligkeiten; die jüngeren Offiziere mußten sich als Tänzer bewähren, das 1. Garde-Regiment stellte den Vortänzer. Die Offiziere eines Truppenteils verblieben meist unter sich und pflegten die Kontakte innerhalb dieses Kreises; man lud sich höchstens korporativ in das Kasino eines anderen Truppenteils ein, spontane Treffs gab es kaum. Regelmäßig trafen sich die Herren der „alten" Truppenteile: 1. Garde-Regiment, Gardes du Corps und Garde-Jäger. War das Lehr-Infanterie-Bataillon zusammengetreten, wurde dessen Offizierskorps geschlossen in das Regimentshaus in der Mammonstraße eingeladen. Das Leben in den Offizierskasinos unterlag festen Normen; trafen sich dort in der Regel die unverheirateten Leutnants, so nahm an bestimmten Festessen oder anderen ausgewählten Geselligkeiten das Offizierskorps geschlossen teil. Individuelles Ausbrechen aus dem gesetzten Rahmen war ohne negative Rückwirkungen auf die Karriere unmöglich. Auch die Frauen der Offiziere hatten sich exakten Regeln zu unterwerfen.

Großer Beliebtheit bei allen Potsdamer Offizieren erfreute sich der Reitsport. Zweimal wöchentlich fanden Schleppjagden statt, ursprünglich auf der Reitbahn im Bornimer Amt, dann auf dem Döberitzer Übungsplatz. Dorthin verlegte man auch die Parforce-Jagd, zu der ein roter Frack getragen werden mußte; im Laufe der Zeit gab es beträchtliche Flurschäden in der Heide beim Jagdhaus Stern, im Potsdamer Forst am Wannsee und im Grunewald. Am 3. November wurde nach einer Liste des kaiserlichen Hofjagdamtes zur Hubertusjagd eingeladen; vom 1. Garde-Regiment nahmen meist etwa zwölf Offiziere, von den anderen, kleineren Potsdamer Formationen circa fünf Herren teil. Der Potsdamer Offiziers-Jagdverein traf sich während der Sommermonate jeden Sonnabend zum Schießen im Katharinenholz, einmal im Jahr auch zum Adlerschießen in Anwesenheit des Kaisers. 1875 hatte man den Offiziers-Segelklub gegründet, 1893 nach englischem Vorbild den Ruderverein. 1913 riefen die Offiziere vom 1. Garde-Regiment einen Tennisklub ins Leben; einige von ihnen befahl der Kaiser des öfteren zu einem privaten Match auf die Anlage hinter dem Neuen Palais.

Die 1893 verfügte Kürzung der Wehrdienstzeit auf zwei Jahre und die kontinuierliche Einführung neuer Bewaffnung und Ausrüstung machten die Ausbildung anspruchsvoller, wofür man vor allem befähigte und zuverlässige Unterführer benötigte. Bei deren Auswahl bevorzugte man Kapitulanten aus den eigenen Regimentern, die es in Potsdam häufiger gab als in der übrigen Armee. Die Qualifikation dieser Männer war bekannt, so daß man kein Risiko einging. Die jährliche Erneuerung der entsprechenden Dienstverträge bot dem Kompanie- bzw. Eskadronschef zusätzlich die Möglichkeit, Fehlbesetzungen auf diese Weise wieder rückgängig zu machen. Eine Versetzung der von den Schulen zugewiesenen Unteroffiziere war dagegen ein komplizierterer Vorgang.

Der gewachsenen Bedeutung der Unterführer entsprach auch deren verbesserte Unterbringung. Bald wohnten nur noch die jüngeren unverheirateten Unteroffiziere mit ihren Korporalschaften gemeinsam auf der Stube. Die Verheirateten und älteren Unverheirateten erhielten separate Wohnungen. Diese befanden sich zum Teil in den Kasernen; bei den Kavallerieregimentern, den Garde-Jägern und bei der Artillerie war dies fast immer der Fall. Das 1. Garde-Regiment mit seinen zahlreichen Stellen ließ immer mehr Gebäude in der Stadt zu diesem Zweck herrichten, so etwa das des ehemaligen Regimentslazaretts in der Lindenstraße oder das auf dem Hofbauerschen Grundstück zwischen Kaserne und Eisenbahn, welches vom Regiment im Jahr 1913 erworben wurde. Die besonderen Unteroffiziers-Versammlungszimmer in der Kaserne wurden rege besucht, dort lernte man sich bei Kameradschafts- und Familienabenden näher kennen und pflegte auch sonst geselligen Umgang. Mit feinem Gespür erkannten die Unteroffiziere, den ihnen in der Gesellschaft zugewiesenen Platz und nahmen ihn ein. Die Son-

Die Königliche Matrosenstation, Schwanenallee 7. In den neunziger Jahren des 19. Jahrhunderts wurde das Ufer zusätzlich aufgeschüttet; es entstand eine neue Ufermauer. Ein Teil der Station existiert bis heute, blieb jedoch während der Jahre der Berliner Mauer infolge der Lage im Grenzgebiet unbeachtet.

derstellung führte zur Herausbildung einer festen Kamerad-schaft zwischen den Unterführern, die sich als wichtiger Kitt für das Zusammenhalten ganzer Formationen in kompliziertesten Situationen erweisen sollte.

Als überaus nützlich für die materielle Unterstützung der Unterführer erwies sich die Rohdichsche Legatenfonds-Stiftung, die einzige ihrer Art in der Armee. Nach dem Zusammenbruch der alten Armee 1806/07 fiel die Verwaltung des Erbes an den Militärfiskus, wobei das 1. Garde-Regiment als Traditionsnach-folger des einstigen Grenadier-Garde-Bataillons (Nr. 6) beson-ders berücksichtigt wurde. Während vieler Jahre wurden regel-

265

mäßig Unterstützungen an Unteroffiziere mit Kindern gezahlt, ehe 1894 Oberst Kessel als Regimentskommandeur eine Selbstverwaltung des Erbes durch das Regiment durchsetzen konnte. Die größte Investition bildete jener Kauf und Umbau des Hofbauerschen Grundstücks.

Strenge Maßstäbe wurden nach wie vor bei der Auswahl der Rekruten für die Garde-Regimenter angelegt. Der Hang zu großen, kräftigen Männern und das Kriterium der absoluten politischen Zuverlässigkeit führten zu einer immer deutlicheren Bevorzugung der Rekruten vom Lande, wogegen Städter nur selten eingestellt wurden. Kritischen Beobachtern aus den Reihen der Armeeführung fiel als Folge dieser Personalauswahl auf, daß die Mannschaften der Garde im Durchschnitt einen geringeren Intelligenzgrad aufwiesen als zum Beispiel die Männer beim III. Armeekorps (Provinz Brandenburg), das seine Rekruten auch aus Großstädten bezog. Die Furcht vor sozialdemokratischen Einflüssen blieb bei der Garde trotz dieser Personalauswahl erhalten. So wurde in Potsdam ein gesondertes dienstliches Verbot jeglicher sozialdemokratischer Betätigung erlassen. Einlaß in die Kasernen erhielten „nach schärfster Prüfung" nur zuverlässige Personen. Und es häuften sich Verbote der Regimentskommandeure, bestimmte Lokale in der Stadt zu besuchen.

Anlaß für diese Vorsicht gab es in Potsdam in höchstem Maße. Denn trotz der spezifischen sozialen Situation, trotz des besonderen Charakters der Stadt und ihrer Tradition als Militärstandort und Residenz war es nicht gelungen, die allgemeinen Widersprüche und Konflikte der deutschen Gesellschaft jener Zeit von Potsdam fernzuhalten. Für viele ganz überraschend und unbegreiflich, wirkte die Sozialdemokratie, an der schon Bismarck gescheitert war, hier überaus erfolgreich und konnte bei Reichstagswahlen seit den neunziger Jahren beträchtliche Stimmengewinne erzielen. War das Wehrsystem des wilhelminischen Deutschland ein zentraler Ansatzpunkt für die Systemkritik der Sozialdemokraten an sich, so hatte es schon eine gewisse Pikanterie, daß der zweifellos geistreichste und rührigste Vertreter des sozialdemokratischen Antimilitarismus, Karl Liebknecht, ausgerechnet in Potsdam und im Osthavelland, dem prestigeträchtigen „Kaiserwahlkreis", seinen Platz fand. Und es war wohl eine Art Menetekel für die Monarchie und ihr Wehrwesen, daß Liebknecht im Jahr 1912 die Wahlen in eben diesem Wahlkreis für sich entscheiden und in den Reichstag einziehen konnte, wobei er in Potsdam selbst unglaubliche 46,5 Prozent der Stimmen errang. Dennoch blieb die Bevölkerung in ihrer Grundhaltung monarchisch gesonnen und stand dem Militär höchst wohlwollend gegenüber. Die Einsatzbereitschaft der Potsdamer Formationen litt in keiner Weise; doch die militärische Führung blieb vorsichtig.

Die Stärke und die Formationsgliederung der Garnison änderten sich nach der Jahrhundertwende kaum noch. Laut Zählung vom 15. Mai 1900 befanden sich zu diesem Zeitpunkt 8713 Militärpersonen in der Stadt, davon 359 Offiziere, 55 höhere und 86 untere Beamte sowie 8213 Unteroffiziere und Mannschaften. Hinzu kamen 178 Zöglinge in der Kadettenanstalt und 762 Kinder im Militärwaisenhaus. Daraus ergab sich ein Militäranteil von 14 Prozent an der Gesamtbevölkerung der Stadt. Das war entschieden weniger als im 18. Jahrhundert, als das Militär zeitweise mehr als ein Drittel aller in Potsdam wohnenden Personen ausmachte. Selbst nach den Befreiungskriegen, als zunächst nur das 1. Garde-Regiment und Teile der Garde du Corps in Potsdam stationiert waren, lag der Anteil höher. Trotz kontinuierlicher Verstärkung der Garnison während des gesamten 19. Jahrhunderts machte sie am Ende gerade noch ein Siebentel der Bevölkerung aus. Potsdam lag damit im Trend der Zeit. Angesichts der schnell mobilisierbaren Wehrpflichtarmee hielt man zu Friedenszeiten ja nicht mehr alle verfügbaren Truppen ständig unter Waffen. Gleichzeitig ist natürlich zu bedenken, daß bei einer Wehrpflichtarmee mit ihrem ständig wechselnden und immer wieder neu auszubildenden Rekrutenbestand die Truppen ganzjährig am Standort verblieben, also nicht mehr monatelang in die Kantone zurückgingen, wenngleich gerade in Potsdam, das einen hohen Freiwächteranteil hatte, der Präsenzbestand immer schon sehr hoch war. Im Vergleich mit anderen Garnisonstädten war Potsdam auch zu Beginn des 20. Jahrhunderts dicht mit Militär belegt. In absoluten Zahlen gehörte Potsdam nach wie vor zu den großen Garnisonen des Reiches, obwohl hier der Zuwachs behutsamer vollzogen wurde, als das oft andernorts geschah, in Berlin zum Beispiel, das unangefochten den Spitzenwert aufwies. Inzwischen gab es auch mehrere Militärstandorte, die zahlenmäßig mit Potsdam etwa gleich stark waren, so die traditionellen preußischen Garnisonen Magdeburg, Breslau und Königsberg. Frankfurt (Oder) und Stettin zählten nur noch unwesentlich weniger Soldaten, Posen sogar schon mehr. Gerade im Westen waren im Zuge der Heeresverstärkungen und mit deutlicher Stoßrichtung gegen Frankreich starke Garnisonen entstanden; die Besatzungen von Metz und Straßburg waren um ein Vielfaches höher als in Potsdam. Doch auch Köln, Trier und Hannover hatten umfangreiche Garnisonen. Bei der bayerischen Armee fiel München stark ins Gewicht, bei der sächsischen Dresden und bei der württembergischen Ulm. Und dennoch blieb Potsdam die herausragendste unter allen – wegen ihrer starken Symbolkraft, die in der preußischen Militärtradition begründet lag, wegen der Anwesenheit des Hofes und wegen der besonders exklusiven Stellung der Potsdamer Regimenter in der Hierarchie der Armee, so unverständlich derartige Rangfolgen aus heutiger Sicht auch erscheinen mögen.

Der relative Stillstand bei der Formationsentwicklung nach der Jahrhundertwende war eine Folge des veränderten Rüstungsschwerpunktes, der sich zur Flotte verlagerte. Die militärische Führung war allerdings auch dem Irrglauben verfallen, die anhaltenden Heeresverstärkungen in Frankreich und Rußland allein durch eine vermeintlich bessere Qualität der eigenen Armee ausgleichen zu können. Großzügig wurde auf die weitere Ausschöpfung des vorhandenen Wehrpotentials verzichtet, mit dem Ergebnis, daß bei Kriegsbeginn nicht genügend ausgebildete Rekruten einsetzbar waren.

Die Einführung des Maschinengewehrs in die Bewaffnung des Heeres hatte in Potsdam eine Formationsänderung kleinerer Art zur Folge. Die Ausstattung mit dieser neuen und folgenschweren Waffe erfolgte in Deutschland ja später und zaghafter als in England und Rußland. Nach ersten Tests im Jahre 1898 beim I. Bataillon des Infanterieregiments Nr. 146 (Königsberg) gehörte das Potsdamer Garde-Jägerbataillon zu jenen sechs Einheiten, bei denen 1899 Versuchs-MG-Abteilungen gebildet wurden. Zwei Jahre später entschied der Kaiser die endgültige Einführung des 8-mm-MG vom Typ Maxim. Beim Garde-Jägerbataillon wurde daraufhin eine der fünf Maschinengewehrabteilungen des Heeres eingerichtet, deren Zahl sich bis 1904 auf 16 erhöhte. Eine Abteilung bestand aus sechs vierspännig gefahrenen MG- und drei Munitionswagen. Die Bedienung war auf den Fahrzeugen aufgesessen, so daß die Abteilung auch mit der Kavallerie zusammenwirken konnte. Die Potsdamer Garde-MG-Abteilung in Stärke von vier Offizieren, einem Feldwebeldienstthuer, 36 Oberjägern und Jägern, 18 Fahrern sowie zehn Reit- und 34 Zugpferden war anfangs in zwei Wohn- und einer Stallbaracke an der Nedlitzer Chaussee, später in einer Kaserne am Bornstedter Feld (Pappelallee) untergebracht. Die Baracken bestanden aus Wellblech. Die Uniform der neuen Abteilungen war graugrün, dazu gehörten Tschakos mit graugrünem Überzug und braunes Lederzeug. Als persönliche Bewaffnung trugen die Jäger den Karabiner 98, alle anderen eine Pistole.

1908 wurde unter der Bezeichnung „MG 08" ein verbessertes und um die Hälfte leichteres Maschinengewehr eingeführt. Es war auf zweispännigen Wagen montiert, und die Bedienung marschierte zu Fuß. Das Exerzierreglement und die Schießvorschrift für MG-Abteilungen, die bis zum Ausbruch des Ersten Weltkrieges gültig blieben, waren auf einen mobilen Einsatz ausgerichtet, unabhängig von Stammeinheiten. Die Abteilungen dienten als bewegliche Feuerreserve, die gegen gewisse Ansammlungen feindlicher Truppen, zum Beispiel gegen Kavallerieattacken, eingesetzt werden sollten. Obwohl bis zum Beginn des Weltkrieges bei zahlreichen Infanterieregimentern (13.) MG-Kompanien zu ebenfalls sechs Gewehren entstanden, so auch beim 1. Garde-Regiment, war keine organische Einbeziehung dieser Einheiten in die Gefechtsaufgaben der Infanterie vorgesehen. Denn ebenso wie im strategischen Denken überwog auch in der Taktik die Neigung zu offensivem Vorgehen. Das MG galt jedoch vor allem als Waffe zur Verteidigung, und viele Militärs hielten das damals noch sehr schwere Gerät für hinderlich bei schnellen Märschen

Plan der Residenzstadt Potsdam, um 1900

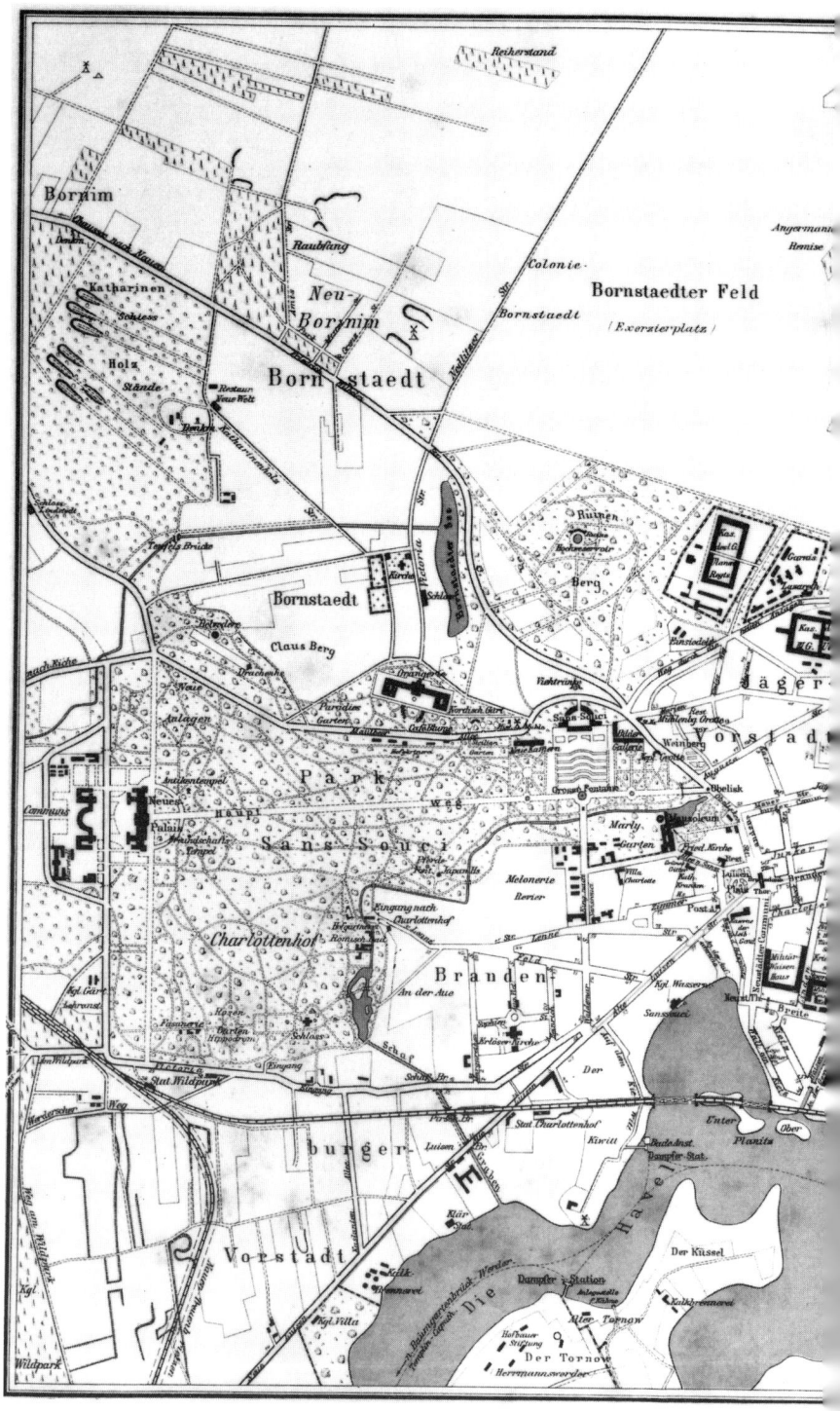

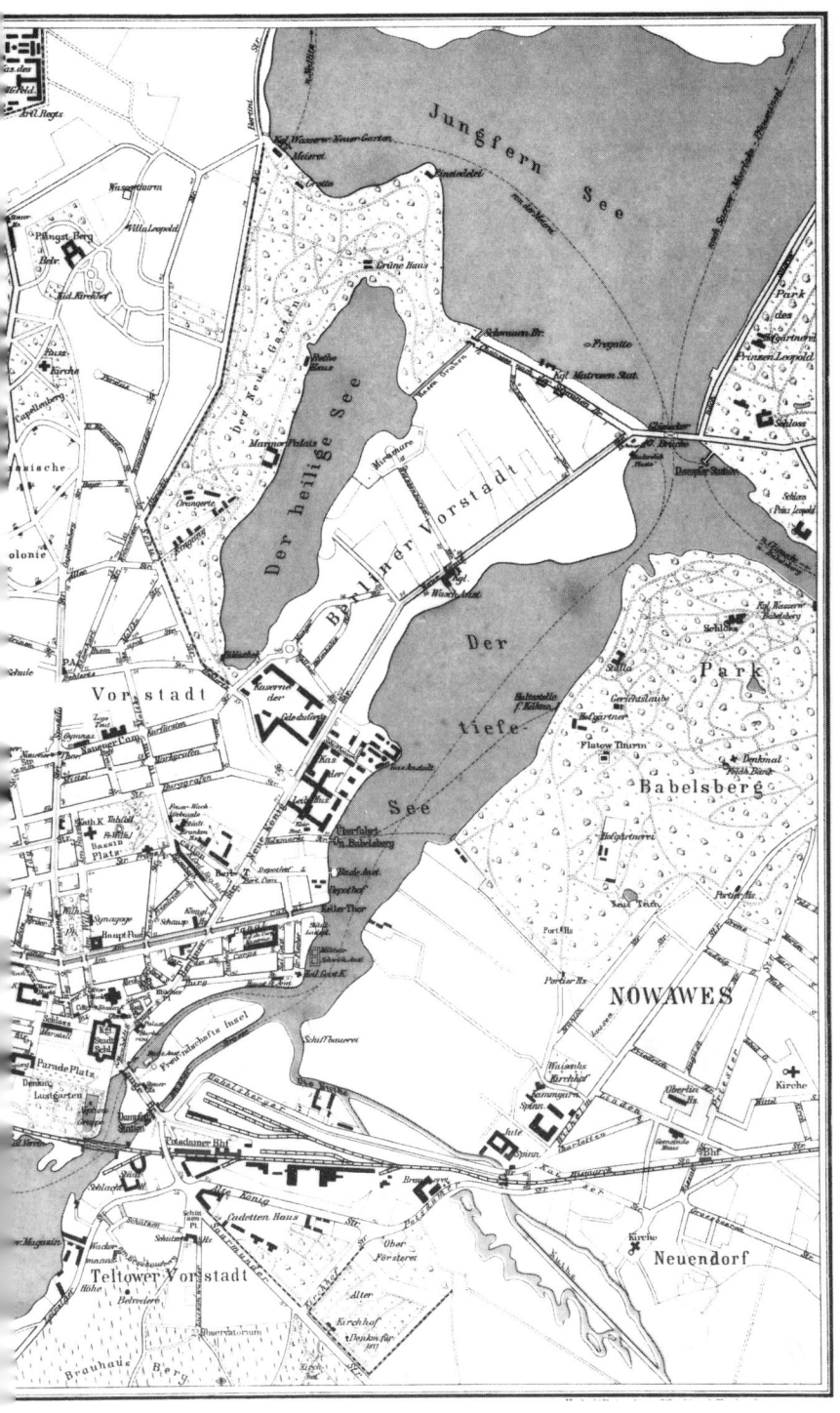

Potsdam um 1912. In der Mitte die Garnisonkirche, dahiner rechts der Lange Stall, dessen Giebel in der Mammonstraße liegt (Grundstück Nr. 6). Das zweite Gebäude daneben war das Regimentshaus (Offizierskasino; Nr. 4) des 1. Garde-Regiments zu Fuß; die Kaserne dieses Truppenteils vorn links.

und beim Sturmangriff. Doch welch ein Irrtum; er sollte im Weltkrieg einen hohen Blutzoll fordern.

1913 bekamen die Garde-Jäger noch eine Radfahr-Kompanie, womit dieses Bataillon dann sechs Kompanien stark war. Es handelte sich um eine jener 18 Radfahr-Kompanien, die nach einem erfolgreichen Versuch beim Kaisermanöver 1912 aufgestellt und den Jägerbataillonen zugeteilt wurden. Im Kriegsfalle sollten diese Kompanien den Kavalleriedivisionen folgen und deren Feuerkraft verstärken. Das deutsche Armeefahrrad (mit starrem Rahmen) war ein solides, widerstandsfähiges Gerät, jedoch ziemlich schwer. Es konnte auch nicht wie die leichten französischen Klappräder, die auch in Österreich und in Italien benutzt wurden, im schwierigen Gelände auf dem Rücken getragen werden, was den Wert dieser Neuerung erheblich einschränkte.

Da das seit der Jahrhundertwende im gesamten Heer verwandte Gewehr 98 eine Schußentfernung von über 2000 Metern besaß, konnten die alten Potsdamer Schießstände nur noch bedingt den Anforderungen genügen. Das 1. Garde-Regiment und die Garde-Jäger nutzten nun immer stärker den Truppenübungsplatz Döberitz.

Ebenso wie bei der Infanterie, die sich trotz Beibehaltung alter Bezeichnungen wie Grenadier, Musketier und Füsilier immer mehr zur Einheitsinfanterie entwickelte, änderte sich auch bei der Artillerie die Bewaffnung. An die Stelle der wenig leistungsfähigen Feldkanone C 96 trat ab 1905 die Feldkanone FK 96 n. a. (neuer Art). 1913 wandelte man aus Kostengründen jene reitenden Abteilungen, die nicht unmittelbar mit der Kavallerie zusammenwirken sollten, in fahrende Abteilungen um. In Potsdam war davon das 4. Garde-Feldartillerie-Regiment betroffen.

Die vielfältigen waffentechnischen Prozesse zwangen zu einem Umdenken über die Rolle der Kavallerie in einem künftigen Krieg. Statt direkter Attacken sollte die Kavallerie nun zu Beginn des Krieges den feindlichen Aufmarsch aufklären, die gegnerische Aufklärung stören, Aufmarschräume freikämpfen, in der Schlacht die gegnerischen Flanken umgehen und im Rükken des Gegners operieren sowie dem geschlagenen Feind nachsetzen. Daher wurde nun immer mehr das „Gefecht zu Fuß" mit dem Karabiner geübt. Vor allem für die Anfangsperiode des Krieges rechnete man aber noch mit dem Kampf großer Kavallerieverbände. Deshalb war die Bildung von elf Kavalleriedivisionen à sechs Regimentern vorgesehen, von denen allein die Garde-Kavalleriedivision mit eigenem Stab schon im Frieden bestand. Im Gegensatz zu Österreich, Frankreich und Rußland erhielten die einzelnen Regimenter keine Maschinengewehre zugeteilt. Zu stark war der Widerstand der traditionsbewußten Kavallerie, die sich auch sonst gegen alle modernen Entwicklungen sperrte.

Als sich die deutsche Heeresführung, im Vergleich zu den Entente-Mächten recht spät und immer noch zaghaft, zum Aufbau einer Luftwaffe entschloß, war davon in begrenztem Umfang auch Potsdam betroffen. In der Pirschheide, am Ufer des Templiner Sees, unterhielt in den letzten Jahren vor Ausbruch des Ersten Weltkrieges das Unternehmen „Delag" einen Luftschiffhafen für den zivilen Verkehr. Und die Bodensee-Werft hatte dort einen Zweigbetrieb. Das in der Tegeler Heide nördlich von Berlin stationierte Luftschiffer-Bataillon Nr. 1 nutzte nun seinerseits den Potsdamer Luftschiffhafen als Anflugobjekt und stationierte dort sogar ständig zwei Luftschiffe. Da die Luftschiffer in Potsdam keine eigene Unterkunft hatten, wohnten sie in der Kaserne des Lehr-Infanterie-Bataillons in Eiche. Auf dem Bornstedter Feld fanden seit 1909 auch verschiedene Versuche mit Flugzeugen statt. Als ein Jahr später ein Flieger-Kommando entstand, stationierte man es jedoch nicht in Potsdam, sondern im nahegelegenen Döberitz, das sich vor dem Weltkrieg zu einem Zentrum der deutschen Fliegertruppe entwickelte.

Obgleich Potsdam die Garnison der exklusivsten Garde-Regimenter war, befanden sich alle wichtigen Kommandos der Garde in Berlin – das Korpskommando ebenso wie die der drei Divisionen. In Potsdam angesiedelt waren lediglich einige Brigadekommandos, die allgemein in der preußischen Armee als relativ uneffektiv und unnötig angesehen wurden. Sie bestanden auch nur aus zwei Offizieren und etwa sechs Unteroffizieren oder Mannschaften. Das Kommando der 1. Garde-Infanteriebrigade, zu der das 1. Garde-Regiment, das 3. Garde-Regiment (Berlin) sowie das Garde-Jägerbataillon und das Lehr-Infanterie-Bataillon gehörten, hatte seine Diensträume unverändert in der Kommandantur Schloßstraße 7. Das Kommando der 2. Garde-Kavalleriebrigade (1. und 3. Garde-Ulanenregiment) und der 4. Garde-Kavalleriebrigade (Leib-Garde-Husarenregiment und 2. Garde-Dragonerregiment, Berlin) traf man zunächst in der Kaiser-Wilhelm-Straße 30, bevor die 2. Brigade neue Diensträume am Wilhelmplatz Nr. 9 bzw. in der Großen Weinmeisterstraße 45 und die 4. Brigade in der Neuen Königsstraße 116 erhielten. Das Kommando der 2. Garde-Feldartillerie-Brigade (2. und 4. Garde-Feldartillerie-Regiment) war in der Alexandrinenstraße

Die stadtbildbeherrschende Kriegsschule auf dem Brauhausberg. Im Zweiten Weltkrieg stark beschädigt, wurde das Gebäude ab 1947/48 zur Unterbringung von Landesministerien vereinfacht wiederaufgebaut, dann jedoch von der SED genutzt. Heute Sitz des Landtages von Brandenburg.

zu finden. Das Regiment der Gardes du Corps bildete gemeinsam mit dem Garde-Kürassierregiment (Berlin) die 1. Garde-Kavalleriebrigade, die in Berlin untergebracht war, und zwar am Platz am Zeughaus 1.

Nach der Jahrhundertwende erhielt die Garnison zwei auffäl-
lige bauliche Ergänzungen. Zunächst wurde die Kriegsschule mit
einem Neubau bedacht, da man schon lange über beengte Verhältnisse geklagt hatte. Noch in den neunziger Jahren fiel deshalb die Entscheidung für ein neues Gebäude. Zwei Bauplätze
standen zur Verfügung. Zum einen im Norden, außerhalb der
Stadt, das Gelände zwischen der Artilleriekaserne und dem Dorf
Nedlitz. Zum anderen auf dem Brauhausberg, dem Schloß
gegenüber auf der südlichen Havelseite gelegen. Man entschied
sich für den zentraleren Platz und übertrug den Entwurf dem
renommierten Architekten Franz Schwechten aus Berlin, der
vor allem mit dem Anhalter Bahnhof, der Kaiser-Wilhelm-Ge-
dächtniskirche und dem Gebäude des Kriegsministeriums in der
Leipziger Straße hervorgetreten war. Die Potsdamer Kriegsschule sollte sich in ihrem Äußeren völlig von der vorhandenen Bausubstanz in der Stadt unterscheiden. Der mit Verblendziegeln im
Klosterformat gestaltete Bau wies deutliche Elemente norditalie-
nischer Festungsarchitektur der Spätrenaissance auf und erlangte durch seinen Turm eine dominante Stellung im Stadtbild; die
Aussicht reichte von der Kirche in Werder bis zur Hauptkadet-
tenanstalt in Lichterfelde. Im Innern war das Gebäude modern
und großzügig gestaltet, verfügte über eine Zentralheizung, große Wohn- und Lehrräume, ein Offiziers- und ein Fähnrichskasi-
no sowie ausreichende Wirtschaftsräume. Zum Komplex der
Kriegsschule gehörten Stallungen, eine Reitbahn sowie ein kleines Haus für den Kommandeur.

Im Jahr 1906 begannen Rekonstruktions- und Erweiterungsar-
beiten an der Kadettenanstalt in der Teltower Vorstadt, die sich
über sieben Jahre hinzogen. Das Hauptgebäude wurde durch
Hinzufügung eines zusätzlichen Flügels geräumiger und repräsentativer. Neue Unterrichts-, Wohn- und Wirtschaftsgebäude
sowie eine Schwimm- und eine Turnhalle, die alle auf dem schon
immer sehr großen Grundstück ausreichend Platz fanden,
erhöhten ganz erheblich die Funktionalität der Einrichtung.

Die Ereignisse der Jahre 1912 und 1913, vor allem die Kriege
auf dem Balkan, zeigten, wie brüchig der europäische Frieden
inzwischen war. Mächtige Koalitionen standen sich hochgerü-

stet gegenüber. Durch eine gewaltige Heeresverstärkung wollte die deutsche Führung nun die plötzlich doch wahrgenommene Unterlegenheit ausgleichen und vermehrte die Armee auf einen Schlag um 4000 Offiziere, 15 000 Unteroffiziere und 117 000 Mannschaften. Die geistige Atmosphäre in Potsdam war, wie überall im Reich, geprägt durch einen Drang zur bewaffneten Auseinandersetzung und die gleichzeitige Hoffnung, dem kriegerischen Zusammenstoß doch noch entgehen zu können. In Armeekreisen war man ebenso elektrisiert wie in der übrigen Gesellschaft.

In Potsdam ging jedoch der Garnisonsalltag rein äußerlich unbeeinflußt weiter. Als am 28. Juni 1914 die Nachricht von der Ermordung des österreichischen Thronfolgers Erzherzog Ferdinand und seiner Gemahlin eintraf, befanden sich das 1. Garde-Regiment und die Garde-Jäger gerade zum Brigadeexerzieren auf dem Döberitzer Feld, von wo sie am 4. Juli in die Garnison zurückkehrten. Dort fielen wichtige Entscheidungen über Krieg und Frieden. Am 5. Juli teilte Wilhelm II. im Neuen Palais dem Botschafter Österreich-Ungarns seine Zustimmung für den Fall mit, daß Wien an der Eskalation der um den Mord von Sarajevo entstandenen Krise interessiert sei. Die anschließende Nordlandreise des Kaisers, auf der er sich kriegsgeschichtliche Vorträge über den Nordamerikanischen Bürgerkrieg halten ließ, wurde in der Öffentlichkeit als Entspannungszeichen gedeutet – zu Unrecht. Nach dem österreichischen Ultimatum an Serbien kehrte Wilhelm vorzeitig von seiner Fahrt zurück und traf am 27. Juli per Sonderzug auf dem Bahnhof Wildpark ein. In Potsdam wartete man nun jeden Augenblick auf den Mobilmachungsbefehl, hoffte aber auch auf eine Verlängerung des Ultimatums. Doch am Sonnabend, dem 31. Juli, unterzeichnete der Kaiser im Neuen Palais die Verordnung über die Erklärung des Kriegszustandes. Als erster in der Garnison verbreitete Oberleutnant von Moltke von der 5. Kompanie des 1. Garde-Regiments diese Nachricht, indem er seinen Offizierskameraden zurief: „Mobil!" Durch seinen Vater, den Chef des Generalstabes der Armee, hatte er von der Entscheidung des Kaisers vorzeitig erfahren. Noch am selben Tag machte der Platzmajor von Potsdam, Hauptmann Graf zu Eulenburg, die Erklärung offiziell in der Stadt bekannt. Am nächsten Tag fanden sich überall Plakate mit der Aufschrift „Erster Mobilmachungstag: der 2. August 1914".

Es begann sogleich der gut durchdachte und pedantisch vorbereitete Mechanismus der Mobilmachung. In Kammern, die präzise numeriert waren, lagen Riesenstapel von grauen Felduniformen bereit, für Jäger graugrüne; mit deren Produktion war 1907 begonnen worden, unter dem Eindruck der Erfahrungen des russisch-japanischen Krieges. Die neue Kavallerie-Felduniform war zum ersten Mal in Potsdam getragen worden: am 13. Mai 1908 von 60 Mann der 2. Eskadron der Leib-Garde-Husaren, probeweise für die gesamte Armee. Seit 1910 trug man im Heer das Feldgrau „bei allen Gefechts- und anderen Übungen gegen einen nicht nur markierten Gegner", wie eine A.K.O. vom 23. Februar jenen Jahres anwies. In langen Reihen standen im Sommer 1914 auch die Speicher mit Waffen für die Ergänzungsmannschaften bereit; sie waren unter anderm durch die enormen Mittel, die der Reichstag 1913 bewilligt hatte, noch unmittelbar vor Kriegsbeginn komplettiert worden.

Die Ergänzungsmannschaften trafen bald mit den Zügen, die ihnen der Gestellungsbefehl vorschrieb, in Potsdam ein. Seit 1901 wurde in Deutschland ein Einberufungsverfahren im Mobilisierungsfall praktiziert, wonach jeder Reservist und Wehrmann bereits im Frieden seinen Gestellungsbefehl zugestellt erhielt. Dieser enthielt Tag und Stunde des Eintreffens in der Sammelstelle oder Kaserne, sobald eine Mobilmachung durch die Presse oder mit Plakaten öffentlich bekanntgegeben wurde. Die Reservisten der Potsdamer Truppenteile, die aus dem gesamten Reichsgebiet, vor allem aus Westfalen und Thüringen kamen, fanden auf ihren Gestellungsbefehlen – wie übrigens alle Reservisten mit Sammelstellen außerhalb ihres Wohnsitzes – zusätzlich den Hinweis, sich an den dann ausgehängten Sonderfahrplänen für Militärzüge zu orientieren. In Potsdam angekommen, entstiegen sie erwartungsvoll ihren Zügen. Vor dem Bahnhof und auf vielen Plätzen der Stadt spielten Militärkapellen. Die Kriegsbegeisterung war riesig.

278

Die Mobilmachung brachte auch zahlreiche Veränderungen in den Stellenbesetzungen mit sich. Viele Stabsoffiziere wurden zum Garde-Reservekorps versetzt, andere wieder in höhere Dienststellungen des Feldheeres. Das Regiment der Gardes du Corps mußte sogar ohne seinen neuen Kommandeur, Oberstleutnant von Kleist, ins Feld rücken; Kleist war früher Militärattaché in Rom gewesen, und so schickte ihn der Kaiser mit einem persönlichen Schreiben an König Viktor Emanuel III. nach Italien, um diesen an seine Bündnispflichten zu erinnern – vergebens, wie man weiß.

Schon am Nachmittag des 2. August trat in den Communs die in Eiche aus den besten Leuten des Lehr-Infanterie-Bataillons gebildete Infanterie-Stabswache des „Großen Hauptquartiers Seiner Majestät des Kaisers und Königs" – des formal höchsten Führungsorgans im Kriege – unter einem Hauptmann vom 1. Garde-Regiment zum Abmarsch zusammen. Sämtliche vier Offiziere und 245 Unteroffiziere/Mannschaften trugen als äußeres Zeichen Ringkragen.

Am gleichen Tag begann die Aufstellung des 1. Garde-Reserve-Regiments. Die Geschäftszimmer befanden sich in der Gastwirtschaft „Zum Froschkasten" auf dem Kietz; das I. Bataillon fand Unterkunft in der bald freiwerdenden Auguste-Viktoria-Kaserne, die beiden anderen in Bürgerquartieren in der Nähe der Priesterstraße.

Am Morgen des 3. August verließen als erste Einheiten das Lehr-Infanterie-Bataillon und die Unteroffiziersschule vom Hauptbahnhof aus die Stadt. Noch am gleichen Tag wurden sie in Berlin mit der Infanterie-Schießschule, der Lehr-Maschinengewehr-Kompanie und der Gewehrprüfungskommission zum Lehr-Infanterie-Regiment vereinigt. Die Unterbringung erfolgte behelfsmäßig in Schulen am Wedding. Für die Bekleidung, die noch fehlte, sorgte das Berliner Garde-Füsilier-Regiment. Am 10. August ging es von Moabit und Charlottenburg per Eisenbahn an die Ostfront. Die Armeeführung rechnete mit einer kurzen Kriegsdauer, schloß daher zahlreiche militärische Bildungseinrichtungen und schickte deren Personal zur kämpfenden Truppe.

Am Abend des 3. August rückte das Regiment der Garde du Corps mit seinen vier Feldeskadronen zum Bahnhof Wildpark. Beim letzten Appell im Kasernenhof wiederholte der Regimentsführer unter dem Jubel aller Anwesenden die oft zitierten Worte des Garde-du-Corps-Kommandeurs in der Schlacht von Zorndorf (1758): „Ich halte keine Schlacht für verloren, in der die Garde du Corps des Königs noch nicht attackiert hat!" Doch die Zeit der großen Kavallerieattacken war vorbei. Im Verlauf des Krieges gab bald eine Kavalleriedivision nach der anderen ihre Pferde ab und kämpfte zu Fuß, ganz zum Schluß auch die Garde. Am 4. August verließen gleich drei Formationen die Stadt: vom Bahnhof Wildpark das 1. und 3. Garde-Ulanenregiment, vom Stadtbahnhof die Garde-Jäger. Der Abtransport der Leib-Garde-Husaren erfolgte in Etappen, am 6. August die 4. Eskadron, das Gros zwei Tage später. Ebenfalls am 8. August folgte das 2. Garde-Feldartillerie-Regiment. Charakteristisch war die schnelle Mobilmachung der Kavallerieformationen, deren Friedensstärke im Zuge der Heeresverstärkung von 1913 spürbar erhöht worden war, womit sich die Mobilmachungszeit merklich verkürzte. Das Gardekorps bildete den linken Flügel der 2. Armee; es marschierte im Raum von Aachen – Malmédy auf und rückte nordwestlich nach Huy an der Maas vor.

Den Höhepunkt bildete die feierliche Verabschiedung des 1. Garde-Regiments in Potsdam. Der letzte Friedenskommandeur, Generalmajor von Friedeburg, hatte sein Kommando noch am 1. August abgegeben, da er die 6. Infanteriebrigade in Stettin übernahm. Nach Verabschiedung von den Bataillonen übergab er das Kommando an den zum Oberst beförderten Prinz Eitel Friedrich, den zweiten Sohn des Kaisers; dieser hatte zuvor als Major das I. Bataillon geführt, das „Semper-talis"-Bataillon, wie die vom Soldatenkönig stammende Traditionsdevise noch immer lautete: Semper talis – Immer die gleichen! Nachdem bis zum 6. August alle Ergänzungsmannschaften eingetroffen und verteilt waren, wurde am 7. und 8. August letztmalig auf dem Bornstedter Feld mit allen Fahrzeugen geübt. Am 9. August, als schon fast alle Formationen die Stadt verlassen hatten, versammelten sich im Lustgarten das kriegsstarke 1. Garde-Regiment zu

Fuß, das 1. Garde-Ersatz-Regiment, die 1. und 2. mobile Ersatz-kompanie, das Ersatzbataillon und die Rekrutendepots, zusammen 7000 Mann im Einheits-Feldgrau; der bunte Rock war für immer in den Kleiderkammern verschwunden. Wohl niemand ahnte, daß es die letzte große Versammlung der preußischen Armee in Potsdam war. Um 11 Uhr begann der Feldgottesdienst, zu dem der Kaiser, die Kaiserin und alle Prinzessinnen erschienen. Zu den Gästen gehörten Vereine ehemaliger Kameraden. Abends, um 21.45 Uhr, marschierte das I. Bataillon zur Stadt hinaus; in den frühen Morgenstunden des folgenden Tages, um 2.29 Uhr, fuhr es zusammen mit dem Regimentsstab und der MG-Kompanie vom Bahnhof Wildpark ab. Um 10.59 Uhr folgte das II. Bataillon, am Nachmittag folgten die Füsiliere. Als am 11. August noch das 4. Garde-Feldartillerie-Regiment ausrückte, hatten alle aktiven Feldtruppen die Stadt verlassen. Es sollte ein Ausmarsch der Garnison wie im Jahr 1756 oder 1870 sein; doch es war die Verabschiedung von der preußischen Armee. Die Garden sollten nie wieder als intakte Truppenkörper in die Stadt, in ihre alte Garnison zurückkehren.

In den Potsdamer Kasernen aber wurden immer neue Ersatz-mannschaften zusammengezogen, ausgerüstet und an die Front geschickt. Die Adressaten waren schon bald nicht mehr nur die Garden, sondern auch andere Verbände an der Front. Im November 1914 wurde das erste Luftschiff, das in der Werft am Rande der Pirschheide gebaut worden war, an die Front verlegt. Der Luftschiffhafen war auch Ausgangspunkt für Versuchsfahrten, die im Auftrag der Artillerie-Prüfungskommission zur Entwicklung von Bomben über den märkischen Übungsplätzen Sperenberg und Kummersdorf stattfanden. Und wieder wurde Potsdam ein großer Lazarettort, doch nicht für ein siegreiches Heer wie 1813, sondern für eine scheiternde Armee, die ein längst überlebtes System repräsentierte.

Symbolträchtiger Auszug der preußischen Armee aus Potsdam im August 1914. Das kriegsstarke und in Feldgrau gekleidete 1. Garde-Regiment defiliert am kaiserlichen Hofstaat vorbei. Prinz Eitel Friedrich von Preußen (rechts; 1883 bis 1942), ein eher durchschnittlicher Militär, führte als Kommandeur dieses

Garde-Regiment in den Krieg. Keines der alten Regimenter kehrte als intakter Truppenkörper nach Potsdam zurück.

Epilog

Was blieb von Potsdam und seiner Garnison, nachdem der Kaiser abgedankt, die Republik ausgerufen und die alte Armee aufgelöst worden war? Zwei Jahrhunderte lang hatte das preußische Militär die Stadt entscheidend geprägt. Garnison zu sein für die Gardeformationen der Hohenzollern war eine ihrer wichtigsten Funktionen gewesen. Städtebau, Bevölkerungswachstum und -struktur, Wirtschaft – alles hatte sich danach zu richten gehabt, so unterschiedlich die Monarchen ihre Akzente oftmals auch setzten. Der Symbolwert von Potsdam war groß. Dieser Name hatte sich schon im 18. Jahrhundert zum Synonym entwikkelt für die preußische Armee in ihrer weithin bewunderten Perfektion und Schlagkraft. Die Krone ihrerseits hatte Potsdam in wachsendem Maße genutzt als Bühne zur Selbstdarstellung der preußischen Monarchie und ihres Wehrwesens. In diesem Zusammenhang war ein Begriff entstanden, der kontroverser kaum hätte gebraucht werden können: der Geist von Potsdam! Die einen priesen mit dieser Formulierung die alte Garnison, artikulierten ihre Bewunderung für alles Preußische, während andere mit diesem Wort ihre tiefe Verachtung und Ablehnung des preußisch-deutschen Militarismus zum Ausdruck brachten, was immer man darunter verstand oder versteht.

So, wie Potsdam durch die Besonderheiten seiner Entwicklung ab 1713 eine der Monarchie und ihrem Militär besonders verbundene Stadt war, so blieb sie das auch nach dem Ersten Weltkrieg. Während Berlin der Ort des ständigen Vorwärtsdrängens war, die pulsierende Metropole des sozialen Wandels und der wirtschaftlich-technischen Innovation, verharrte Potsdam in bedächtiger Ruhe. Revolutionen, die in Berlin stattfanden, hatten in Potsdam nie eine Chance, vollzogen sich höchstens als Episode; so war es 1848, und so war es 70 Jahre später. Eine wichtige Voraussetzung für diese Besonderheit war die Existenz von Berlin und die Nähe Potsdams zur Hauptstadt zugleich. Nur weil die Krone eine zweite Residenz wünschte, die sich gewichtig von der Hauptstadt unterschied, aber auch nicht allzu weit von ihr entfernt lag, konnte sich Potsdam zu dem entwickeln, was es schließlich war: zu einem monarchischen Gegenzentrum zu Berlin, zu einer Stadt mit einer elitären Garnison, zu einem kulturhistorisch gewachsenen und überaus wertvollen städtischen Ensemble, in dem die Einrichtungen der Armee einen untrennbaren Bestandteil bildeten. Und dazu kam der Hauch Potsdamer Romantik, eine Imagination, die einen großen Teil des Geistes von Potsdam ausmachte.

Nach dem Ende des Kaiserreiches wurde Potsdam zum Identifikationspunkt vieler, die die Weimarer Republik ablehnten – der Monarchisten, der Traditionalisten und der alten Militärs. Schon Ende 1918/Anfang 1919 hatten Angehörige der alten preußischen Garden als Garde-Kavallerie-Schützendivision die bewaffneten Aufstände in und um Berlin bekämpft. Potsdam war Stützpunkt von Freikorps, aus denen im Mai 1919 Reichswehreinheiten hervorgingen. Auch als 1921 das 100 000-Mann-Heer gebildet wurde, blieb Potsdam Militärstandort. Die Garnison für die neue Armee unterschied sich wiederum erheblich von den anderen in Deutschland. Zwar war sie nun kleiner, doch für die stark reduzierte Reichswehr handelte es sich dennoch um einen verhältnismäßig großen Standort. Kaum eine der vorhandenen Kasernen bleib von Belegungen verschont. Das 9. (preußische) Infanterieregiment, das mit seinen Hauptkräften in Potsdam stationiert war – das III. Bataillon lag in Spandau – wurde zu einer Hochburg monarchisch gesinnter Militärs. Wegen seiner elitären Zusammensetzung und der deutlichen Dominanz des Adels im Offizierskorps hieß es bald „Graf Neun". In einer Anordnung vom 24. August 1921 übertrug der Chef der Heeresleitung, Generaloberst Hans von Seeckt, sowohl dem 9. Infanterieregiment als auch dem 4. Reiter-Regiment und der IV. (reitenden) Abteilung des 3. Artillerieregiments, die alle zur Garnison Potsdam gehörten, die Pflege der Traditionen, besonders von Garde-Formationen der preußischen Armee. Auf dem Brauhausberg, im Gebäude der ehemaligen Kriegsschule, widmete man sich im neu gegründeten Reichsarchiv/Heeresarchiv der kriegsgeschichtlichen Forschung, in Kontinuität zur Arbeit des aufgelösten Großen Generalstabes. Viel besucht wurde das Garnison-Museum im alten Marstall am Lustgarten, vor dem sich nun das zuvor 1911 in der Schloßstraße aufgestellte Steuben-Denkmal befand. Es waren nicht nur die zahlreichen Soldaten- und Taditionsverbände, die sich nach einer Heldenehrung am Denkmal für das 1. Garde-Regiment zu Füßen des Glockenturmes der Garnisonkirche von den Uniformen, Gemälden und Zinnfiguren-Dioramen – darunter eine Paradeaufstellung im Lustgarten mit 5000 Figuren – inspirieren ließen. In einer zeitgenössischen Schrift wurde formuliert, wie man mehrheitlich im immer noch andersartigen, besonders strukturierten und von den Konflikten der Zeit scheinbar abgeschotteten Potsdam dachte: „Wer die Terrassen von Sanssouci hinaufsteigt, wer von Babelsberg aus auf die weiten Havelflächen blickt, vom Marmorpalais über die stillen Wasser des Heiligen Sees, wer das schöne Potsdam vom Pfingstberg oder Bauhausberg überschaut und sich dann von Schauern der Ehrfurcht, im Gedenken an Preußens großen König und des neuen Reiches ersten siegreichen Kaiser, durchwehen läßt, – der mag wohl einen kleinen Hauch von der großen gewaltigen Vergangenheit spüren, dem mag im Herzen ein wehmütiges Gedenken an Hohenzollerntaten und Brandenburg-Preußischen Höhenflug aufklingen, – aber um wirklich den tiefsten Kern des Geistes von Potsdam zu suchen, muß man im Potsdamer Lustgarten stehen, am Stadtschloß und an der Bittschriftenlinde; dazu gilt es, dem allstündlichen: ‚Lobe den Herrn, den mächtigen König der Ehren‘ und der halbstündlichen „Pflichtenmahnung zur Treue" vom Turm der Garnisonkirche zu lauschen! Dort, an der alten Gewehrfabrik, in der Breiten Straße, am Wall, am Langen Stall, dort, wo heute das Denkmal des 1. Garde-Regiments steht und der Feldgraue des Weltkrieges dem Friedericianischen Grenadier den Semper-Talis-Schwur ablegt, – dort ist Potsdam; dort ward der Geist von Potsdam geboren, beim Trommelklang und Gleichschritt der ewig gleichgestellten Uhr des Königlichen Dienstes." Filmproduktionen der Ufa, gedreht im benachbarten Babelsberg, brachten solche Sentenzen einem Millionenpublikum nahe. Potsdam erschien durch die idealtypische Darstellung nun noch preußischer und militärischer, als es vorher schon war.

Die Verachtung und Ablehnung der Republik führten das Militär zu einem Schulterschluß mit dem Nationalsozialismus, der ausgerechnet in Potsdam mit dem Händedruck zwischen Paul von Hindenburg und Adolf Hitler am 21. März 1933 einen makaberen Höhepunkt fand. Andererseits war aber gerade die traditionelle Haltung der Potsdamer Truppenteile Ursache dafür, daß zum Beispiel aus dem 9. Infanterieregiment zahlreiche Regimegegner und Männer des Widerstandes kamen, unter ihnen Generalmajor Henning von Tresckow, der zum engsten Verschwörerkreis des 20. Juli 1944 gehörte.

Das Ende des Zweiten Weltkrieges brachte eine große Zerstörung der Stadt mit sich, Folge vor allem eines Bombardements am 14. April 1945. Betroffen waren auch Einrichtungen der alten Garnison, darunter viele Militärbauten des 18. Jahrhunderts. Die meisten Kasernen des 19. Jahrhunderts überdauerten dagegen. Potsdam wurde nun Standort für Truppen der sowjetischen Besatzungsmacht. Teile der bewaffneten Formationen der SBZ/DDR kamen ebenfalls hier unter, ab 1956 die Nationale Volksarmee. Potsdam war wieder eine große Garnison, größer als je zuvor. Die NVA stationierte hier wichtige Kommandos, so das der 1. Mot.-Schützen-Division und das der Landstreitkräfte. Von besonderer Pikanterie war die Ansiedlung des Militärgeschichtlichen Instituts der DDR in der alten Preußen-Garnison. Während zahlreiche Anlagen an der Peripherie modernisiert wurden oder neu entstanden, verkam im Stadtzentrum kulturhistorisch wertvolle Substanz, die den Krieg überdauert hatte. Im Militärwaisenhaus, in das die Staatsgewerkschaft FDGB einzog, wurden zwei Flügel erhalten und gepflegt; den Lindenstraßen-Flügel mit dem berühmten Treppenhaus überließ man dagegen seinem Schicksal. Unvollständig und entstellend wiederaufgebaut wurde das im Krieg schwer beschädigte Gebäude der ehemaligen

Kriegsschule. Noch in den achtziger Jahren legte man reihenweise Häuser der zweiten barocken Stadterweiterung nieder, um sie durch gesichtslose Großplatten-Bauten zu ersetzen. Die Backstein-Kommandantur in der Lindenstraße, schon seit Beginn des 19. Jahrhunderts Gerichtsgebäude, funktionierten NKWD und Stasi in eine Gefängniszentrale um. Am schmerzlichsten ist der Verlust der Garnisonkirche, die 1968 in einem Akt von Kulturbarbarei gesprengt wurde, statt reparable Kriegsschäden zu beheben.

Potsdam als Garnison der preußischen Armee hat nach dem Untergang der Monarchie eine höchst unterschiedliche Behandlung erfahren. Während zunächst Apologie und Preußenverklärung dominierten, setzte die DDR ganz andere, gegenteilige Akzente. Gerade Potsdam wurde der Ort, wo die ideologischen Gefechte gegen den preußisch-deutschen Militarismus zu einer völligen Geschichtsverdrängung führten, sowie zu irreparablen Eingriffen in die Bausubstanz und die Stadtlandschaft. Obwohl es sich zu DDR-Zeiten um eine große Garnison handelte, wurde jeder Versuch unterlassen, dem Militärstandort Potsdam eine besondere Stellung zu verschaffen. Das hätte sowohl dem ideologischen Selbstverständnis widersprochen als auch der nach 1945 völlig veränderten Bevölkerungs- und Sozialstruktur.

Wer heute durch Potsdam geht, kann neben den großen, vielfach erschreckend vernachlässigten Kasernen immer noch auf Zeugnisse der ältesten Garnisongeschichte treffen. Sehr typisch für das 18. Jahrhundert ist die Lindenstraße. Hier findet man den alten Haupteingang des Militärwaisenhauses, wo allerdings der Treppenturm bröckelt und der Kuppelaufbau noch immer fehlt. Auch die langen zwei- und dreistöckigen Kasernements vom Bataillon Grenadier-Garde und vom Regiment Prinz von Preußen sind erhalten, ebenso das Lazarettgebäude des Regiments Garde. Am anderen Ende der Straße steht die besagte Backstein-Kommandantur und dazwischen der letzte große Zweckbau des 18. Jahrhunderts, die Königswache. Ein Verstecken oder Verbannen der alten Garnisongeschichte wäre heute ebenso töricht wie ein militärbegeisterter Traditionsrausch. Die Geschichte hat stattgefunden, mit all ihren Konsequenzen. Die angemessene

Form, ihr zu begegnen, ist die unvoreingenommene Darstellung dessen, was war und was ist. Und dieses Bemühen schließt auch und gerade die Erhaltung von Bausubstanz ein. Denn die Gebäude der Garnison prägten das Stadtbild von Potsdam ebenso wie die Schlösser und Palais, die Gärten und Parks, die Bürgerhäuser und Kirchen.

Anhang

Glossar

Adlerschießen

Besondere Form eines Schießwettbewerbes auf künstliche Ziele in Adlerform; in der Potsdamer Offiziersgesellschaft jeweils ein Höhepunkt des Jahres.

aggregieren

einem Truppenkörper (Regiment, Bataillon), in dem alle etatmäßigen Stellen besetzt sind, Offiziere als „überzählig" zuteilen. Der aggregierte Offizier genoß in der Regel das volle Gehalt seiner Charge und trug die Uniform seines neuen Truppenteils.

A.K.O.

Allerhöchste Kabinettsorder (CabinettsOrdre), ursprünglich nur K.O.; die für Preußen sehr typische Form der Herrscherverordnung, eingeführt von Friedrich Wilhelm I. im Jahr 1713 unmittelbar bei der Thronbesteigung. Statt durch Verfügungen, die in einem schwerfälligen Staatsapparat entwickelt werden (Kanzleiverordnungen), regiert der Monarch sein Land persönlich („allerhöchst"; seit der Stein-Hardenbergschen Reform auch offiziell so bezeichnet) mit Verordnungen, die in seinem eigenen Büro (Kabinett) entstehen und sich durch einen sehr verbindlichen Stil auszeichnen.

attachieren

zuweisen, zur Unterstützung beigeben. Im Gegensatz zum Aggregieren wird der Offizier auf eine etatmäßige Stelle gesetzt. Auch Truppenteile konnten attachiert, d. h. einem anderen Truppenverband zugeteilt und unterstellt werden.

Auditeur

Militärjustizbeamter: Regimentsrichter bzw. Richter am Militärgericht; 1712 offiziell im preußischen Heer eingeführt. In den Heeren des 16. und 17. Jahrhunderts noch Schultheiß genannt. Im Jahre 1900 trat an die Stelle des Auditeurs der Kriegs- bzw. Oberkriegsgerichtsrat.

Augmentation	(lat.: Vermehrung); veraltet für Heeresvergrößerung. Augmentationskasernen waren Gebäude mit Quartierangebot zusätzlich zum exakt reglementierten Etat. Auch Bezeichnung für besonders große Kasernengebäude im 18. Jahrhundert.
Ausrangierte	Bezeichnung der Invaliden bei der Garde des preußischen Heeres im 18. Jahrhundert.
Avanciermarsch	Bezeichnung eines besonderen Militärmarsches.
Avantageur	auch: Offiziersaspirant. Im 19. Jahrhundert Bezeichnung für junge Männer, die sich auf die Offiziersprüfung vorbereiteten und dazu mehrere Monate praktischen Dienst in der Truppe taten. Kaiser Wilhelm II. führte 1899 die schon im 18. Jahrhundert übliche Bezeichnung Fahnenjunker wieder ein, womit die nie als sehr glücklich empfundene Bezeichnung Avantageur entfiel.
Chassepotgewehr	Seit 1866 verwendetes französisches Infanteriegewehr. Es beruhte auf dem Hinterladerprinzip, schoß sicherer und weiter und war leichter als das preußische → Zündnadelgewehr.
Colleret	collerette (frz.: Halskrause); Bezeichnung für die spezielle Halsbinde, die mit ihrer Farbgebung Teil der Uniform der Soldaten im 18. Jahrhundert war.
deployieren	(frz.: ausbreiten); alte Bezeichnung für ein taktisches Manöver einer kleineren Formation (Kompanie, Bataillon), die aus einer schmalen Marschordnung in eine breite Front (Gefechtsaufstellung) übergeht. Von der schnellen und exakten Beherrschung dieses Manövers hing z. T. der Gefechtserfolg ab.
Detachement	Truppenabteilung, die in der Regel nur für eine besondere Aufgabe gebildet wurde und nicht zur regulären Struktur einer Armee gehörte. Umfang und Zusammensetzung eines Detachements richteten sich somit nach dem Zweck, zu dem es aufgestellt wurde.
Enrollierung	Registrierung der männlichen Bevölkerung für den Militärdienst (im 18. Jahrhundert). In Brandenburg-Preußen, das seit 1733 in Kantone (von-

einander abgegrenzte Distrikte, aus denen jeweils ein Regiment seine Rekruten erhielt) eingeteilt war, wurden die zum Militärdienst Verpflichteten in sog. Kantonrollen eingeschrieben – kurz: enrolliert. Zuständig für die Anfertigung und Fortführung dieser Rollen (alte Bezeichnung für Listen, die im Mittelalter oft die Form von Rollen hatten) waren ein Stabsoffizier vom betreffenden Regiment sowie der zuständige Land- oder Steuerrat, die jährlich auch über die Zurückstellung oder generelle Militärbefreiung einzelner Männer entschieden.

Eskadron	(auch: Escadron); aus dem Spätmittelalter stammende Bezeichnung für militärische Formationen; kein einheitlicher Gebrauch. Seit dem 18. Jahrhundert zur Bezeichnung der taktischen Formationen verwendet, aus denen sich ein Kavallerieregiment zusammensetzte. Gleiche Bedeutung und gleicher (italienischer) Wortursprung wie → Schwadron.
Gamaschendienst	Verächtliche Bezeichnung für den monotonen, schikanösen und zum Teil unsinnigen Drill.
Hautbois	(auch: Hoboist); Sammelbezeichnung für die Musiker bei der Infanterie bis 1918. Etymologisch geht die Bezeichnung auf das französische Wort für Oboe zurück, die über längere Zeit bis in die zweite Hälfte des 18. Jahrhunderts das melodieführende Instrument bei der Infanterie-Musik war. Streng unterschieden wurde zwischen Musikern für Melodie- und für Taktinstrumente (Trommler, Tambour).
immediat	direkt unterstellt, in unmittelbarer Beziehung zur höchsten Staatsbehörde. Immediatstädte z. B. unterstanden keiner staatlichen Zwischenbehörde, sondern der Krone (im Gegensatz zu Mediatstädten).
Invalide	Beim alten Militär jene Soldaten, die durch Alter, Verwundung oder Krankheit kaum oder gar nicht dienstfähig waren, aus Gründen der Fürsorge jedoch in Sonderformationen oder -einrichtungen der Armee untergebracht wurden. Im Krieg oft zu Wachdiensten eingesetzt, wenn die Garnisontruppen ihre Standorte verließen.

Kapitulant	Soldat im 19. Jahrhundert, der sich verpflichtet, über die innerhalb der Wehrpflicht geforderte Zeit hinaus in der Armee zu dienen.
Kirsey	(eigentlich: Kersey); nach einem englischen Fabrikort in der Grafschaft Suffolk benannter, kräftig gewalkter und angerauhter Wollstoff. Seit 1735 bei den Kürassieren für die strohfarbene (paille) Uniform verwendet, die zuvor aus weichem Leder gefertigt war.
Kompanie	(ital.-frz. Wortursprung: Gemeinschaft, Gesellschaft). Im 18. Jahrhundert administrative und wirtschaftliche Grundeinheit im preußischen Heer. Da die Soldaten zu Friedenszeiten nur wenige Monate im Jahr militärischen Dienst taten, sonst aber auch zu Arbeitsdiensten herangezogen werden konnten, erzielten die jeweiligen Kompaniechefs (!; nicht: Kompaniekommandeure) meist erhebliche Einkünfte aus der sog. Kompaniewirtschaft. Eine weitere Einnahmequelle waren die Löhnungsgelder, die der Kompaniechef aus der Generalkriegskasse erhielt und nur für die Zeit des tatsächlichen Dienstes in der Garnison oder für die Manöverzeit auszahlen mußte, sonst aber einbehielt. Da viele Kompaniechefs einen höheren Dienstgrad als den eines Capitains hatten (teilweise Regimentskommandeure waren oder höhere Generalsstellen bekleideten), führten sie ihre Kompanien in solchen Fällen nicht selbst, sondern übertrugen die Führung einem Stabs-Capitain. Mit der preußischen Heeresreform wurde 1808 die Kompaniewirtschaft abgeschafft; die Kompanie war bei der Infanterie fortan administrative und taktische Grundeinheit zugleich. Bei der Kavallerie blieb die Trennung in Kompanie (in Verwaltungsangelegenheiten) und Eskadron/Schwadron (taktische Formation für Ausbildung und Gefecht) bis Ende des 19. Jahrhunderts erhalten, als die Kompanieeinteilung entfiel. Bei der Artillerie trat Mitte des 19. Jahrhunderts die Batterie endgültig an die Stelle der Kompanie.
Komplette	Jene Soldaten im 18. Jahrhundert, die zum Etat einer Kompanie gehörten und entsprechend besoldet wurden. Die über die Etatzahl hinaus geworbenen Rekruten hießen → Überkomplette.

293

Lineartaktik	Besondere Form der Gefechtsaufstellung in die Breite, um das Salvenfeuer der Infanterie wirkungsvoll zu nutzen. Von Friedrich II. zur größten Perfektion entwickelt.
Linie	Im 19. Jahrhundert Bezeichnung für die Truppen des aktiven Friedensbestandes; als Gegensatz zur Landwehr und den erst im Mobilisierungsfall aufgestellten Reserveregimentern gebraucht. Schon im 18. Jahrhundert nannte man die Grenadiere, Musketiere und die schwere Kavallerie, die die lineare Gefechtsaufstellung bildeten, Linientruppen – im Gegensatz zu den leichten Verbänden, die Aufklärungs- und Vorpostenaufgaben hatten und weniger geschätzt wurden.
Mineur	Angehöriger einer Spezialtruppe, die im Festungskampf unterirdische Stollen vorantrieb, um durch deren Sprengung das belagerte Festungswerk zum Einsturz zu bringen. Durch Scharnhorsts Militärreform kamen die vormals selbständigen Mineure zum neugebildeten Pionierkorps.
Montierung	Veraltete Bezeichnung für Uniformstücke.
Naturalquartier	Unterbringung der Soldaten in Bürgerhäusern, wo ihnen Stube und Mobiliar zur Verfügung standen und sie teilweise auch auf Kosten der Wirte verpflegt wurden. In Ausnahmefällen erhielten Soldaten, vor allem jedoch Offiziere, aus dem Kriegsetat ein sog. Servis(oder: Service)geld, um sich selbst Unterkunft zu mieten. Die Naturalquartiere dominierten bis zum Beginn des 19. Jahrhunderts, als es schon in Friedenszeiten große Armeen, aber noch nicht ausreichend Kasernen gab. Vereinzelt nutzte man sie noch Anfang des 20. Jahrhunderts, besonders bei der Zusammenfassung größerer Truppenkontingente zum Manöver. Die letzten Naturalquartiere in Potsdam wurden im Holländischen Viertel genutzt.
Normal-Dragoner	(normalis, lat.: der Norm entsprechend); Muster- und Lehrformation einer Truppengattung (z. B. Dragoner, Husaren) während der Militärreform nach 1807. Erprobten neue Exerziervorschriften u. ä.; genossen zeitweilig einen Sonderstatus.

Perkussionsgewehr	Letzte Stufe des Vorderlader-Gewehrs, das im Unterschied zum → Steinschloßgewehr einen verbesserten Zündmechanismus (Perkussionsschloß mit Zündmittel, das auf Schlag und Stoß reagiert) aufwies und dieses ablöste.
Pontonier	Angehöriger einer Truppengattung, die mit Hilfe schwimmfähiger Geräte (ponton, frz.: Brückenkahn) oder durch Bau einfacher Brückenkonstruktionen provisorische Flußübergänge schuf. In Preußen seit dem Pommernfeldzug (1715) selbständige Truppe in Stärke einer Kompanie, seit Friedrich II. den Pioniertruppen zugeordnet. Im 19. Jahrhundert rascher Ausbau der Pontoniereinheiten.
Portepee	(frz.: porte-épée); ursprünglich Riemen am Bügel der Fechtwaffe. Um das Handgelenk geschlungen, sollte ein Verlieren der Waffe im Kampf verhindert werden. Seit Ende des 17. Jahrhunderts immer mehr eine Zierde, bald auch Standesabzeichen des Offiziers, da man Achselstücke und Epauletten im 18. Jahrhundert noch nicht kannte. Seit dem Ende des 18. Jahrhunderts erhielten auch die Feldwebel ein Portepee, um sie von den anderen Unterführer-Dienstgraden abzuheben.
Portepee-Fähnrich	Im 19. Jahrhundert Dienstgradbezeichnung eines Offiziersanwärters auf dem Weg zum Offizier (nach bestandener Fähnrichsprüfung). Im Rang dem Unteroffizier gleichgestellt, trug er als äußeres Zeichen ein silbernes → Portepee, jedoch noch keinen Offiziersdegen, für den die Offiziersprüfung Voraussetzung war. Offizier wurde man im preußischen Heer seit den Scharnhorstschen Reformen erst nach Wahl durch die Stabsoffiziere des Regiments und Bestätigung durch den Kommandeur. Seit 1899 nannten sich die Portepee-Fähnriche nur noch Fähnrich. Das Wort Fähnrich (ebenso Fahnenjunker) leitet sich von der Aufgabe jener Männer ab, die Truppenfahne zu tragen. Im altpreußischen Heer bis 1806 gehörten die Fähnriche bereits zum Offizierskorps.
Profos	Er übte seit dem Mittelalter in den Heeren die Polizeigewalt aus, stand selbst im Offiziersrang. Im altpreußischen Heer hatte jedes Regiment einen

Profos; er kontrollierte die Disziplin, überwachte das Treiben der Marketender und war Gefangenenaufseher, führte jedoch keine Militärstrafen selbst aus.

Ranzion

Lösegeld für Kriegsgefangene. Ranzionieren war das Auswechseln bzw. der Austausch von Kriegsgefangenen. Wer selbst aus der Kriegsgefangenschaft entwich, war ein Selbstranzionierter.

Remontierung

Versorgung der Kavallerie mit neuen Pferden, meist durch Ankauf größerer Bestände aus bestimmten Zuchten. Remonte wurde das einzelne Pferd genannt, das zum Militär kam und noch ausgebildet werden mußte.

Ringkragen

Metallschild, an einer Kette um den Hals hängend; Rudiment des mittelalterlichen Harnischs; von den Offizieren im 18. Jahrhundert zur äußeren Kennzeichnung ihrer Stellung getragen, meist nur zur Wache oder Parade. Ende des 19. Jahrhunderts zur Auszeichnung einiger Formationen und für Fahnenträger erneut eingeführt.

Schwadron

Gleiche Bedeutung wie → Eskadron; sogar ähnlicher Ursprung des Wortes.

Stamm

Grundbestand an Personal in einer Einheit. Er konnte durch Reserven oder Kommandierte ergänzt werden.

Stammnummer

Numerierung von militärischen Einheiten und Formationen zur besseren Übersichtlichkeit, aber auch zur Kennzeichnung von Hierarchien untereinander. Die Numerierung der Regimenter des altpreußischen Heeres erfolgte erst nachträglich im Jahre 1806; im 18. Jahrhundert selbst trugen die Truppenteile ausschließlich die Namen ihrer Chefs, die jedoch häufig wechselten. Je kleiner die Nummer, desto älter war die Formation.

Steinschloßgewehr

Typ des Vorderladers, der vom Ende des Dreißigjährigen Krieges bis weit nach den napoleonischen Kriegen in den europäischen Armeen dominierte. Die Zündung erfolgte mechanisch mittels Feuerstein. Trotz zahlreicher Detailverbesserungen blieben wesentliche Grundmängel wie starke Anfälligkeit gegen Feuchtigkeit, Druckverlust durch Gasaustritt aus dem Zündloch und schnelle Abnutzung der Feuersteine bestehen. Wegen der geringen Treffgenauigkeit war allein das Salvenfeuer wirkungsvoll. Wegen seiner einfachen Bauart war das Steinschloßgewehr das einzige Gewehr, das man sich angesichts der immer größer werdenden stehenden Heere noch leisten konnte.

Towarczys Leichte Kavallerie, wurde der Husarentruppe zugerechnet (nach der Einteilung von 1806: Regiment Nr. 9). Hervorgegangen sind die Towarczys aus dem 1745 errichteten Bosniaken-Korps (knapp 50 Reiter türkisch-balkanischen Ursprungs), zu dem ein Jahr später ein aus sächsischen Diensten entlassener tatarischer Ulanenpulk mit den charakteristischen Lanzen trat. Mehrfach umformiert und schließlich auf Regimentsstärke gebracht.

Traktament veraltet für Sold, Löhnung der Soldaten.

Tschako Zylinderförmige Kopfbedeckung aus Filz oder Leder, in den ersten Jahrzehnten des 19. Jahrhunderts in vielen Armeen verbreitet.

Überkomplette Bezeichnung für den über den Etat hinaus geworbenen Rekruten im 18. Jahrhundert. Die Überkompletten, teilweise in gesonderten Formationen zusammengefaßt, bildeten eine Reserve zur schnellen Auffüllung der durch ständige Desertion immer wieder neu entstandenen Personallücken in den Regimentern.

Unrangierte Im 18. Jahrhundert Bezeichnung für die gerade geworbenen Rekruten, die – teilweise von weit her – schon zum Regiment geholt, aber noch nicht auf die einzelnen Kompanien aufgeteilt waren.

Zündnadelgewehr Hinterlader mit gezogenem Lauf, der ab 1840 das gerade erst eingeführte → Perkussionsgewehr in der preußischen Armee ablöste.

Quellen- und Literaturverzeichnis

Ungedruckte Quellen

Geheimes Staatsarchiv Berlin-Dahlem
IV. Hauptabteilung: Preußisches Heeresarchiv und Heeresgeschichtliche
  Sammlung, Abteilung B (Militärbauten)

Brandenburgisches Landeshauptarchiv Potsdam
Pr. Br. Rep. 2: Kurmärkische Kriegs- und Domänenkammer
Pr. Br. Rep. 2A: Regierung Potsdam
Pr. Br. Rep. 19: Steuerräte
Pr. Br. Rep. 23A: Kurmärkische Stände
Pr. Br. Rep. 27A: Hochbauämter
Pr. Br. Rep. 30: Polizeipräsidium Potsdam
Pr. Br. Rep. 32F: Potsdamsches Großes Waisenhaus
Pr. Br. Rep. 37: Adlige Herrschaften und Güter

Stadtarchiv Potsdam
Magistratsregistratur 1–1: Allgemeine Verwaltung
Magistratsregistratur 1–5: Militaria
Magistratsregistratur 1–7: Magistrats-Armen-Direktorium

Zeitgenössische Beschreibungen und Erinnerungen

Altwig von Arenstorff, 75 Jahre des Königlichen 1. Garde-Ulanen-Regiments,
Berlin 1898
Magnus Friedrich von Bassewitz, Die Kurmark Brandenburg, ihr Zustand und
ihre Verwaltung unmittelbar vor dem Ausbruche des französischen Krieges im
Oktober 1806, Leipzig 1847.
–, Die Kurmark Brandenburg in Zusammenhang mit den Schicksalen des
Stammstaates Preußen während der Zeit vom Oktober 1806 bis zum Ende des
Jahres 1808. Erster Bd., Leipzig 1851; Zweiter Bd., Leipzig 1852
–, Die Kurmark Brandenburg während der Jahre 1809 und 1810. Aus dem Nach-
lasse hrsg. von Karl von Reinhard, Leipzig 1860
Friedrich Wilhelm Beutner, Die Königlich preußische Garde- Artillerie, Berlin
1912
*Biographisches Lexikon aller Helden und Militärpersonen, welche sich in preu-
ßischen Diensten berühmt gemacht haben*, Berlin 1788–1791 (Nachdruck:
Starnberg 1989)
Friedrich Wilhelm August Bratring, Statistisch-topographische Beschreibung
der gesamten Mark Brandenburg. 3 Bde., 1804 bis 1809 (Neu hrsg. von Otto
Büsch und Gerd Heinrich, Berlin 1968)
Graf Ferdinand von Brühl, Übersicht der Geschichte des Königlichen Regi-
ments der Garde du Corps von 1740 bis 1890, Berlin 1890

298

Oskar von Chelius, Das Garde-Husaren-Regiment während der ersten 70 Jahre seines Bestehens. Bei Gelegenheit der 70jährigen Stiftungsfeier des Regiments, Berlin 1885

Chronik des Ersten Garde-Regiments zu Fuß und dessen Stammtruppen 1675–1900, Berlin 1902

Karl von Einem, Erinnerungen eines Soldaten 1853–1933, Leipzig 1933

Prinz Eitel Friedrich von Preußen, Erstes Garde-Regiment zu Fuß, Oldenburg–Berlin 1922

Theodor Fontane, Sämtliche Werke, München 1959 ff.

Hugo Frhr. von Freytag-Loringhoven, Menschen und Dinge, wie ich sie in meinem Leben sah, Berlin 1923

Friedrich von Friedeburg; Friedrich Gustav von Waldersee, Geschichte des Königlich Preußischen Ersten Garde-Regiments zu Fuß. 1871–1914 (bearb. von Graf zu Rantzau), Berlin 1933

Garnisonbeschreibungen, vom Standpunkt der Gesundheitspflege aus aufgestellt. Hrsg. von der Medizinal-Abteilung des Königlich Preußischen Kriegsministeriums. Sechster Band: Potsdam, Berlin 1900

Colmar Frhr. von der Goltz, Denkwürdigkeiten, Berlin 1929

Oskar Häring, Geschichte der Preußischen Garde, Berlin 1891

Graf von Haslingen, Geschichte des Kadettenhauses in Potsdam, Potsdam 1906

Karl Christian Horvath, Potsdam's Merkwürdigkeiten, Potsdam 1798

Prinz Kraft zu Hohenlohe-Ingelfingen, Aus meinem Leben. Aufzeichnungen des Prinzen Kraft zu Hohenlohe-Ingelfingen, weiland General der Artillerie und Generaladjutant seiner Majestät des Kaisers und Königs Wilhelm I. 4 Bde., Berlin 1897–1907

Gustav von Kessel, Geschichte des Königlich Preußischen Ersten Garde-Regiments zu Fuß. 1857–1871, Berlin 1881

Anton von Krosigk, Abriß der Geschichte des 3. Garde-Ulanen- Regiments. 4. Juli 1860 bis 4. Juli 1885, Potsdam 1885

Heinrich Ludwig Manger, Baugeschichte von Potsdam, Berlin– Stettin 1789–1790

Friedrich August Ludwig von der Marwitz, Ein märkischer Edelmann im Zeitalter der Befreiungskriege. 3 Bde., Berlin 1908 ff.

Mitteilungen des Vereins für die Geschichte Potsdams. Bde. 1–5, Potsdam 1864–1872; Neue Folge. Bde., 1–8, Potsdam 1875–1941

Philipp Friedrich Carl Ferdinand Frhr. von Müffling, Aus meinem Leben, Berlin 1855

Friedrich Nicolai, Beschreibung der Königlichen Residenzstädte Berlin und Potsdam und aller daselbst befindlichen Merkwürdigkeiten, Berlin 1786 (Neudruck: Berlin 1968)

Karl Ludwig von Prittwitz, Berlin 1848. Das Erinnerungswerk des Generalleutnants Karl Ludwig von Prittwitz und andere Quellen zur Berliner Märzrevolution um die Mitte des 19. Jahrhunderts. Bearb. und eingel. von Gerd Heinrich, Berlin–New York 1985

Carl von Reinhard, Geschichte des Königlich Preußischen Ersten Garde-Regiments zu Fuß zurückgeführt auf die historische Abstammung des Regiments vom I. Bataillon Leibgarde, dem Regiment Garde und dem Grenadier-Garde-

299

Bataillon. 1740–1857, Potsdam 1858

Dagobert von Rentzell, Geschichte des Garde-Jäger-Bataillons 1808 bis 1888, Berlin 1889

Bernhard Rogge, Die Trophäen des Preußischen Heeres in der Königlichen Hof- und Garnisonkirche zu Potsdam, Berlin 1882

H. C. P. Schmidt, Geschichte und Topographie der Königlich Preußischen Residenzstadt Potsdam, Potsdam 1825

Lothar von Schweidnitz, Denkwürdigkeiten des Botschafters General (Lothar) von Schweidnitz. 2 Bde., Berlin 1927

Wilhelm Siegert, Geschichte des Königlich Preußischen Lehr- Infanterie-Bataillons 1820–1896, Berlin 1896

Der Soldaten-Freund. 1. Jg. bis 82. Jg., Berlin 1833–1914

Urkundliche Beiträge und Forschungen zur Geschichte des Preußischen Heeres. Hrsg. von der Kriegsgeschichtlichen Abteilung des Großen Generalstabes. Heft 9: Aus dem Garnisonleben von Berlin und Potsdam. 1803 bis 1806, Berlin 1906; Heft 10: Potsdamer Tagebücher 1740–1756, Berlin 1906

Friedrich Leopold von Versen, Geschichte der Unteroffizierschule in Potsdam 1824 bis 1899, Berlin 1899

(Historische Adreßkalender sowie die Rang- und Quartierlisten der Einheiten der preußischen Armee sind nicht gesondert ausgewiesen.)

Darstellungen, Untersuchungen, Analysen

Hans Bleckwenn, Unter dem Preußen-Adler. Das brandenburgisch-preußische Heer 1640–1806, München 1978

Karl Heinz Börner, Wilhelm I. Deutscher Kaiser und König von Preußen. Eine Biographie, Berlin 1984

Otto Büsch, Militärsystem und Sozialleben im alten Preußen 1713–1807. Die Anfänge der sozialen Militarisierung der preußisch-deutschen Gesellschaft. Mit e. Einf. von Hans Herzfeld, Berlin 1962.

–, (Hg.), Das Preußenbild in der Geschichte, Berlin 1981

–, (Hg.), Preußen und das Ausland, Berlin 1982

Walter Bußmann, Zwischen Preußen und Deutschland: Friedrich Wilhelm IV. Eine Biographie, Berlin 1990

Karl Demeter, Das deutsche Offizierskorps und seine historisch- soziologischen Grundlagen, Berlin 1930

Felix Escher, Berlin und sein Umland. Zur Genese der Berliner Stadtlandschaft bis zu Beginn des 20. Jahrhunderts, Berlin 1985

Wolfgang Förster, Prinz Friedrich Karl von Preußen. Denkwürdigkeiten aus seinem Leben, Stuttgart 1910

Günther Gieraths, Die Kampfhandlungen der brandenburgisch- preußischen Armee 1626 bis 1807. Ein Quellenhandbuch, Berlin 1964

Hans Joachim Giersberg; Adelheid Schendel, Potsdamer Veduten. Stadt- und Landschaftsansichten vom 17. bis 20. Jahrhundert, Potsdam 1984

Julius Heackel, Geschichte der Stadt Potsdam, Potsdam 1912

–, Potsdamer Riesengarde (1713–1914). 200jähriges Gedenkblatt zur Geschichte des 1. Garde-Regiments zu Fuß und der Stadt Potsdam, Potsdam 1913

Handbuch zur deutschen Militärgeschichte. Begründet von Hans Meier-Welkker. Bd. 1–5, München 1979; Bd. 6, München 1981

Franz Herre, Kaiser Friedrich III. Deutschlands liberale Hoffnung. Eine Biographie, Stuttgart 1987

Historisches Ortslexikon für Brandenburg. Teil III: Havelland. Bearb. von Liselotte Enders, Weimar 1972

Curt Jany, Geschichte der Königlich Preußischen Armee. 4 Bde., Berlin 1928–1933

Der letzte Kaiser. Wilhelm II. im Exil. Hrsg. im Auftrag des Deutschen Historischen Museums von Hans Wilderotter und Klaus D. Pohl, Gütersloh–München 1991

Hans Kania, Potsdamer Baukunst. Eine Darstellung ihrer geschichtlichen Entwicklung, Berlin 1926

Richard Knötel, Uniformkunde. 16 Bde., Rathenow 1890–1909

Hansjoachim W. Koch, Geschichte Preußens, München 1980

Bernhard R. Kroener (Hg.), Europa im Zeitalter Friedrich des Großen. Wirtschaft, Gesellschaft, Kriege, München 1989

Alexander von Lyncker, Die altpreußische Armee 1714–1806 und ihre Militärkirchenbücher, Berlin 1937

–, Die preußische Armee 1807–1867 und ihre sippenkundlichen Quellen, Berlin 1939

Friedrich Mielke, Das Bürgerhaus in Potsdam, Tübingen 1972

–, Das klassische Potsdam, Frankfurt a. M.–Berlin–Wien 1981

Harald Müller, Zur Geschichte der Stadt Potsdam von 1789–1871, Potsdam 1968

Thomas Nipperday, Deutsche Geschichte 1800–1866. Bürgerwelt und starker Staat, München 1983

Gerhard Oestreich, Friedrich Wilhelm I. Preußischer Absolutismus, Merkantilismus, Militarismus, Göttingen–Zürich–Frankfurt a. M. 1974

Georg Ortenburg, Mit Gott und Vaterland, München 1979

Wolfgang Ribbe (Herausgeber), Geschichte Berlins. 2 Bde., München 1987

–, Geschichte der Berliner Verwaltungsbezirke. 12 Bde. bisher, Berlin 1988 ff.

Gräfin Malve Rothkirch, Prinz Carl von Preußen. Kenner und Beschützer des Schönen 1801–1883, Osnabrück 1981

Hans-Joachim Schoeps, Preußen. Geschichte eines Staates, Berlin 1992

Werner Schwipps, Die Königliche Hof- und Garnisonkirche zu Potsdam, Berlin 1991

Stadt und militärische Anlagen. Historische und raumplanerische Aspekte, Hannover 1977

Walter Transfeldt; Karl Hermann Frhr. von Brand, Wort und Brauch im deutschen Heer, Hamburg 1967

Hans Ulrich Wehler, Deutsche Gesellschaftsgeschichte. Bd. 1: 1700–1815; Bd. 2: 1815–1845/49, München 1987

–, Das deutsche Kaiserreich 1871–1918, Göttingen 1988

Hans Zappe (Hg.), Die Soldatenstadt Potsdam, Berlin 1935

Register

306

Danksagung

Für Hinweise und Anregungen sowie für die Hilfe bei den Illustrationsvorlagen wird gedankt dem Brandenburgischen Landeshauptarchiv (Potsdam), dem Stadtarchiv Potsdam, Herrn Dr. Giersberg, Herrn Bartoschek und Frau Schendel (Stiftung Staatliche Schlösser und Gärten Potsdam-Sanssouci), Herrn Knitter (Potsdam-Museum), Herrn Dr. Hoch (Potsdam), Herrn Dittmann (Bundespräsidialamt / Schloß Bellevue, Berlin), Frau Klein (Bildarchiv Preußischer Kulturbesitz, Berlin) und den Staatlichen Schlössern und Gärten Berlin.
Der besondere Dank gilt Herrn Prof. Dr. Ribbe (FU Berlin), der den Abschluß der Arbeit ermöglichte.

Bildnachweis

Berlin Museum, Berlin: S. 147, Fotograf: Hans-Joachim Bartsch, Berlin

Bildarchiv Preußischer Kulturbesitz, Berlin: Umschlagfoto, Vorsatzkarte, S. 112, 127, 191, 223, 243 u.

Brandenburgisches Landeshauptarchiv, Potsdam: S. 38/39, 82/83, 140/141, 181, 239 o., 243 o., 256

Potsdam-Museum, Potsdam: S. 30, 31, 45, 88, 91, 96, 97, 118, 193 o., 227, 228, 239 u., 245, 257, 265, 272, 275 Foto: M. Braasch, 282/283, 283

Schloß Charlottenhof, Berlin: S. 9, 14, 47, 173, 180; alle Fotos: Jörg P. Anders, Berlin

Staatliche Museen zu Berlin – Preußischer Kulturbesitz, Kupferstichkabinett, Berlin: S. 149 o., Foto: Karin März

Stiftung Schlösser und Gärten Potsdam-Sanssouci, Potsdam: S. 18, 20, 48, 59, 66, 77, 87, 92/93, 94, 101, 102, 149 u., 175, 184/185, 193 u., 202, 212, 270/271

MAPPA
GEOGRAPHICA
exhibens
ELECTORATUM
BRANDENBURGENSEM
sive
MARCHIAM VETEREM, MEDIAM et NOVAM
nec non
MARCHIAM UKERAM,
summa diligentia et juxta hodiernam
eandem aeri incisa Cura et sumptibus
TOBIAE CONRADI LOTTER
Calcogr. Aug. Vind.